何建宗 —— 主編

香港基本法實施以來的十大議題：
回顧與前瞻

港澳制度
研究叢書

Ten Most Important Issues
since the Implementation
of the Basic Law
of Hong Kong:
Retrospects and Prospects

總序

鄒平學 *

　　自國家誕生後，人類社會產生了多少政治的、法律的、經濟的、社會的各種「制度」，可能是一個誰也無法回答的問題。「制度」研究也一直是法學、政治學、經濟學、管理學以及社會學等學科共有的現象。「制度」是什麼？制度就是體系化的規則、規矩。中國人常說，沒有規矩就不成方圓。所有的人、人所組成的各種組織乃至國家、社會，都離不開各種制度。所以，制度很重要，制度研究也很重要。

　　港澳回歸已有 20 多年之久，「一國兩制」實踐和基本法實施開始進入「五十年不變」的中期階段，可謂進入「深水區」。特別是2019 年以來，中央出手先後制定《香港國安法》、完善香港選舉制度之際，三聯書店（香港）有限公司決定推出一套「港澳制度研究叢書」，可謂恰逢其時，遠見卓識，意義重大。這是出版界第一套專門冠名「港澳制度研究」的叢書，從他們組織策劃叢書的初心與選題設想看，我不禁為香港三聯書店匠心獨具、籌劃周詳而擊節讚嘆。我認為，這套書將努力達成三個「小目標」，或者說將具有三個方面的亮點或特點。

　　第一，抓住港澳研究的根本。港澳回歸以來，港澳研究熱點迭出，成為顯學。從坊間的各種論著看，港澳制度研究最為熱門。鄧小平曾指出：「一九九七年我們恢復行使主權之後怎麼樣管理香港，

---

* 法學博士，深圳大學法學院教授，博士生導師，兼任全國人大常委會港澳基本法委員會基本法理論研究基地深圳大學港澳基本法研究中心主任，教育部國別與區域研究基地深圳大學港澳與國際問題研究中心主任，國務院發展研究中心港澳研究所學術委員會委員兼高級研究員，全國港澳研究會理事，廣東省法學會港澳基本法研究會會長。

iii

也就是在香港實行什麼樣的制度的問題。」[1] 可見，在港澳實行什麼樣的制度，是實踐「一國兩制」、依法管治港澳的根本。習近平總書記指出：「作為直轄於中央政府的一個特別行政區，香港從回歸之日起，重新納入國家治理體系。中央政府依照憲法和香港特別行政區基本法對香港實行管治，與之相應的特別行政區制度和體制得以確立。」[2] 港澳制度實質是港澳被納入國家治理體系後形成和發展的、具有中國智慧和中國風格的「一國兩制」政策的制度呈現。港澳回歸後的實踐表明，在港澳實行的「一國兩制」制度體系，不僅是解決歷史遺留下來的港澳問題的最佳方案，也是港澳回歸祖國後保持長期繁榮穩定的最佳制度安排。「港澳制度研究叢書」的推出，顯然敏銳抓住了「一國兩制」制度體系這個港澳研究的根本。

第二，拓展港澳制度研究的問題論域。坊間以往印行的港澳研究論著，以政法制度研究居多。這說明，港澳政法制度研究是港澳制度研究較為重視的論域。究其原因，是因為「一國兩制」的制度體系是我國國家治理體系的重要組成部分，這一體系是政策、法律和制度的有機構成。政法制度是港澳制度較為根本、活躍和基礎的部分。鄧小平告訴我們，「一國兩制」能不能夠真正成功，要體現在香港特別行政區基本法裏面。根據憲法制定的港澳基本法先後為我國兩個特別行政區設計了一套嶄新的制度和體制，這就是港澳特別行政區制度或者簡稱港澳制度。港澳制度實質就是「一國兩制」政策的法律化、制度化，是根據憲法制定港澳基本法、建構「一國兩制」制度體系來完成的。所以，在港澳政法制度研究的論著裏，較多地是圍繞根據憲法和基本法管治港澳的理論和實踐來展開。數年前，三聯書店（香港）有限公司精心打造推出的、由王振民教授主編的「憲法與基本法研究

1　鄧小平：《鄧小平文選》（第三卷），北京：人民出版社 1993 年版，第 85 頁。

2　〈習近平在慶祝香港回歸祖國 20 周年大會暨香港特別行政區第五屆政府就職典禮上的講話〉，新華社 2017 年 7 月 1 日電。

叢書」即是這方面的積極成果。在當下港澳制度進入重要創新發展階段，「港澳制度研究叢書」的問世，不僅將繼續關注「一國兩制」、憲法和基本法在港澳的實施等問題的宏觀討論，還較大範圍拓展了問題論域，將突出從中觀、微觀角度，去探索港澳制度具體實際運作層面的體制機制層面，深入挖掘港澳研究的中觀、微觀研究板塊，推出更多高質量的、以往被宏觀的「一國兩制」論述所遮蔽的更細緻、更具體的研究成果，拓展、拓深港澳制度研究的格局。特別是，叢書將不僅限於政法制度，還將視野擴及港澳經濟、社會、文化、教育、科技、政府管治、媒體等方面的制度，這將使得港澳制度研究在廣度、深度方面更為拓展和深化，進一步豐富港澳制度研究範疇的包容性和統攝性，為廣大讀者展示港澳制度立體多面的全貌，這十分令人期待。

第三，**前瞻港澳制度研究的未來發展**。港澳制度研究要為港澳「一國兩制」事業做出應有的貢獻，不僅要敏銳抓住研究論域的根本和重點，還要善於把握港澳制度的脈搏和運行規律。毋庸諱言，現有的港澳制度研究成果對制度運行的規律性研究還不夠，高水平、有分量、有深度的成果還不多，特別是能有效解決疑難問題、足資回應實踐挑戰的成果還不多。進入新時代以後，港澳形勢出現的新情況、新問題給中央管治港澳提出了新的挑戰。**在政治方面**，香港維護國家主權、安全、發展利益的制度還需完善，對國家歷史、民族文化的教育宣傳有待加強。2020 年國家層面出台國安法，為解決治理危機提供了有力抓手，但國安法律制度和執行機制如何進一步發展完善還有很多具體和複雜問題需要研究解決。而且，單靠國安法的落地還不夠，還需要認真研究特區教育、媒體、司法、文化、政府管治方面的制度問題。需要指出的是，港澳制度中的「制度」既包括在特區內實行的制度，也包括決定這個制度的制度。因而港澳制度就不能僅僅限於兩個特區內部實行的制度，而首先應從國家治理體系的制度角度出發。

例如目前中央全面管治權的制度機制都面臨一些新情況和新問題，如中央對特區政治體制的決定權、中央對特區高度自治權的監督權包括對特首的實質任命權、特區本地立法向人大的備案審查等制度問題，都存在值得研究的理論和實踐問題。澳門特區政府依法治理的能力和水平，與形勢發展和民眾的期待相比仍需提高，政府施政效率、廉潔度和透明度與社會的發展存在一定的差距。習近平提出，澳門要「繼續奮發有為，不斷提高特別行政區依法治理能力和水平。回歸以來，澳門特別行政區治理體系和治理能力不斷完善和提高。同時，我們也看到，形勢發展和民眾期待給特別行政區治理提出了更新更高的要求」。[3] **在經濟方面**，香港經過幾十年的快速發展，面臨著經濟結構進一步調整等問題，部分傳統優勢有所弱化，新經濟增長點的培育發展需要時間，來自其他經濟體和地區的競爭壓力不斷增大；澳門博彩業「一業獨大」，明顯擠壓其他行業的發展空間，經濟結構單一化問題突出，經濟多元發展內生動力不足，缺乏政策配套和人才支持。**在社會方面**，港澳長期積累的一些深層次問題開始顯現，特別是土地供應不足、住房價格高企、貧富差距拉大、公共服務能力受限等民生問題突出，市民訴求和矛盾增多，中下階層向上流動困難，社會對立加大，改善民生、共用發展成果成為港澳居民普遍呼聲。要解決港澳社會存在的各種問題，歸根結底是要全面準確理解和貫徹「一國兩制」方針，始終依照憲法和基本法辦事，不斷完善與憲法和基本法實施相關的制度和機制，聚焦發展，維護和諧穩定的社會環境。

研究解決這些問題，都需要在完善制度機制方面下功夫，而這些正是港澳制度研究的未來，亟待深度開掘。據我所知，本叢書重視和歡迎如下選題：中央權力實際行使需要完善的制度機制，回歸後國家在港澳建立健全的相關制度，全面落實愛國者治港治澳的制度，憲

3　參見習近平：〈推進澳門「一國兩制」成功實踐走穩走實走遠〉（2014 年 12 月 20 日），載習近平：《習近平談治國理政》（第二卷），北京：外文出版社有限責任公司 2017 年版，第 424 頁。

法和基本法上對特區的授權制度，特區依法行使高度自治權的相關制度和機制，特區行政主導體制，特區政府施政能力和管治水平方面的制度，特區行政管理權實施的制度機制，特區立法權實施的制度機制，特區司法權的制度機制（如香港司法審查制度），基本法有關特別行政區經濟、教育、文化、宗教、社會服務和勞工方面的制度運行問題，特區區域組織或市政機構及其制度，特區公務員制度以及香港政黨制度，香港的某些特殊制度（如高官負責制、新界原住民權利），等等。

香港三聯書店特邀請我擔任本叢書的主編，我十分高興，也非常期待和樂意與廣大內地、港澳學人共襄此舉，為實現上述三個「小目標」，為完善「一國兩制」制度體系貢獻智識和力量。「一國兩制」是一個史無前例的偉大事業，我有幸參與研究港澳問題 20 多年，深深體會到，港澳制度的理論和實踐，是中國對於世界治理所能奉獻的獨有的、寶貴的領地，從學術理論上探討和解決上述一系列複雜、敏感和重大的制度運行問題並不斷完善它們，必將有利於回答堅持「一國兩制」制度體系對於維護國家主權、安全和發展利益，保障港澳的長期繁榮穩定，對於推進國家治理體系和治理能力現代化為什麼十分必要、為什麼現實可能、為什麼是歷史必然這一時代命題。因此，我相信本叢書的推出，將對支撐建構中國特色哲學社會科學奉獻中國獨有的理論貢獻和智力支撐，這不但是值得期許的，也是中國學人的使命擔當。

是為序。

鄒平學

2021 年 4 月 1 日於深圳

目錄

序一

　　中央提出「全面準確、堅定不移地理解和貫徹一國兩制與基本法」的八字方針，作為新時期實施「一國兩制」的指導思想，意義重大。其中特意把全面準確地「理解」放在「貫徹」的前面，強調了只有正確的思想才能產生正確的行動，這一排序是有講究、有深意的，既符合人們的認識規律和事物發展規律，也體現了對香港貫徹「一國兩制」實踐的科學總結。

　　「一國兩制」是前所未有的國家治理模式，基本法則創立了一種嶄新的憲政體制。香港回歸 26 年來的實踐表明，如何全面準確地理解和貫徹「一國兩制」與基本法，是一個需要不斷深化認識、與時俱進的提升過程。香港過往所以屢屢出現各種政治爭議和亂象，很大程度上都同未能樹立起對「一國兩制」與基本法全面、準確的認識有關。如何推動香港市民樹立全面準確的認知觀，需要特區政府和社會賢達持續不斷地在普及傳播上想辦法、下功夫。

　　香港一國兩制青年論壇創辦人何建宗博士對此深有感觸，懷抱強烈的使命感，特意邀集香港和內地的多位青年才俊，針對基本法實踐中曾經引起廣泛爭議的一些關鍵問題、熱點問題，展開論證解說、釋疑解惑，試圖為香港市民提供一本別開生面的學習基本法的解讀本，推動香港社會提升對「一國兩制」與基本法全面準確的理解。此舉誠堪嘉許。

　　這一解讀本有鮮明的問題導向。能夠抓住、歸納出實踐中出現的十個重大問題、敏感問題、複雜問題，條分縷析，深入淺出，尋根

問底，在眾多基本法讀物中另闢蹊徑，有助於吸引、啟發讀者帶著問題認真閱讀、深入思考。

這一解讀本有清晰的問題解答。不是泛泛而論、表面文章，而是有的放矢、針對性強，能夠抓住所列問題逐一解答，從事發背景到爭議焦點，從問題實質到解決辦法，歷史脈絡清晰，事事皆有交代，讓讀者有豁然開朗之感。

這一解讀本也有扎實的專業基礎。這些作者多為法學專業人士，偏重從憲法、基本法視角來透析所列問題，深入淺出，化繁為簡，善於把日常思考提升到理論層面和政治高度，引領讀者從宏觀視角來理解「一國兩制」的發展歷程，都很用心。

對作者而言，這一基本法解讀本也許是一種寫作嘗試，那就是如何能夠把複雜艱澀的理論問題或專業問題大眾化、通俗化，以普羅大眾喜聞樂見的、看得懂、易接受的方式來傳播、解說。期盼編者、作者能夠從該書的發行、使用中獲取改進信息，使這一嘗試在日後取得更大的成功。

一點感受，權當拋磚引玉之用。

饒戈平

北京大學法學院教授

2023 年 12 月 27 日於燕園

序二

由何建宗博士編著的《香港基本法實施以來的十大議題：回顧與前瞻》以基本法 26 年來的實踐為背景，從不同的視角回顧與分析了基本法的相關議題，梳理出較完整的基本法實踐歷程，既有對相關議題的歷史回顧，也有對具體學術命題的分析，既有對存在問題的客觀、理性的評價，也有對未來發展的展望。

本書共分十講，包括憲法在特區的效力與適用、基本法的變遷與解釋、特區政治體制的發展、憲法與基本法教育、香港的行政主導體制、基本法 23 條立法、基本法司法審查、中央全面管治權與特區高度自治權、新選制的意義與基本法實施的監督機制等議題。這些議題雖包含不同的學術與實踐命題，但圍繞「一國兩制」下基本法實踐中的核心命題展開，揭示了其背後的事實與價值關係，力求呈現基本法實施的整體面貌，勾勒出以不同主題組成的基本法實踐形態。

本書作者雖學術風格各異，但在專題研究中遵循了歷史、文本與實踐三位一體的研究思路，注重歷史的解釋方法，強調文本的價值，使專題研究具有特定的歷史場域與實踐話語。如憲法在特區的效力與適用部分，作者從憲法與基本法關係入手，系統論證主權國家憲法的最高法律效力的正當性，並解讀憲法在特區適用的基本原理與機制。在基本法實施的監督機制部分，作者從實證的視角，以文本的分析為基礎，系統地分析在新的憲法秩序下監督基本法實施的內在機制問題。特別是，對基本法第 17 條、第 158 條相關條文的融貫性論證，有助於全面認識基本法監督與憲法監督的聯繫與區別，為學界進

一步探討特別行政區備案審查制度提供有益的思路與方法。

　　本書選擇的十個議題是基本法實踐中的核心命題，同時也是有學術爭議的話題。本書作為通俗性的學術作品，向讀者介紹相關學術爭議的背景時合理地兼顧了基本法知識的專業性與普及性。不少議題的設計，既考慮到實踐命題的學術價值，同時客觀地介紹了不同學術觀點，為讀者提供了觀察問題的不同視角。如基本法司法審查議題中，作者結合中國憲制框架與基本法的地位，對「一元雙軌解釋制」做了體系化的分析，提供了新的分析視角。對社會關注的基本法 23 條立法與香港國安法實施問題，作者的學術觀察是細膩的，不僅分析 2003 年基本法 23 條立法草案的特殊環境，同時對香港國安法實施的新背景下，如何做好基本法 23 條立法提供具體建議，值得關注。

　　本書作者在基本法議題的政治性與學術性的關係上，注重把政治議題學術化，以學術語言詮釋基本法實踐中的「政治現實」與「政治決斷」，使議題的論證始終保持學術邏輯。如基本法解釋、憲法與基本法教育等議題的研究中，作者注重實證資料，增強學術論證的說服力與解釋力。香港基本法第 158 條是富有特色的解釋機制，是基本法起草者在反覆權衡內地和特區的普通法傳統後做出的選擇。作者對基本法解釋相關原理與實踐的論述，為我們深入認識「一國兩制」方針的法治價值提供了新的素材。

　　我們知道，三十多年前制定的基本法雖然是一部主權國家為香港順利回歸而制定的基本法律，但從起草理念、背景、內容與實施機制等方面，體現了高度的政治智慧與開闊的國際視野，其誕生具有人類文明的重要意義。可以說，基本法是人類歷史上最大包容性的制度體系與法規範創造，是人類文明史上的偉大創舉。基本法的誕生標誌著主權國家致力於和平國際秩序的探索與實踐，充滿著和平的理念，是中國人民對世界人類文明的獨特貢獻。我們要珍惜來之不易的文明成果，以基本法的包容性精神應對各種挑戰，使基本法繼續為人類文

明新創造做出貢獻。

基本法實施 26 年來，內地與香港出版了不少研究、宣傳基本法的讀物，使香港市民的憲法與基本法意識不斷提高，擴大了社會共識，推進了基本法理論研究的體系化。本書編者何建宗博士於 2017 年創辦由內地和香港青年學者組成的智庫組織 —— 一國兩制青年論壇，為基本法的研究與宣傳付出了積極努力。本書的出版是編者積極推廣基本法的重要成果之一，相信對基本法理論研究會產生廣泛的學術影響力。

韓大元

中國人民大學法學院教授

2024 年 1 月 5 日

編者序

「一個國家，兩種制度」是史無前例的政治構想，也是中國人的偉大發明。回想在 1980 年代初，國家剛走出「文革」的陰霾，改革開放剛剛起步；在市場經濟是「姓資」還是「姓社」這些題目還在爭論不休的時候，以鄧小平為代表的中共第二代領導人，高瞻遠矚、深謀遠慮地提出「一國兩制」的偉大構想，以和平的方式解決了歷史的爭端，也保持了香港和澳門的繁榮穩定。

基本法是落實「一國兩制」的憲制性文件，根據中國憲法而制定。基本法在香港特區實施二十多年以來，取得了舉世矚目的成就，同時也爭議不絕。事實上，回歸以來香港絕大部分政治爭議都與基本法和其條文的解讀息息相關。諸如有關第 23 條國家安全立法、第 45 條行政長官產生方式以及第 104 條對公職人員就職宣誓的規定等議題，一直爭議不斷，撕裂香港社會。這種現象突顯出香港社會對基本法的認識普遍不足和片面，也反映出深入認識基本法對於全面準確貫徹落實「一國兩制」的重要性。

我對香港基本法的認識和研究，可謂經歷了不一樣的歷程。在任職特區政府（原中央政策組和發展局）期間，我耳聞目睹反對派各種破壞「一國兩制」的歪理惡行；及後有幸跟隨北京大學饒戈平和陳端洪兩位教授學習基本法，並獲得博士學位，開展了憲法和基本法的研究之路，並集中於香港公務員和問責制的領域。在學習過程當中，認識了很多內地研究港澳問題和「一國兩制」的年青學者，並萌生了創立「一國兩制青年論壇」這個香港唯一匯聚內地和香港年青學者和

專業人士的民間智庫，還把研究領域從基本法擴大到粵港澳大灣區和青年等範疇。

在 2016-2022 年間，我獲委任為基本法推廣督導委員會（後來更名為「憲法和基本法推廣督導委員會」）委員。這個委員會由行政長官委任，政務司司長擔任主席，官方委員包含多個政策局和部門，可謂「文武百官」在席。這六年基本法教育進行得如火如荼，後期也加入了《香港國安法》的推廣工作。事實上，在政府、民間和學界的共同推動下，基本法教育已經深入社會，也是大中小學生的必修內容。雖然目前坊間的基本法教材不少，但我的觀察是，教材要麼傾向簡單通俗，要麼過於學術；市面上缺乏對基本法實施多年來的重要議題進行系統梳理的參考書。

本書在廣泛徵詢專家學者意見的基礎上，界定了對基本法實施影響深遠的十大議題，並主要由內地的年青基本法學者執筆，對議題的背景、發展脈絡、重要觀點和爭議作出深入淺出的分析並進行展望。本書作者以深圳大學憲法和基本法研究中心的青年學者為主，在香港可能知名度不高，但都是治學嚴謹、獨當一面並承擔眾多國家級研究項目的後起之秀，其文章值得香港各界細讀。

執筆之際，基本法 23 條立法——《維護國家安全條例》已在出席會議的 89 名立法會議員的全體支持下獲得通過，標誌著香港在回歸 27 年後終於完成了相關立法的憲制責任和歷史使命。香港作為特別行政區，能得到中央的信任並授權為國家安全立法，實為世所罕見。可惜香港多年來因為反對派惡意阻撓，遲遲未能立法，導致 2019 年的嚴重暴亂，對國家安全造成前所未有的威脅。隨著《維護國家安全條例》於 3 月 23 日正式刊憲生效，基本法 23 條將與《香港國安法》有機銜接，更有效地保障國家安全，令香港可以全神貫注發展經濟、改善民生。而本書第六章有關基本法 23 條立法和《香港國安法》的討論也及時更新，有很大的參考價值。

本書得以面世，首先我必須感謝所有作者在百忙中撰寫各個章節。事實上，要把每個重要議題以一萬多到二萬字左右的篇幅，把其背景、發展脈絡、重要爭議和未來展望說清楚給廣大讀者瞭解，沒有一定的研究功力和寫作能力，實難以完成。我也必須感謝三聯書店周建華博士和蘇健偉先生的辛勞付出和專業的編輯工作；還有多年好友趙賓律師和深圳大學黎沛文教授的大力協助。

此外，我必須感謝北京大學饒戈平教授和中國人民大學韓大元教授兩位老師賜序。兩位教授屬於當今基本法研究學界最為德高望重的大師，殆無異議。他們的美言和鼓勵是對於研究基本法的青年學者的莫大鼓舞，也蘊含著基本法研究代代相傳的期許。

最後，感謝特區政府「《憲法》和《基本法》推廣活動及研究資助計劃」的支持。本書的內容以該計劃支持的研究項目為基礎，但在行文和表述方面，為了符合普及基本法教育的需要，我們作了一些必要的修改。期待本書可以成為雅俗共賞、教研並重、深入淺出的基本法參考書，為香港由治及興的新征程作出一點貢獻。

何建宗

2024 年 3 月

第一章

憲法在香港特區的效力與適用

謝宇

《「一國兩制」在香港特別行政區的實踐》白皮書指出,「憲法和香港基本法共同構成香港特別行政區的憲制基礎」,[1] 二者均為香港特區的憲制性法律。在理解香港特別行政區憲法秩序時,需要首先對作為特區憲制基礎的《中華人民共和國憲法》進行闡釋,並對相關理論學說進行探討。

1　國務院新聞辦公室:《「一國兩制」在香港特別行政區的實踐》白皮書,2014 年 6 月,http://www.npc.gov.cn/npc/xinwen/syxw/2014-06/17/content_1866699.htm。

憲法是香港特區的憲制基礎

◇◇◇◇

　　正如中國人民大學韓大元教授所言，「國家對香港恢復行使主權之後，我國憲法作為中國法律體系中位階最高的法律，對於香港而言同樣是有效的法律。香港作為中國的一個地方區域，憲法在香港具有最高法律權威的地位。特別行政區憲制的建立與發展是以基本法為原則的，但是特別行政區的憲制並非僅僅以基本法為依據，特別行政區的憲制必須以《中華人民共和國憲法》為基礎和基本背景。」[2] 憲法作為香港特別行政區憲制基礎主要是基於以下兩個原因：第一，憲法的空間效力及於全部國土，即任何一個主權國家的憲法的空間效力都及於國土的所有領域，也及於這一主權國家的所有公民，這是主權的唯一性和不可分割性所決定的，也是憲法的根本法地位所決定的；第二，香港基本法是根據我國憲法制定的，從而在香港基本法之下出現的關於解釋和適用香港基本法的任何爭議，都必須回到其制定的根據 —— 憲法那裏去尋找解決問題的依據。[3]

　　除此之外，憲法、香港基本法以及《中英聯合聲明》都表明，憲法實際上是作為香港特別行政區的憲制基礎：（1）憲法自身的規定。憲法第 31 條為特別行政區的設立和香港基本法的制定提供了

2　韓大元：《論〈憲法〉在〈香港特別行政區基本法〉制定過程中的作用》，《現代法學》2017 年第 5 期。

3　參見韓大元：《中華人民共和國憲法與香港特別行政區基本法共同構成香港憲制的基礎》，全國人民代表大會官方網站，http://www.npc.gov.cn/npc/xinwen/rdlt/fzjs/2007-06/07/content_366697.htm。

主要的憲法依據，[4] 該條規定「國家在必要時得設立特別行政區。在特別行政區內實行的制度按照具體情況由全國人民代表大會以法律規定。」[5]（2）香港基本法的規定。香港基本法序言也開宗明義地指出，「根據中華人民共和國憲法，全國人民代表大會特制定中華人民共和國香港特別行政區基本法，規定香港特別行政區實行的制度，以保障國家對香港的基本方針政策的實施。」（3）《中英聯合聲明》的內容。《中英聯合聲明》附件一指明，「中華人民共和國憲法第三十一條規定……據此，中華人民共和國將在 1997 年 7 月 1 日對香港恢復行使主權時，設立中華人民共和國香港特別行政區。中華人民共和國全國人民代表大會將根據中華人民共和國憲法制定並頒佈中華人民共和國香港特別行政區基本法，規定香港特別行政區成立後不實行社會主義的制度和政策，保持香港原有的資本主義制度和生活方式，五十年不變」。

4　蕭蔚雲：《論中華人民共和國憲法與香港特別行政區基本法的關係》，《北京大學學報（哲學社會科學版）》1990 年第 3 期；陳弘毅：《香港特別行政區的法治軌跡》，中國民主法制出版社 2010 年版，第 20 頁。

5　國務院新聞辦公室：《「一國兩制」在香港特別行政區的實踐》白皮書，2014 年 6 月；王振民：《論港澳回歸後新憲法秩序的確立》，《港澳研究》2013 年第 1 期；顧敏康：《〈憲法〉與〈基本法〉共同構成香港特別行政區的憲制基礎》，《港澳研究》2018 年第 1 期；劉志剛：《香港特別行政區的憲制基礎》，《北方法學》2014 年第 6 期。

關於憲法在香港特區效力和適用的
不同學說及評述

◇◇◇

　　憲法是香港特別行政區的憲制基礎，正如原全國人大常委會法
工委副主任喬曉陽先生所言，「憲法的效力如果不及於香港，基本法
也便成了無源之水、無本之末。很難解釋，脫離了憲法，『一國兩制』
方針和香港基本法能夠單獨獲得法律效力。」[6] 但是由於憲法是社會
主義的憲法，保護以公有制為基礎的多種經濟形式，[7] 而我國在香港
特別行政區實施「一國兩制」的基本方針，在香港特別行政區保持原
有的資本主義制度和生活方式長期不變，香港特別行政區所實施的資
本主義制度與我國憲法所規定根本制度 —— 社會主義制度存在著本
質上的區別，兩種制度之間本質上的張力，加上憲法在香港特別行政
區適用缺乏明確的規定，使得憲法在香港特別行政區的效力問題備受
爭議。鄒平學教授歸納出了這一爭議的十種學說，王振民教授、孫成
博士進而將其概括為「只適用憲法第 31 條說」、「憲法部分條款適用
說」、「憲法完全適用說」三種學說，郝鐵川教授則概括為「整體適
用但部分不適用說」、「模糊不清說」、「只適用第 31 條說」，甚至列
出了我國憲法中能夠在香港特別行政區實施的 74 個條款。下文重點
闡述其中具有代表性的觀點：

6　喬曉陽：《如何正確理解和處理好「一國兩制」下中央與香港特別行政區的關係》，載《中央有關
　　部門發言人及負責人關於基本法問題的談話和演講》，中國民主制出版社 2011 年版。

7　蕭蔚雲：《論中華人民共和國憲法與香港特別行政區基本法的關係》，《北京大學學報（哲學社會
　　科學版）》1990 年第 3 期。

一、完全不適用說

這種觀點認為，憲法完全不適用於香港特別行政區，香港基本法才是香港的憲法。具體而言，「他們認為，我國憲法不適用於特別行政區，因為我國憲法第 31 條與憲法序言、第 1 條、第 5 條規定一切法律都不得同憲法相抵觸。憲法序言規定了四項基本原則，第 1 條規定社會主義制度是中國的根本制度，禁止任何組織和個人破壞社會主義制度，第 5 條規定一切法律都不得同憲法相抵觸。憲法第 31 條起草的各特別行政區基本法自然也和憲法序言及許多含有社會主義性質的條文相抵觸。由此部分人士得出憲法應當不適用於特別行政區，否則特別行政區基本法就會因為和憲法相抵觸而失去效力的結論。」[8] 在這些人看來，香港基本法才是香港特別行政區的憲法，早在中英談判之初，香港就曾有人主張制定香港自己的「憲法」甚至賦予香港立法機關自主的「修憲權」，[9] 香港基本法的構想提出以後，許多香港人士均將香港基本法視為特別行政區的「憲法」進行探討，[10] 這種傾向也得到了一些西方學者的支持。[11] 甚至有學者指出，在相當長的時間內，「香港最頂層的憲制性法律只限於基本法文本」的觀點，「深深扎根於一些香港法律界人士腦中，20 年揮之不去」。[12]

---

8 《基本法與憲法的關係（最後報告）》，香港特別行政區基本法諮詢委員會中央與特別行政區的關係專責小組，1987 年；轉引自蕭蔚雲：《論中華人民共和國憲法與香港特別行政區基本法的關係》，《北京大學學報（哲學與社會科學版）》1990 年第 3 期。

9 See "The Legal System, the Constitution, and the Future of Hong Kong", (1984) *Hong Kong L. J.* 137(14).

10 See Yash Ghai, "The Past and Future of Hong Kong's Constitution", (1991) *China Q.* 794; Jack Chan, "Hong Kong's Role after 1997", (1989) *Loy. L. A. Int'l & Comp. L. J.* 54(12); Benny Y. T. Tai, "Basic Law, Basic Politics: The Constitutional Game of Hong Kong", (2007) *Hong Kong L. J.* 503(37).

11 See John M. Rogers, "Anticipating Hong Kong's Constitution from a U.S. Legal Perspective", (1997) *Vand. J. Transnat'l L.* 449(30); Harriet Samuels, "Constitutional Developments in Hong Kong", (1993) *Asia-Pac. Const. Y. B.* 22.

12 顧敏康：《〈憲法〉與〈基本法〉共同構成香港特別行政區的憲制基礎》，《港澳研究》2018 年第 1 期。

二、通過香港基本法適用說

這種觀點認為，憲法對香港特別行政區的適用性是絕對的，但不宜直接在香港特別行政區實施，而是通過香港基本法這一特定的法律形式在香港特別行政區實施。[13] 也就是說，香港特別行政區的制度和政策均以香港基本法的規定為依據，香港特別行政區的一切事情只需要都按香港基本法辦理，就足以符合法制的要求了。[14] 香港基本法的合法效力來自於憲法，憲法的法律效力體現在香港基本法當中，並通過香港基本法以及根據香港基本法制定的其他法律對香港特別行政區發生法律效力；由於憲法對全國人大授權時沒做任何限制，因此由它所制定的香港基本法所包含的全部內容都是符合我國憲法規定和要求的。[15] 同時，學界還有一種香港基本法是「憲法的特別法」的觀點，這種觀點本質上也認為憲法對香港特別行政區的效力是通過香港基本法實現的。[16]

三、僅適用第 31 條說

這種觀點認為，鑒於憲法的社會主義性質，除了憲法第 31 條為香港特別行政區的成立和香港基本法的制定提供依據外，憲法的其他條款不應該適用於香港。[17] 這種觀點多為香港人士所堅持，他們認為，「當年鄧小平深切知道若憲法全面在香港實施，不利於香港順

---

13 莊金鋒：《憲法在特別行政區適用性問題再探討》，《「一國兩制」研究》2011 年第 7 期。

14 許崇德：《簡析香港特別行政區實行的法律》，《中國法學》1997 年第 3 期。

15 丁煥春：《論我國憲法對香港特別行政區的法律效力》，《法學雜誌》1991 年第 3 期。

16 李琦：《特別行政區基本法之性質：憲法的特別法》，《廈門大學學報（哲學社會科學版）》2002 年第 5 期。

17 王振民、孫成：《香港法院適用中國憲法問題研究》，《政治與法律》2014 年第 4 期；蕭蔚雲：《論中華人民共和國憲法與香港特別行政區基本法的關係》，《北京大學學報（哲學與社會科學版）》1990 年第 3 期。

利回歸和繁榮穩定，所以修憲加入第 31 條……另外，基本法序言寫明，根據憲法第 31 條設立香港特別行政區。所以，香港特別行政區與憲法第 31 條的關係明確清晰，一直以來，憲法其他條文之於香港，港人停留在『帝力於我何有哉』的狀態。」[18]

■ 四、整體有效，但部分適用說

最早持這種觀點的是王叔文、蕭蔚雲兩位教授，近年來，韓大元、鄒平學、顧敏康等教授對這一學說進行了新的發展。持這種觀點的代表人物王叔文教授認為，由於香港基本法是根據「一國兩制」的方針制定的，憲法作為一個整體對香港特別行政區是有效的，但憲法中某些條文規定，主要是關於社會主義制度的政策的規定，不作為制定香港基本法的依據。[19] 具體而言，凡是我國憲法關於維護國家主權、統一和領土完整的規定，必須適用於香港特別行政區，關於社會主義制度和政策的條文規定，不適用香港特別行政區。[20] 另一位代表人物蕭蔚雲教授進一步闡明，憲法關於四項基本原則、社會主義制度、地方國家權力機關和行政機關、國家審判機關和檢察機關等內容，不適用於香港特別行政區，而有關國家主權、國防、外交、最高國家權力機關和最高國家行政機關、國旗、國徽、首都等的規定，則應當適用。[21] 然而，在過往的討論中，儘管王叔文、蕭蔚雲兩位教授均認為我國憲法在香港特別行政區具備最高法律效力，但是人們往往僅強調「部分適用」的論述，而忽視「整體有效」的論述。近年來，

18　《「違憲論」是譚惠珠僭建？語意不詳須及早釐清》，《明報》2013 年 4 月 2 日。

19　王叔文：《香港特別行政區基本法導論》，中國民主法制出版社、中共中央黨校出版社 2006 年版，第 83-84 頁。

20　王叔文：《香港特別行政區基本法導論》，中國民主法制出版社、中共中央黨校出版社 2006 年版，第 89 頁。

21　蕭蔚雲：《論中華人民共和國憲法與香港特別行政區基本法的關係》，《北京大學學報（哲學與社會科學版）》1990 年第 3 期。

一些學者在「整體有效，但部分適用」的基礎上，開始更多地強調「整體有效」的方面。例如，韓大元教授認為，「憲法在特別行政區的效力並不限於憲法第 31 條，甚至不限於『一國條款』，『社會主義條款』在香港同樣有效。……憲法規定的許多其他制度儘管並不直接在香港實行，但香港的各種組織和公民必須尊重這些制度的存在，負有在行動上不危害社會主義制度的義務，這一點上所謂『港獨』是公然的違反憲法行為，必須予以追責。」[22] 顧敏康教授認為，我國憲法中關於行使主權的國家機關法律地位、關於國家主權象徵等規定可以在香港繼續實施，而不適用於香港的關於社會主義制度的規定在香港繼續有效，香港居民不能利用香港破壞社會主義制度，或實施危害國家安全的行為。[23] 鄒平學教授進一步區分了顯性的「運用和實施憲法落實處理各種事情」的憲法執行模式和隱形的「認可、尊重和不得破壞」的憲法遵守模式。[24]

五、對上述學說的評述及論證

在上述幾種觀點中，相較於完全不適用說、通過香港基本法適用說、只適用第 31 條說，無論從立法原意還是從實踐來看，「整體有效，但部分適用說」都更為恰當，目前無論在理論還是實踐中都被視為是主流觀點。

1. 基於立法原意的考察。根據香港基本法起草委員會《中央與香港特別行政區的關係專題小組的工作報告》所述，「（香港基本法

22　韓大元：《論〈憲法〉在〈香港特別行政區基本法〉制定過程中的作用》，《現代法學》2017 年第 5 期。

23　顧敏康：《〈憲法〉與〈基本法〉共同構成香港特別行政區的憲制基礎》，《港澳研究》2018 年第 1 期。

24　鄒平學：《1982 年〈憲法〉第 31 條辨析 —— 兼論現行〈憲法〉在特別行政區的適用》，《當代港澳研究》2013 年第 10 輯。

起草委員會）委員們認為，中國的憲法作為一個整體對香港特別行政區是有效的，但是由於國家對香港實行『一國兩制』的政策，憲法的某些具體條文不適用於香港，主要是指社會主義制度和政策的規定。」[25] 此外，時任全國人大常委會法工委副主任、後擔任香港基本法委員會主任委員的喬曉陽在 2000 年的講話中也持這一觀點：「第一，憲法中有關確認和體現國家主權、統一和領土完整的規定，即體現『一國』的規定，包括憲法關於中央國家機關的一系列規定，如全國人民代表大會是最高國家權力機關，全國人大常委會是它的常設機關，它們行使國家立法權和決定國家生活中的重大問題；國家主席的對內對外的職權；國務院即中央人民政府，是最高國家權力機關的執行機關，是最高國家行政機關；中央軍事委員會領導全國武裝力量等；憲法關於國防、外交的規定以及憲法關於國家標誌的規定，如國旗、國徽、國都；有關公民資格，即國籍的規定，等等，憲法的這些規定在香港施行和在內地各省、自治區、直轄市施行是一樣的。第二，由於國家對香港實行『一國兩制』，憲法在香港施行同在內地施行又有所不同。憲法有關社會主義制度（政治制度、經濟制度、文化教育制度等）方面的規定，不在香港特別行政區施行。而這些規定不在香港施行，也正是憲法所允許的。憲法第 31 條規定，全國人民代表大會以法律規定特別行政區的制度。根據這一規定，全國人民代表大會制定了香港基本法。基本法第 11 條規定，根據憲法第 31 條，香港特別行政區的制度和政策，包括社會、經濟制度，有關保障居民的基本權利和自由的制度，行政管理、立法和司法方面的制度，以及有關政策，均以基本法的規定為依據。基本法的這一規定，體現『一國兩制』的基本方針，表明在『兩種制度』方面，有關香港特別行

---

25 《中央與香港特別行政區的關係專題小組的工作報告》，載香港特別行政區基本法起草委員會秘書處編：《中華人民共和國香港特別行政區基本法起草委員會第二次全體會議文件彙編》，1986年，第 14 頁。

政區的制度和政策，須以香港特別行政區基本法為依據。」[26] 這些都表明，完全不適用說、通過香港基本法適用說、只適用第 31 條說不符合立法原意，部分適用說和完全適用說更符合香港基本法起草時的原意。

2. 基於香港特別行政區法治實踐的考察。此處僅以香港終審法院適用我國憲法的實踐為例，終審法院不僅直接適用我國憲法，而且對我國憲法的適用並不局限於第 31 條。根據北京大學法學院王磊教授統計，[27] 截止到 2018 年，從香港最終裁判書來看，終審法院至少適用了我國憲法序言中的 1 個表述和正文中的 5 個條文，共計 13 次，適用了我國憲法第 67 條第 4 項關於全國人大常委會法律解釋權的規定 5 次，適用了我國憲法第 31 條關於特別行政區的規定 3 次，適用了我國憲法第 57 條關於最高國家權力機關及其常設機關的規定 2 次，適用我國憲法序言關於台灣的表述、第 58 條關於國家立法權的規定、第 136 條（對應 2018 年修憲後第 141 條）關於國旗的規定各 1 次。從適用的章節來看，至少序言、第一章總綱、第三章國家機構、第四章國旗、國歌、國徽、首都等部分均得到了適用。終審法院以實際行動否定了我國憲法只有第 31 條在香港適用的觀點，其原因主要在於，作為基本法和香港特別行政區憲制基礎的遠不止我國憲法第 31 條，終審法院適用我國憲法中其他條款是審理案件的客觀需要。儘管我國憲法第 31 條是基本法和香港特別行政區的直接憲法依據，但是除了第 31 條以外，我國憲法中有關國家主權、國防、外交、最高國家權力機關和最高國家行政機關、國旗、國徽、首都等規

26　喬曉陽：《如何正確理解和處理好「一國兩制」下中央與香港特別行政區的關係》，載《中央有關部門發言人及負責人關於基本法問題的談話和演講》，中國民主法制出版社 2011 年版。

27　參見王磊：《憲法與基本法司法適用的香港經驗——基於終審法院判決的分析》，《廣東社會科學》2019 年第 3 期。

定也適用於香港，[28] 是基本法和香港特別行政區的憲制基礎和最高依據，對基本法相關條款的理解以及相關法律問題的處理不能脫離我國憲法的上述規定。例如，我國憲法第 67 條作為基本法第 158 條的基礎和最高依據，在處理基本法解釋權問題時，如果脫離我國憲法第 67 條去適用基本法 158 條，則可能會得出「全國人大常委會無權主動釋法」這種荒謬的結論。因此，終審法院在處理上述領域的糾紛時，適用我國憲法中的相關條款作為說理或裁判依據，更有利於理解和判明有關法律問題。

---

28 蕭蔚雲：《論中華人民共和國憲法與香港特別行政區基本法的關係》，《北京大學學報（哲學與社會科學版）》1990 年第 3 期。

第三節

憲法與「一國兩制」的關係

◇◇◇

　　「一國兩制」方針首次以法律形式出現，正是在 1982 年修憲中加入了我國現行憲法第 31 條關於特別行政區的規定，這使得「一國兩制」被以根本法的形式確定了下來；隨後，1990 年通過的香港基本法是第一個將「一國兩制」方針具體法律化的法律。香港基本法在序言中即明確指出，「國家決定，在對香港恢復行使主權時，根據中華人民共和國憲法第三十一條的規定，設立香港特別行政區，並按照『一個國家，兩種制度』的方針，不在香港實行社會主義的制度和政策。」可以說，「一國兩制」是香港特別行政區不可動搖的根本憲法體制，「根本的東西不是客觀上絕對不會發生改變的，但是從制憲者立場來說，根本的東西一旦動搖了、改變了，那就是一個新的立憲時刻」[29]。「一國兩制」之於香港就是如此，「一國兩制」的基本方針是我國憲法第 31 條的核心，也是香港基本法的核心，如果動搖「一國兩制」，香港特別行政區就不成其為「特別行政區」，香港基本法以及香港特別行政區將成為「無源之水、無本之木」。

一、「一國兩制」是憲法確立的基本制度

　　憲法第 31 條規定，「國家在必要時得設立特別行政區。在特

29　陳端洪：《「一國兩制」的智慧》，《中國法律評論》2015 年第 7 期。

別行政區內實行的制度按照具體情況由全國人民代表大會以法律規定」，該條規定被認為是「一國兩制」在憲法中的具體體現。時至今日，「一國兩制」早已成為憲法所確立的基本制度，是中國憲法的重要內容。

1.「一國兩制」的提出背景。「一國兩制」的方針最初是為了解決台灣問題，全國人大常委會於 1979 年元旦發表《告台灣同胞書》，已經包含了「一國兩制」的構想；1981 年，全國人大常委會委員長葉劍英提出了九條實現祖國和平統一的方針，其中包括「國家實現統一後，台灣可作為特別行政區，享有高度的自治權，並可保留軍隊。中央政府不干預台灣地方事務；台灣現行社會、經濟制度不變，生活方式不變，同外國的經濟、文化關係不變。」[30] 針對「葉九條」，鄧小平指出：「一九八一年國慶前夕葉劍英委員長就台灣問題發表的九條聲明，雖然沒有概括為『一國兩制』，但實際上就是這個意思。兩年前香港問題提出來了，我們就提出『一國兩制』。」鄧小平進一步指出，「這個構想是從中國解決台灣問題和香港問題出發的。十億人口大陸的社會主義制度是不會改變的，永遠不會改變。但是，根據香港和台灣的歷史和實際情況，不保證香港和台灣繼續實行資本主義制度，就不能保持它們的繁榮和穩定，也不能和平解決祖國統一問題。因此，我們在香港問題上，首先提出要保證其現行的資本主義制度和生活方式，在一九九七年後五十年不變。」之所以將「一國兩制」用於解決香港問題，是因為「中國面臨的實際問題就是用什麼方式才能解決香港問題，用什麼方式才能解決台灣問題。只能有兩種方式，一種是和平方式，一種是非和平方式。而採用和平方式解決香港問題，就必須既考慮到香港的實際情況，也考慮到中國的實際情況和英國的實際情況，就是說，我們解決問題的辦法要使三方面都能接受。如果

---

30 《千磨萬擊還堅勁 任爾東西南北風 ——紀念「葉九條」發表四十週年》，《紫荊》2021 年 9 月 23 日，https://bau.com.hk/article/2021-09/23/content_926232565825310720.html。

用社會主義來統一，就做不到三方面都接受。勉強接受了，也會造成混亂局面。即使不發生武力衝突，香港也將成為一個蕭條的香港，後遺症很多的香港，不是我們所希望的香港。所以，就香港問題而言，三方面都能接受的只能是『一國兩制』，允許香港繼續實行資本主義，保留自由港和金融中心的地位，除此以外沒有其他辦法。」[31]

2.「一國」和「兩制」是相輔相成的，是「一國兩制」基本國策的「一體兩翼」。所謂「一國兩制」，是指實行「一個國家，兩種制度」，具體說，就是在中華人民共和國內，十億人口的大陸實行社會主義制度，香港、澳門、台灣實行資本主義制度。更具體地說，即國家在必要時得設立特別行政區，特別行政區直轄於中央人民政府，享有高度自治權，享有行政、立法、司法和終審權，但國防、外交等自治範圍之外的事務屬於中央人民政府管理。全面理解「一國兩制」，必須充分將「一國」與「兩制」統一起來：（1）「一國兩制」中的「一國」，主要是指國家主權、統一和領土完整，這是「一國兩制」的前提，也是設立特別行政區所必須堅持的基本原則。香港基本法序言開宗明義地指出，「香港自古以來就是中國的領土……中英兩國政府簽署了關於香港問題的聯合聲明，確認中華人民共和國政府於一九九七年七月一日恢復對香港行使主權，從而實現了長期以來中國人民收回香港的共同願望。……為了維護國家的統一和領土完整……國家決定，在對香港恢復行使主權時，根據中華人民共和國憲法第三十一條的規定，設立香港特別行政區。」[32] 香港基本法正文第一條就明確規定了「一國」的內涵，即「香港特別行政區是中華人民共和國不可分離的部分」。可見，「一國」是「一國兩制」的前提和基礎，是香港基本法和香港特別行政區得以存在的前提，實行「一國兩制」，首

31　中央人民政府駐香港特別行政區聯絡辦公室：《中國是信守諾言的 —— 鄧小平會見英國首相撒切爾夫人時談話的要點》，1984 年 12 月 19 日，http://big5.locpg.gov.cn/gjldrnxg/xiaoping/200701/t20070105_960.asp。

32　參見香港特區政府網站，https://www.basiclaw.gov.hk/tc/basiclaw/index.html。

先就必須維護中華人民共和國的主權、統一和領土完整。此外，「一國」還要求，特別行政區雖然享有高度自治權，實行不同的制度，但中央與特別行政區的關係不是平分秋色、平起平坐、或所謂「中港關係」，而是單一制國家與其地方行政區域的關係，是中央與地方的關係。[33]（2）「一國兩制」中的「兩制」。「兩制」包括兩方面內容，不講這兩個方面，「一國兩制」幾十年不變就行不通了：一方面，是中國的主體堅定不移的實行社會主義。「中國的主體、十億人口的地區堅定不移地實行社會主義。主體地區是十億人口，台灣是近兩千萬，香港是五百五十萬，這就有個十億同兩千萬和五百五十萬的關係問題。主體是很大的主體，社會主義是在十億人口地區的社會主義，這是個前提，沒有這個前提不行。」[34] 另一方面，允許在香港等特殊地區實行資本主義。「社會主義國家裏允許一些特殊地區搞資本主義，不是搞一段時間，而是搞幾十年、成百年」，「可以容許在自己身邊，在小地區和小範圍內實行資本主義。我們相信，在小範圍內容許資本主義存在，更有利於發展社會主義。我們對外開放二十來個城市，這也是在社會主義經濟是主體這個前提下進行的，不會改變它們的社會主義性質。相反地，對外開放有利於壯大和發展社會主義經濟。」[35] 我國主體的社會主義制度和香港特別行政區的資本主義制度，在和平共處的基礎上解決中國的統一問題，是一種「井水不犯河水，河水不犯井水」的關係。同時，在處理「一國」與「兩制」的關係時，不能把「兩制」凌駕於「一國」之上，也不可把「一國」與「兩制」對立起來。

33　蕭蔚雲：《論香港基本法》，北京大學出版社 2003 年版，第 237 頁。

34　中央人民政府駐香港特別行政區聯絡辦公室：《中國是信守諾言的 —— 鄧小平會見英國首相撒切爾夫人時談話的要點》，1984 年 12 月 19 日，http://big5.locpg.gov.cn/gjldrnxg/xiaoping/200701/t20070105_960.asp。

35　中央人民政府駐香港特別行政區聯絡辦公室：《中國是信守諾言的 —— 鄧小平會見英國首相撒切爾夫人時談話的要點》，1984 年 12 月 19 日，http://big5.locpg.gov.cn/gjldrnxg/xiaoping/200701/t20070105_960.asp。

二、憲法是「一國兩制」法律化的基石

　　「一國兩制」的形成和法律化大體經歷了四個階段，分別是開始提出階段（1978 年底到 1981 年 8 月）、進一步發展和具體化階段（1981 年 8 月到 1982 年 3 月）、開始法律化階段（1982 年 4 月到 1985 年 5 月）、具體法律化階段（1985 年 7 月到 1990 年 4 月）。最終，「一國兩制」這一基本方針被我國憲法和香港基本法這兩個特別行政區的憲制基礎予以法律化。

　　「一國兩制」是我國憲法第 31 條的核心內涵，我國憲法第 31 條是「一國兩制」方針在根本法中的體現。「一國兩制」的方針首次以法律形式出現出來，就是在 1982 年憲法之中加入了「國家在必要時得設立特別行政區。在特別行政區內實行的制度按照具體情況由全國人民代表大會以法律規定」，這一規定使得「一國兩制」被一根本法的形式確定了下來，實現了所謂「一國兩制」的「憲法化」。彭真在 1982 年五屆人大五次會議上所做的《關於中華人民共和國憲法修改草案的報告》中，對我國憲法第 31 條所體現的「一國兩制」內涵進行了說明：「去年國慶節前夕，全國人民代表大會常務委員會委員長葉劍英同志發表談話指出，實現和平統一後，台灣可作為特別行政區，享有高度的自治權。這種自治權，包括台灣現行社會、經濟制度不變，生活方式不變，同外國的經濟、文化關係不變等等。考慮到這種特殊情況需要，憲法修改草案第三十一條規定：『國家在必要時得設立特別行政區。在特別行政區內實行的制度按照具體情況由全國人民代表大會以法律規定。』在維護國家的主權、統一和領土完整的原則方面，我們是決不含糊的。同時，在具體政策、措施方面，我們又有很大的靈活性，充分照顧台灣地方的現實情況和台灣人民以及各方

面人士的意願。這是我們處理這類問題的基本立場。」[36] 其中，就該《報告》中所提及葉劍英委員長所說的九條方針，鄧小平曾經指出這九條方針實際上就是「一國兩制」，可以說，我國憲法第 31 條就是為了落實「一國兩制」基本方針而制定的。此外，該《報告》中所指「這類問題」就是指的包括香港、台灣在內的歷史遺留問題。

36 《關於中華人民共和國憲法修改草案的報告》，《人民日報》1982 年 12 月 6 日，第 1 版。

憲法與香港基本法的關係

◇◇◇

一、憲法是基本法的立法依據

憲法第 31 條是香港基本法最重要的憲法依據。憲法第 31 條確立了「一國兩制」的基本方針，該方針是起草香港基本法的指導原則；香港基本法是憲法中「一國兩制」方針具體法律化的體現。我國憲法第 31 條雖然對建立特別行政區及其實行的制度作了規定，體現了「一國兩制」的方針，但是並沒有一部完整的法律來具體體現這一方針，香港基本法正是對這一方針的具體法律化。正如習近平總書記指出，「基本法是根據憲法制定的基本法律，規定了在香港特別行政區實行的制度和政策，是『一國兩制』方針的法律化、制度化，為『一國兩制』在香港特別行政區的實踐提供了法律保障。」在起草香港基本法時，時任國務院港澳辦主任、香港特別行政區基本法起草委員會（以下簡稱草委會）主任委員姬鵬飛在草委會第二次全體會議上指出，「制定香港特別行政區基本法就是要根據『一國兩制』的指導方針把對香港的政策用法律的形式規定下來。我們要全面、準確地體現『一國兩制』的方針，把『一國』與『兩制』很好地統一起來，也就是說把愛祖國和愛香港統一起來，起草出一部既能維護國家主權，又

能維護香港繁榮的基本法來。」[37] 草委會委員蕭蔚雲教授也指出「我們的工作完全是在『一國兩制』構想的指導下進行的……起草香港基本法實際是如何將『一國兩制』具體化、法律化，所以起草基本法必須以『一國兩制』為指導，將『一國兩制』貫穿於基本法之中。」可以說，「香港基本法的結構和整體都貫穿了『一個國家，兩種制度』的方針」，而且在各章的內容中也創造性地貫穿了這一方針。其中，香港基本法第一章總則共 11 條對「一國兩制」的主要內容做了集中的明確規定，勾畫了「一國兩制」的輪廓，主要體現在六個方面，即香港特別行政區是中華人民共和國不可分離的部分、香港特別行政區享有高度自治權、港人治港、保障香港居民和其他人的權利和自由、原有資本主義制度的生活方式 50 年不變、原有法律基本不變且基本法效力高於香港其他法律。[38]

二、香港基本法是憲法之下的基本法律

將香港基本法置於我國整個法治體系之中進行考察，香港基本法的屬性將得以彰顯，即香港基本法是全國人大制定的、位於憲法之下的基本法律，而非「特區的憲法」或「小憲法」。根據憲法第 62 條和《立法法》第 7 條規定，在我國法治體系中，香港基本法無論從內容還是程序上均屬於憲法和《立法法》所規定的全國人大制定的基本法律。

雖然我國憲法中部分關於社會主義制度和政策的條款不在特區

37　《關於〈中華人民共和國香港特別行政區基本法（草案）〉及其有關文件的說明》，香港特區立法會網站，https://www.legco.gov.hk/general/chinese/procedur/companion/chapter_5/mcp-part1-ch5-n1-c.pdf。

38　蕭蔚雲：《集中體現一國兩制的香港基本法總則》，《中國法律》1996 年第 1 期。

實施，但我國憲法作為主權的最高體現和法律表達，[39] 其整體上適用於中華人民共和國全部領土，[40] 且在我國法律體系中是具有最高法律效力的根本法，其同樣也是特區的最高憲制基礎。我國憲法中有關國家主權、國防、外交、最高國家權力機關和最高國家行政機關等規定均適用於特區，[41] 這些規定均是中央行使全面管治權的直接法律依據。由於基本法是全國人大制定的基本法律，其效力高於法規、規章，但低於我國憲法，其無法替代我國憲法作為特區最高憲制基礎的地位。

三、香港基本法是特殊的授權法

雖然香港基本法作為全國人大制定的一部基本法律，不是「特區憲法」或「小憲法」，但這並不意味著可以將香港基本法與其他基本法律相等同，還應當認識到香港基本法是一部特殊的授權法，其授予了特區前所未有的高度自治權，還對中央在特區直接行使的管治權以及中央對高度自治權的監督權進行了規範，並為特區高度自治權的長期、穩定行使提供了保障。若在「一國一制」之下，中央往往也需要賦予地方一定的自治權，但沒有必要採取香港基本法這種特殊的形式進行，而一般是採取普通法律進行授權。

之所以說香港基本法具有特殊的授權法性質，是因為在「一國兩制」之下授予特區高度自治權從本質上不同於「一國一制」下授予地方一般的自治權。這種不同主要在於，授予一般的自治權並不需要在任何地區中止我國根本制度的實施，而授予特區高度自治權，意味

39　韓大元：《論〈憲法〉在〈香港特別行政區基本法〉制定過程中的作用》，《現代法學》2017 年第 5 期。

40　蕭蔚雲：《一國兩制與香港基本法律制度》，北京大學出版社 1990 年版，第 94 頁。

41　參見蕭蔚雲：《論中華人民共和國憲法與香港特別行政區基本法的關係》，《北京大學學報（哲學社會科學版）》1990 年第 3 期。

著作為我國根本制度的社會主義制度和作為我國根本政治制度的人民代表大會制度將不適用於特區，特區將「保持原有的資本主義制度和生活方式，五十年不變」。這種對根本制度的變通甚至一度引發了香港基本法是否違憲的爭論。[42] 也正是由於特區與我國內地有著這種根本制度的不同，必然要求香港基本法賦予特別行政區前所未有的高度自治權，具體體現在特區享有行政管理權、立法權、獨立的司法權和終審權等方面，這些高度自治權是服務於實行資本主義制度和政策的特區，其中的許多內容不僅是內地地方機關所不能行使的，甚至許多聯邦制國家之下的州也難以享受如此廣泛的高度自治權。[43] 同時，為了保障特區高度自治權的有效行使，香港基本法還對中央在特區直接行使的管治權以及對特區高度自治權的監督進行了約束。例如，香港基本法第 14 條第 3 款規定，中央人民政府派駐香港特別行政區負責防務的軍隊不干預香港特別行政區的地方事務。香港基本法第 22 條第 1 款規定，中央人民政府所屬各部門、各省、自治區、直轄市均不得干預香港特別行政區根據本法自行管理的事務。香港基本法第 158 條、第 159 條規定，中央在對基本法進行解釋和修改時應當徵詢香港基本法委員會的意見。

42　葉海波：《特別行政區基本法的合憲性推定》，《清華法學》2012 年第 5 期。

43　郝鐵川：《香港特區享有的是單一制國家結構下的高度自治權》，《江漢大學學報（社會科學版）》2017 年第 6 期。

第二章

香港基本法的解釋與修改

鄒平學

實施香港基本法，離不開對它的解釋。誰有權解釋及如何解釋基本法，是實施基本法的重要環節。在香港基本法起草的時候，香港社會就認為，「在『一國兩制』的前提下，要使原來不同的法律制度能夠和諧運作，便需要從實際出發解決問題，不能單從一個角度提出解決辦法，應既做到符合『一國兩制』的精神，也維持香港原有的司法制度。因此，基本法解釋權的問題若能順利解決的話，就是『一國兩制』能夠真正落實的最好證明。」[1] 曾任中聯辦法律部長的清華大學法學院教授王振民指出，在基本法的解釋問題上，「中國憲法遇到了真正的挑戰，『一國』和『兩制』如何有機地結合在一起，這是對兩地法律界專業技能的真正考驗。」[2] 曾任全國人大常委會香港特別行政區基本法委員會委員、著名法學家吳建璠教授也指出：「香港基本法的解釋問題，實質上是一個涉及體制創新，十分敏感的憲制問題，需要兩地學者認真思考，理性對待，共同研究。」[3]

回歸以來，涉及基本法的訴訟此起彼伏，法院在司法實踐中解釋基本法成為普遍現象。為了及時平息基本法實施中出現的重大社會爭議，正確闡述基本法有關條文的立法原意，維護香港繁榮穩定，全國人大常委會也曾先後五次解釋基本法（俗稱「人大釋法」），其中多次人大釋法引起香港社會的爭議，有人質疑、不認同甚至否定全國人大常委會對基本法的解釋。這些情況說明，香港基本法解釋是一個涉及中央與特區關係並引起最多法律爭議的基本法實施問題。[4] 基本法解釋制度具有高度的複雜性、敏感性和挑戰性。有學者認為，香港基本法實施中的重大挑戰就是如何解決香港基本法的解釋問題和解釋

1　《中華人民共和國香港特別行政區基本法（草案）徵求意見稿諮詢報告》（二），1988 年，第 42 頁。

2　王振民：《「一國兩制」實施中的若干憲法問題淺析》，《法商研究》2000 年第 4 期。

3　參見黃江天：《香港基本法的法律解釋研究》，三聯書店（香港）有限公司 2004 年版，第 III 頁。

4　無論是全國人大常委會釋法引起的爭議，還是香港法院涉及基本法的一些重大訴訟，香港學界和輿論界往往冠之以「憲法爭論」、「憲法性訴訟」、「憲法性危機」來描述，內地學界也會給予高度關注，積極參與評論。這種現象恰好說明了基本法解釋所涉問題的重大性、敏感性和複雜性。

實踐中發生的分歧和爭議。[5] 基本法解釋問題是「解決基本法實施過程中發生的爭議問題的關鍵所在」[6]。有學者甚至斷言:「圍繞基本法解釋產生的分歧、對話、協商與鬥爭,是香港回歸以來最為突出的政治議題,也是最重要的法律問題之一。」[7]

伴隨著基本法解釋問題的討論,也有一些主張修改基本法的言論,但總體上仍未形成熱點,迄今為止,基本法的正文尚未修改過,但附件一和附件二進行過修改。下面對這些問題分別闡述。

5　鄒平學:《共識與分歧:香港〈基本法〉解釋問題的初步檢視》,《中國法律評論》2017 年第 1 期。

6　參見黃江天:《香港基本法的法律解釋研究》,三聯書店(香港)有限公司 2004 年版,第 III 頁。

7　強世功:《文本、結構與立法原意 ——「人大釋法」的法律技藝》,《中國社會科學》2007 年第 5 期。

香港基本法解釋制度

◇◇◇

　　香港基本法屬於全國性法律，探討它的解釋制度，需要先從國家的法律解釋制度談起。我國實行全國人大常委會解釋法律的制度。根據憲法規定，全國人大常委會有權解釋憲法和法律，這裏的「法律」包括香港基本法。《立法法》也明確規定法律解釋權屬於全國人大常委會。全國人大常委會解釋法律的制度又稱為立法解釋制度，這是與我國的政體實行人民代表大會制度一脈相承的。

　　根據《立法法》的規定，我國立法解釋的範圍包含兩方面：一是法律的規定需要進一步明確具體含義的。其中包括三種情況：需要進一步明確法律界限的；需要彌補法律規定的輕微不足的；對法律規定含義理解產生較大意見分歧的。二是法律制定後出現新的情況，需要明確適用法律依據的。例如，1980 年的國籍法第 2 條規定：「中華人民共和國不承認中國公民具有雙重國籍。」但香港回歸後，有些香港居民中的中國公民持有外國護照。針對香港的這一歷史和現實情況，為保持香港的繁榮穩定，保證國籍法在香港的順利實施，1996 年 5 月全國人大常委會就作出了《國籍法在香港特區實施的幾個問題的解釋》，其中規定：所有香港中國同胞，不論其是否持有「英國屬土公民護照」或者「英國國民（海外）護照」，都是中國公民。自 1997 年 7 月 1 日起，上述中國公民可繼續使用英國政府簽發的有效旅行證件去其他國家或地區旅行，但在香港特區和中國其他地區不得因持有上述英國旅行證件而享有英國的領事保護的權利。

那麼，什麼情況下可以採用立法解釋，什麼情況下應當修改法律呢？實踐中的做法是：凡屬於不需要改變原來的法律規定，而是作為一種特殊情況對法律進行變通執行的，都可以採用立法解釋的辦法，不修改法律。如國籍法在香港、澳門兩個特區的實施的解釋，就屬於這種情況。從問題的性質看，應當修改法律，但問題比較具體，修改法律一時還提不上議事日程，可以先採用立法解釋的辦法，待以後再對法律進行修改或做相應補充。

從法律實施的實踐來看，如果所有法律解釋都由全國人大常委會來負責，顯然行不通。因此，在堅持立法解釋制度的前提下，我國對於法律的具體應用解釋又有進一步的規定，一是全國人大常委會授權最高人民法院在審理案件時，可以就如何具體應用法律的問題作出解釋。這種司法解釋只限於審判工作具體應用法律法令的問題，不得違背法律法令的原意。二是凡屬於檢察院檢察工作中具體運用法律、法令的問題，由最高人民檢察院進行解釋。最高人民法院和最高人民檢察院的解釋如果有原則性的分歧，報請全國人大常委會解釋或決定。三是不屬於審判和檢察工作中的其他法律、法令如何具體應用的問題，由國務院及主管部門進行解釋。上述各種具體應用解釋的地位都低於立法解釋，也就是當上述機關的各種具體應用解釋之間發生分歧時，須以立法解釋為準。換言之，在各種法律解釋中，全國人大常委會的法律解釋是最高的、最終的解釋，視同法律的組成部分，與法律本身具有同等效力。

我國法律解釋制度有兩大特點：一是全國人大常委會的法律解釋是最高的、最終的解釋，與法律本身具有同等效力。任何公民、一切國家機關和武裝力量、各政黨和各社會團體、各企業事業組織，都必須遵守、執行全國人大常委會對法律的解釋。二是我國法律的最終解釋權和司法終審權由不同的機構行使，全國人大常委會擁有法律的最終解釋權，但不行使司法終審；最高人民法院擁有司法終審權，

但沒有最終解釋權。全國人大常委會的法律解釋屬於抽象解釋,並不直接處理案件。全國人大常委對法律有關條文作出解釋後,具體案件如何處理,仍由有關司法機關依各自的權限和程序辦理,但它們都必須依據有關法律解釋來判案。

以上是中國法律解釋的一般情形。而在香港,由於實行「一國兩制」,情況比較特殊。香港基本法的解釋制度由基本法第 158 條規定,其條文如下:

本法的解釋權屬於全國人民代表大會常務委員會。

全國人民代表大會常務委員會授權香港特別行政區法院在審理案件時對本法關於香港特別行政區自治範圍內的條款自行解釋。

香港特別行政區法院在審理案件時對本法的其他條款也可解釋。但如香港特別行政區法院在審理案件時需要對本法關於中央人民政府管理的事務或中央和香港特別行政區關係的條款進行解釋,而該條款的解釋又影響到案件的判決,在對該案件作出不可上訴的終局判決前,應由香港特別行政區終審法院請全國人民代表大會常務委員會對有關條款作出解釋。如全國人民代表大會常務委員會作出解釋,香港特別行政區法院在引用該條款時,應以全國人民代表大會常務委員會的解釋為準。但在此以前作出的判決不受影響。

全國人民代表大會常務委員會在對本法進行解釋前,徵詢其所屬的香港特別行政區基本法委員會的意見。

從上述第 158 條四款的內容看,基本法解釋制度體現了立法者的兩大意圖:一是符合憲法規定的國家法律解釋制度,二是體現「一國兩制」原則。

一、符合憲法規定的國家法律解釋制度

　　基本法是全國人大制定的法律，對它的解釋首先要符合憲法規定的國家法律解釋制度，即應該由全國人大常委會負責解釋。故第 158 條第 1 款的規定和憲法關於法律解釋權屬於全國人大常委會的規定保持一致。

　　基本法作為一部全國性法律，不僅在香港特別行政區實施，在全國範圍內都要一體遵行。對基本法涉及國家主權範疇和全國性事項的條款，尤其是涉及中央權力的條款和中央與香港特區關係的條款，必須有統一的解釋。只有由全國人大常委會掌握基本法的解釋權，才能保證基本法在全國的統一理解和統一實施。因此，第 158 條第 1 款明確肯定了基本法解釋權屬於全國人大常委會。

　　根據第 1 款，全國人大常委會對所有的基本法條款都具有解釋權，不論需要解釋的事項是否涉及訴訟案件，不論法院是否審結涉及解釋爭議的案件，不論終審法院是否提請人大釋法，全國人大常委會都有權解釋基本法，只要存在釋法的必要性。這也說明全國人大常委會對基本法的解釋具有全面性、全權性和主動性的特點。

二、體現「一國兩制」原則

　　回歸前，香港實行普通法體制，立法機關負責制定法律，無權解釋法律，司法機關在審理案件時可對案件涉及的法律進行解釋，即所謂「司法解釋」，由此產生的判決也將會成為法律的一部分。法官在審理案件時對法律進行解釋，並不需要徵求立法機關的意見，如果立法機關有不同意見，可以通過立法程序修改、廢除或重新制定相關法律。回歸前英國樞密院司法委員會既是香港的終審法院，也是香港最終的法律解釋機關，它的解釋是最終的，包括香港法院在內的本地

任何機關和個人都必須遵循。

香港回歸後，香港的憲制基礎發生根本性變化，全國人大根據基本法授予香港行政管理權、立法權、獨立的司法權和終審權在內的高度自治權，原有的法律基本保留，並設立了香港終審法院，原來英國樞密院司法委員會對香港享有的司法終審權由香港終審法院行使，香港原來普通法下的法律解釋制度也被繼續沿用。這時候規定基本法的解釋制度時，就要在遵循「一國」原則、符合國家法律解釋制度前提下，同時照顧香港實行普通法的實際需要，體現「兩制」要求。因此，需要由全國人大常委會授權香港各級法院在審理具體案件時解釋基本法，這就是第 158 條第 2 款和第 3 款規定的內容。這種頗具匠心的設計，把國家的立法解釋制度與香港特區的司法解釋制度很好地融合在一起，實現了基本法解釋制度上「一國」和「兩制」的有機結合。

由此可見，香港基本法的解釋制度的內容是：基本法的解釋權屬於全國人大常委會。全國人大常委會授權香港法院在審理案件時解釋基本法，香港法院經人大授權可自行解釋基本法自治範圍內的條款。香港法院經人大授權亦可以解釋基本法其他條款，但對於基本法關於中央管理的事務和中央與特區關係的條款，在滿足法定的條件和事由時，終審法院應提請全國人大常委會解釋。如果人大作出解釋，香港法院應當遵守人大解釋，但在此前作出的判決不受影響。

香港基本法解釋制度的實踐

一、香港法院的解釋實踐

基本法實施以來，香港法院在審理案件過程中解釋基本法的情況十分普遍。據統計，法院在判決中對基本法 160 個條文中超過三分之一有過解釋。終審法院判決的案件中涉及基本法解釋的有 100 多件，有效增強了香港社會落實基本法的信心。這充分說明，全國人大常委會授予香港法院的解釋權得到了很好的、充分的運用，法院獨立的司法權和終審權得到了有效行使，基本法在普通法制度下運作良好，顯示了旺盛的生命力。

二、全國人大常委會解釋基本法的實踐

（一）1999 年「居港權案」

這是第一次人大釋法。香港特區終審法院 1999 年 1 月 29 日有關港人所生內地子女居港權的判決，引發社會不同意見。特區政府認為終審法院判決是不合適的，港人所生內地子女居港權問題涉及內地居民進入香港的管理辦法，屬於基本法規定的中央與香港關係問題，依照基本法規定應當由全國人大常委會對基本法的有關規定作出解釋。政府估計有關裁決可導致 167 萬人享有居港權，新移民可能過快湧入

香港，社會無法承受。香港社會各界也普遍擔憂幅員狹小的香港難以承受巨量人口湧入帶來的社會、民生壓力，要求和支持香港特區政府提請中央啟動解釋程序，儘快解決問題。1999 年 5 月 20 日，特區行政長官向國務院提交了《關於提請中央政府協助解決實施〈香港基本法〉有關條款所遇問題的報告》，國務院 6 月 11 日向全國人大常委會提出了《關於提請解釋〈香港基本法〉第 22 條第 4 款和第 24 條第 2 款第（三）項的議案》。6 月 26 日，全國人大常委會通過有關條款的解釋。

根據全國人大常委會對基本法第 22 條第 4 款規定的解釋，港人在內地所生子女不論以何種事由要求進入香港，都需要經過內地機構審批，並持有有效證件；根據全國人大常委會對第 24 條第 2 款第（三）項的解釋，其主體是指無論本人是在香港特別行政區成立以前還是以後出生，在其出生時，其父母雙方或一方須是香港永久性居民。全國人大常委會該次釋法並不影響終審法院 1999 年 1 月 29 日所作的判決。

上述解釋，闡明了基本法的立法原意，使港人在內地所生子女在港居留權問題有了明確的結果，平息了社會的擔心，香港社會對此表示支持。

（二）2004 年明確「政改五部曲」

這是人大第二次釋法，涉及港人普遍關心的 2007 年普選問題，也即政制發展問題，圍繞的是基本法附件一第 7 條和附件二第 3 條，主要涉及行政長官和立法會的產生辦法。對於 2007 年以後普選行政長官和立法會的規定，是否包括 2007 年，不同人士理解不一。要求 2007 年舉行普選的人士，堅持「2007 年以後」的說法包含了 2007 年。而另一些人士則堅持「2007 年以後」是指從這一年以後的 40 年時間。自 2003 年下半年以來，香港社會對兩個產生辦法在 2007 年以

後是否要修改，怎麼修改，討論熱烈，分歧很大。在此背景下，全國人大常委會委員長會議主動向常委會提出了釋法議案，全國人大常委會於 2004 年 4 月 6 日作出了對基本法附件一第 7 條和附件二第 3 條的解釋。

這次人大釋法明確了四項內容：兩個附件中規定的「2007 年以後」，含 2007 年；兩個附件中規定的「如需」修改，是指可以修改，也可以不修改；兩個附件中規定的須經立法會全體議員三分之二多數通過，行政長官同意，並報全國人大常委會批准或者備案，是指兩個產生辦法及立法會法案、議案的表決程序修改時必經的法律程序。只有經過上述程序，包括最後全國人大常委會依法批准或者備案，該修改方可生效。是否需要進行修改，行政長官應向全國人大常委會提出報告，由全國人大常委會依照基本法第 45 條和第 68 條規定，根據香港特區的實際情況和循序漸進的原則確定。修改兩個產生辦法及立法會法案、議案表決程序的法案及其修正案，應由特區政府向立法會提出；兩個附件中規定的兩個產生辦法及立法會法案、議案的表決程序如果不作修改，仍適用兩個附件原來的相關規定。

這次釋法，使基本法附件中有關政制發展的規定更為明確和具體，有效解決了社會爭議。特別是這次釋法彰顯了憲法和基本法確立的一項極為重要的原則，即香港政制的發展，涉及中央和特區的關係，必須在基本法的框架內進行，決定權應當在中央。

（三）2005 年明確「缺位情況下補選行政長官的任期」

這是第三次人大釋法。這次解釋緣起於 2005 年 3 月原行政長官董建華辭職後，政務司司長曾蔭權代理行政長官。依據基本法規定，在前任行政長官辭職六個月內應當選舉產生新的行政長官，由於行政長官選舉委員會任期到 2005 年 7 月屆滿，須於 2005 年 7 月 10 日前選舉產生新的行政長官。但新的行政長官的任期是多少，存在不同理

解。有的認為任期應當是新的一屆，即五年任期，有的認為應當是本屆餘下的任期，即兩年任期。而基本法對行政長官缺位情況下補選的行政長官的任期未作明文規定。

在此情況下，署理行政長官曾蔭權於 4 月 6 日向國務院提出了請求國務院提請全國人大常委會解釋基本法第 53 條第 2 款的報告。國務院於 4 月 10 日向全國人大常委會提交了提請解釋議案。全國人大常委會於 4 月 27 日作出了有關解釋。根據解釋，2007 年以前，在行政長官 5 年任期屆滿前出缺的情況下，由任期 5 年的選舉委員會選出的新的行政長官只能完成原行政長官未任滿的剩餘任期。2007 年以後，如對行政長官產生辦法作出修改，屆時出現行政長官缺位的情況，新的行政長官的任期應根據修改後的行政長官具體產生辦法確定。

（四）2011 年「剛果（金）案」

這是第四次人大釋法。「剛果（金）案」緣起於上個世紀 80 年代，一家南斯拉夫公司與剛果民主共和國的一起水電建設工程的信貸協議發生糾紛，經國際仲裁，南斯拉夫公司勝訴，但剛果沒有履行裁決還款。2004 年，勝訴方公司將這筆債權轉讓給美國一家基金公司。2008 年，剛果以在其國家的開礦權來換取中國中鐵股份有限公司對其國家基建項目的投資，結果卻被這家美國基金公司以債權人的身份，要求將該筆資金作抵債之用。2008 年 5 月，這家美國基金公司以剛果、中國中鐵公司等為被告，向香港特區高等法院原訟法庭提起訴訟，要求執行國際仲裁裁決。剛果則主張享有國家豁免，指香港法院對其無司法管轄權。

鑒於案件涉及國家主權和中央人民政府的外交權力，同時香港一直採取普通法原則下的有限豁免政策，如果特區實行與中央立場不一致的國家豁免原則，將對國家主權造成損害。2011 年 6 月 8 日，

香港終審法院作出臨時判決，裁定香港特區應遵循中央政府決定採取的國家豁免規則，剛果享有國家豁免，香港法院對剛果無司法管轄權。鑒於該臨時判決涉及對基本法關於中央政府管理的事務以及中央和香港特區關係條款的解釋，終審法院認為有責任按照基本法第 158 條第 3 款的規定，在作出終局判決前提請全國人大常委會解釋相關條款，並在全國人大常委會作出解釋後依據該解釋作出最終判決。2011 年 8 月 26 日，全國人大常委會通過了對基本法第 13 條第 1 款和第 19 條的解釋。

解釋的主要內容：一是國家豁免屬於國家的外交事務範疇，中央政府有權決定國家豁免規則或政策，在中國領域內統一實施，而根據基本法第 13 條第 1 款的規定，管理與特區有關的外交事務屬於中央政府的權力，中央政府有權決定在香港特區適用的國家豁免規則或政策；二是香港特區須遵循國家統一的國家豁免規則或政策，特區法院有責任適用或實施中央政府根據第 13 條第 1 款所決定採取的國家豁免規則或政策，不得偏離這種規則或政策，也不得採取與此不同的規則或政策；三是中央政府決定國家豁免規則或政策的行為屬於基本法第 19 條第 3 款第一句中所說的「國防、外交等國家行為」，香港特區法院對此行為無管轄權；四是香港原有法律中不符合國家豁免規則或政策的規定不再有效，自 1997 年 7 月 1 日起，在適用時，須作出必要的變更、適應、限制或例外，以確保關於這方面的普通法符合中央政府所決定的國家豁免規則或政策。

根據上述解釋，終審法院做出裁決，裁定剛果上訴得直，並接受香港法院對剛果沒有司法管轄權。

（五）2016 年針對「公職人員宣誓」問題

第五次人大釋法緣起於 2016 年 9 月香港立法會選舉中，代表本土及「港獨」思潮的當選候任議員梁頌恆、游蕙禎的辱華宣誓風波和

由此引發的訴訟案件。在梁頌恆、游蕙禎宣誓案（以下簡稱梁游宣誓案）中，香港特區高等法院原訟法庭和上訴法庭裁定兩位候任議員因拒絕作出法律要求的宣誓而喪失其議員資格。梁游二人繼續向終審法院申請上訴許可，最終被終院駁回。

在宣誓爭議的司法覆核案審理期間，全國人大常委會於 2016 年 11 月 7 日針對基本法有關宣誓規定的第 104 條作出解釋。該解釋的主要內容有三項：

一是列明「擁護中華人民共和國香港特別行政區基本法，效忠中華人民共和國香港特別行政區」，既是宣誓的法定內容，也是參選或出任公職的法定要求和條件。

二是就公職人員「就職時必須依法宣誓」的具體含義作出如下解釋：（1）宣誓是該條所列公職人員就職的法定條件和必經程序。未進行合法有效宣誓或者拒絕宣誓，不得就任相應公職，不得行使相應職權和享受相應待遇。（2）宣誓必須符合法定的形式和內容要求。宣誓人必須真誠、莊重地進行宣誓，必須準確、完整、莊重地宣讀法定誓言。（3）宣誓人拒絕宣誓，即喪失就任該條所列相應公職的資格。宣誓人故意宣讀與法定誓言不一致的誓言或者以任何不真誠、不莊重的方式宣誓，也屬於拒絕宣誓，所作宣誓無效，宣誓人即喪失就任該條所列相應公職的資格。（4）宣誓必須在法律規定的監誓人面前進行。監誓人負有確保宣誓合法進行的責任，對符合人大本次解釋和香港特區法律規定的宣誓，應確定為有效宣誓；對不符合的宣誓，應確定為無效宣誓，並不得重新安排宣誓。

三是列明宣誓人必須真誠信奉並嚴格遵守法定誓言。宣誓人作虛假宣誓或者在宣誓之後從事違反誓言行為的，依法承擔法律責任。」

這次釋法，澄清了基本法第 104 條的立法原意和法律原則，解決了候任議員違法宣誓引發的法律爭議，在法律上築起一道嚴格遏制

任何刻意違反宣誓的法定要求、蔑視依法宣誓程序、甚至藉機鼓吹「港獨」和侮辱國家民族等違法行為的防火牆，維護了憲法和基本法的權威。

圍繞香港基本法解釋制度及其實踐的爭論述評

◇◇◇

　　回歸以來，基本法解釋問題上也曾產生過一些爭論，這些爭論主要是圍繞人大釋法和香港法院釋法的關係。從全國人大常委會解釋基本法的實踐來看，第一次和第四次解釋都涉及到與終審法院解釋權的關係，第一次引起的爭議最大。第二次和第三次釋法不涉及訴訟案件，與法院無關，這兩次雖然不涉及法院審理案件的問題，但在香港也有不同的看法，如有法律界人士認為 2004 年的解釋不是解釋，而是修改了基本法。第四次釋法被視為是基本法第 158 條有關兩地解釋的合作機制的良好開始，香港法律界和輿論界普遍反映良好。第五次釋法正是梁游宣誓事件引起的訴訟案件審理期間，引起了較大爭議，本港法律界部分人士極為不滿，提出了種種質疑甚至指責，最有代表性的莫過於在香港社會具有相當專業聲譽的大律師公會的一紙聲明。[8] 可以說，迄今為止的五次人大釋法，除剛果（金）案是由終審法院提請，法律界反應比較正面外，其餘四次法律界都有質疑反對聲音。

　　下面對香港社會有人針對人大釋法提出的種種質疑甚或反對主

8　例如香港大律師公會在 2016 年 11 月 7 日就發表了對人大釋法的聲明，聲明對此次人大釋法深表遺憾，認為在現階段倉卒為第 104 條作出釋法，並無必要，且弊多於利。這種做法亦難免有為香港立法之嫌，令市民懷疑中央對落實「一國兩制」、「港人治港」、高度自治的決心。聲明特別指出，就無效宣誓的法律後果的問題，實際上已進入司法程序，在有關案件中交由法庭處理及等候判決。人大在這極敏感時刻作出釋法極之不幸，難免削弱香港在國際間司法獨立的形象，動搖公眾對香港法治的信心。

張，擇其主要者作出學術辨析與述評。

一、人大釋法破壞香港法治嗎？

　　根據基本法第 158 條的規定，全國人大常委會有權對基本法的所有條文作出解釋，不限於涉及中央管理的事務和中央與特區關係的條款；不論需要解釋的事項是否涉及訴訟案件，人大都可以釋法；它可以依據終審法院的請求釋法，也可以按照有權提出解釋議案的機構的請求來釋法，它還可以自己主動釋法；人大釋法有最終和最高的效力，香港法院必須遵循。[9]

　　人大釋法不僅源自基本法的規定，還源自憲法第 67 條第（四）項的規定，其解釋效力的終極性也與憲法第 57 條關於全國人大常委會的地位的規定精神相一致。[10]

　　人大釋法在香港憲制架構中享有凌駕地位也得到了香港法院判決的肯定。在 1999 年劉港榕案中，法院判決認為全國人大常委會的解釋權並不像香港法院的解釋權那樣只能在具體案件審理當中行使，全國人大常委會依據基本法第 158 條第 1 款而享有的基本法解釋權應該是「全面（general）而不受限制的（unlimited）」。[11]2001 年 7 月 20 日在「莊豐源案」中，法院在判詞中再次重申指出，全國人大常委會根據第 158 條第 1 款的規定對基本法作出解釋的權力是源自憲法，而這項權力是「全面而不受限制的」。「人大常委會根據第 158 條第 1 款詮釋基本法的權力擴展至基本法中的所有條款，而且並非只限於第 158 條第 3 款所指的範圍以外的條款。」[12]1999 年 2 月 26 日

9　參見鄒平學等著：《香港基本法實踐問題研究》，社會科學文獻出版社 2014 年版，第 358-360 頁。

10　憲法第 57 條規定：「中華人民共和國全國人民代表大會是最高國家權力機關。它的常設機關是全國人民代表大會常務委員會。」

11　參見 [1999] 3 HKLRD 778。

12　參見 [2001] 4 HKCFAR 211。

香港終審法院首席法官李國能宣讀終審法院五名法官一致的《澄清判詞》還提到，全國人大常委會根據第 158 條所具有的解釋基本法的權力不受香港法院質疑。[13]

由此可見，全國人大常委會對基本法的解釋權，是香港法治的組成部分。全國人大常委會依法行使解釋權，就是為了維護基本法的權威，維護香港法治。特別需要指出的是，香港回歸後，香港法治被重構於具有根本性改變的新憲制秩序之上，[14] 在這個新憲制秩序中，中國的人大制度是核心和關鍵性的基本制度。所以，不能把人大釋法與香港法治對立起來。值得欣喜的是，香港法律界越來越多的人接受了人大釋法的權力是基本法規定的香港法治的構成部分，尊重香港法治就必須尊重人大釋法這一認識。

二、人大釋法會損害香港的司法獨立嗎？

香港有人認為中央在法律上行使解釋權力就是干預自治權。對 1999 年「居港權」案中的人大釋法，法律界有人遊行示威，認為人大釋法是對香港獨立司法權和高度自治的侵犯與破壞。

其實，人大釋法和香港特區司法獨立，都是香港基本法規定的。全國人大常委會解釋法律是對法律在適用中出現的問題作出的一般性解釋，具有普遍的約束力。香港法院的司法獨立，是指香港法院審理個案時獨立進行審判，不受任何干涉。[15] 從制度設計來看，兩者不是並行關係，也不是非此即彼的對立關係。特區法院執行全國人大

---

13 參見黃江天：《香港基本法法律解釋研究》，三聯書店（香港）有限公司 2004 年版，第 304-305 頁。

14 王振民教授闡述過港澳回歸後主權層面的革命性改變、基本法規範和權力來源的變化（合法性的變化）。參見王振民：《論新憲制秩序於港澳回歸後的確立》，載陳弘毅、鄒平學主編：《香港基本法面面觀》，三聯書店（香港）有限公司 2015 年版，第 18-35 頁。

15 根據基本法第 85 條的規定，司法獨立是指香港特區法院獨立進行審判，不受任何干涉，司法人員履行審判職責的行為不受法律追究。

及其常委會制定的適用於特區的法律、執行全國人大常委會對法律的解釋，是法治的基本要求。人大釋法也從來沒有介入特區法院對個案的審理，沒有干預過香港的司法獨立。1999 年 2 月 26 日香港終審法院首席法官李國能宣讀的《澄清判詞》中指出：「特區法院的司法管轄權來自基本法。基本法第 158 條第 1 款說明基本法的解釋權屬於人大常委會。法院在審理案件時，所行使解釋基本法的權力來自人大常委會根據第 158（2）及 158（3）條的授權。」[16] 根據基本法第 158 條第 2 款、第 3 款的規定，法院解釋基本法的權力限於在審理案件的過程中。根據終審法院的判詞，特區法院對基本法的解釋權還受到兩方面的限制：一是如果全國人大常委會作出解釋，它必須以人大解釋為準；二是如果需要解釋的條款是關於中央管理的事務或中央與特區關係的條款，而該條款的解釋又影響到案件的判決，根據基本法，它有義務提請人大釋法。可見人大釋法與香港的司法獨立並行不悖，相得益彰。不存在人大釋法就會損害香港司法獨立的問題。

在 2016 年梁游案中，有人認為，既然無效宣誓的法律後果的問題已進入司法程序，法官正在審理這個案件，大家應當等待法庭處理和判決。法院還沒有判決，人大怎麼能釋法呢？ 人大這樣做有損香港法庭的權威。這種看法也是錯誤的。

首先，這個看法不符合釋法實踐。早在 2005 年，全國人大常委會決定就行政長官剩餘任期進行釋法時，就有人先向高等法院原訴庭申請司法覆核，因此，在法庭受理有關案件後裁決前，全國人大常委會進行釋法，有先例可循。當時的情況顯示，法庭在獲悉全國人大常委會即將釋法後，將有關案件延期審理，待人大釋法通過後，原告陳偉業撤回了訴訟。剛果（金）案也是在終審法院審理過程中，尚未作出裁決前，終審法院提請人大解釋的。

16　佳日思、陳文敏、傅華伶主編：《居港權引發的憲法爭論》，香港大學出版社 2000 年版，第 177 頁。

其次，這個看法也不符合法院對人大釋法的立場。從 2016 年人大對第 104 條釋法的整個過程看，高院原訴庭對梁游案件的判決顯示，人大釋法根本沒有干預法官的審理。區法官在判詞中說，「人大 11 月 7 日的釋法，對香港所有的法庭均具有約束力，而法庭應落實該解釋」。[17] 梁游不服上訴，上訴案在高院續審，首席法官張舉能在庭審中表示，人大釋法是基本法的一部分，是本港法律的一部分，對香港法院有約束力，香港法院必須跟從。上述事例表明，在法院受理案件後人大釋法完全不會損害香港法院的權威。

總之，不能把人大釋法與香港的司法獨立對立起來。

三、人大釋法為什麼不受香港司法權的限制？

香港有人認為，人大只能在法院提請釋法情況下才能釋法，如果法院沒有提請，人大不能主動釋法。在 1999 年居港權案件中，反對者認為，終審法院已經判決了，人大怎麼還可以釋法呢？上述論調，就是試圖以香港法院的司法權來限制人大釋法。這當然是錯誤的，理據如下：

第一，司法獨立不能限制立法機關就法庭審理案件適用的現行法律的修改問題或者立法解釋機關對法律作出解釋。

第二，如上文提到，1999 年 2 月 26 日香港終審法院的《澄清判詞》指出：「特區法院的司法管轄權來自基本法。基本法第 158 條第 1 款說明基本法的解釋權屬於人大常委會。法院在審理案件時，所行使解釋基本法的權力來自人大常委會根據第 158（2）及 158（3）條的授權。」既然香港法院對基本法的解釋權來自於全國人大常委會的授權，被授權者憑什麼可以限制授權者呢？

---

17 參見《宣誓案政府勝訴 梁游出局 判辭指不承認一國兩制 二人將上訴》，《明報》2016 年 11 月 16 日，A3 相關新聞，A14 評論。

　　第三，仔細審視香港基本法第 158 條的前三款，第 1 款是一個總括性條款，這一款規定基本法的解釋權屬於全國人大常委會，是整個解釋條款的起始性的、綜合性的、原則性的條款。而第 2 款、第 3 款不能消減第一款的條款原意。從解釋實踐來看，人大有兩次釋法跟法院審理案件都沒關係，如有關行政長官的任期的解釋等，人大啟動這三次解釋也完全跟第 2 款、第 3 款沒關係，它依據的是第一款。有人試圖拿第 2 款、第 3 款來限制第一款規定的人大釋法權的啟動，不符合 158 條的法理邏輯。第 2 款、第 3 款不是在限制全國人大常委會，恰好是限制香港法院，這種限制表現在：一是特區法院對基本法的解釋權必須是在審理案件時才能行使；二是如果全國人大常委會作出解釋，它必須以人大解釋為準；三是如果需要解釋的條款是關於中央管理的事務或中央與特區關系的條款，而該條款的解釋又影響到案件的判決，根據基本法，終審法院有義務提請人大釋法。

　　第四，檢視香港基本法起草過程中的數個草案版本，關於 158 條第 2 款和第 3 款的表述都有變化，但是唯一第 1 款規定基本法的解釋權屬於全國人大常委會從一開始到最後都沒有改，因為大家沒有分歧，它符合國家憲法。這說明這一款特別重要，是理解全國人大常委會解釋基本法最重要的條款。有人用第 2 款、第 3 款來否定人大釋法，實際上是試圖架空第 1 款，在法律邏輯上是錯誤的。

▋四、人大可以主動釋法嗎？

　　對 1999 年居港權案件，香港有法律界人士認為全國人大常委會對基本法的解釋權是被動的，不能主動釋法，只要香港的法院不提請釋法，全國人大常委會就不能釋法。這個認識當然是錯誤的。基本法第 158 條第 1 款非常清晰地表明，全國人大常委會享有基本法的解釋權。這說明，全國人大常委會有權對基本法的所有條文作出解釋；不

論需要解釋的事項是否涉及訴訟案件，人大都可以釋法；它可以依據終審法院的請求釋法，也可以按照有權提出解釋議案的機構的請求來釋法，還可以自己主動釋法。梁愛詩曾指出：「根據基本法，即使香港終審法院沒有提請，人大常委會仍然可以解釋基本法。它可以對基本法中任何條款作出解釋。」[18]

在一般情形下，全國人大常委會有權自行啟動解釋權，這是它作為國家最高權力機關的常設機關的憲制地位所決定。這種主動性，不僅意味著解釋主體在行使權力的自主決斷性，還意味著解釋主體解釋法律在範圍和時間方面沒有任何外在的限制。還必須看到，這種立法解釋的主動性和司法解釋的被動性存在明顯的分野。[19] 在實踐中，自回歸以來，全國人大常委會有四次解釋基本法都不是根據基本法第158 條第 3 款的規定經終審法院提請而啟動的，那種認為只要法院不提請釋法，人大就不能釋法，反對人大有權主動釋法的觀點，實質是試圖以第 3 款來消解、架空第 1 款，邏輯錯誤十分明顯。

五、人大釋法是對基本法的僭建或是代替香港立法嗎？

香港有人把人大釋法斥為「僭建」，或者說是替港立法。[20] 這是錯誤的認識。人大釋法不是替香港立法，香港本地立法是立法會的權力，但人大釋法對包括立法機關在內的所有特區機構都有約束力，人大作出釋法過後，立法會要審視現有本地立法是否違反基本法及其相

18　《律政司司長梁愛詩在立法會內務委員會會議上的致辭》，載佳日思、陳文敏、傅華伶主編：《居港權引發的憲法爭論》，香港大學出版社 2000 年版，第 336 頁。

19　對人大釋法的主動性分析，可參閱鄒平學等著：《香港基本法實踐問題研究》，社會科學文獻出版社 2014 年版，第 333-334 頁。

20　例如香港《成報》2016 年 11 月 9 日發社評《全國人大釋法變「代港立法」向國際展示霸道損「兩制」》，該文聲稱「最令人氣憤的，是全國人大還『擴權』，除了解釋《基本法》第 104 條外，更提及議員參選、薪酬等，已超出《基本法》第 104 條的範圍，不但『釋法』，甚至有『代港立法』之嫌，這是徹徹底底向國際社會展示如何霸道地損害『一國兩制』，本報對此深表遺憾。」

關解釋，若有則要修改，這種修改也是香港本地立法機關的權責，人大釋法沒有代替香港本地的立法。

　　以上對圍繞人大釋法和香港的法治、法院的司法權的關係所產生的爭論作了一番梳理。應當說，經過二十多年的實踐，不少爭議性問題得到了解決，內地和香港在基本法的解釋制度和實踐中取得了越多越多的共識，當然，還存在一些分歧需要在合作中依法解決。下文將對香港基本法解釋的共識和分歧作一個總結。

香港基本法解釋實踐形成的共識與尚存的分歧

◇◇◇

一、已經形成的共識

經過梳理總結，內地和香港目前至少在如下六大方面取得了共識：

1. 全國人大常委會和特區法院的解釋權範圍問題。現在比較明確的是：按照憲法和基本法的規定，（1）全國人大常委會有權對基本法的所有條文作出解釋，不限於涉及中央管理的事務和中央與特區關係的條款；（2）不論需要解釋的事項是否涉及訴訟案件，全國人大常委會都可以解釋。前已述及，香港法院的有關判決認為，全國人大常委會根據第 158 條所具有的解釋基本法的權力是源自憲法，是「全面而不受限制的」，不受香港法院質疑。全國人大常委會可以依據特區終審法院的請求作出解釋，也可以按照有權提出解釋議案的機構的要求，對基本法作出解釋，也可以自行解釋。全國人大常委會一旦作出解釋，香港法院要以全國人大常委會的解釋為準。

2. 特區法院解釋基本法的權力來源問題。香港法律界現在公認基本法解釋權屬於全國人大常委會。香港法院的解釋權，無論是基本法第 158 條第 2 款規定的香港法院解釋自治範圍內的條款的權力，還是第 3 款關於法院解釋非自治範圍內的條款的權力，均來源於全國人大

常委會的授權。

3. 特區法院解釋基本法的權力限制問題。對這個問題，有三點已經明確：首先，香港法院的解釋限於審理案件的時候；此外，香港特區終審法院認為，特區法院對基本法的解釋權受到兩方面的限制：一是如果人大作出解釋，它必須以人大解釋為準；二是如果需要解釋的條款是關於中央管理的事務或中央與特區關係的條款，而該條款的解釋又影響到案件的判決，它有義務提請人大作出解釋。

4. 如何看待全國人大常委會的解釋效力。在劉港榕案中，法院不僅承認了全國人大在香港憲制架構中的凌駕性地位，而且確認1999年人大釋法的法律效力。法院在判詞中確認 1999 年人大釋法「有效且對香港所有法院具約束力」。

5. 香港法律界、法學界儘管主流觀點認同人大常委會釋法的全面性、權威性、最終性，但還是主張要盡量少釋法，希望人大常委會審慎、自律。內地也有學者認同這一點，但也有主張全國人大常委會釋法應當常態化，當然常態化不是說釋法越多越好，而是指只要出現應當釋法的情形，全國人大常委會就要行使這個權力。[21] 但客觀說，全國人大常委會在實踐中確實很審慎地對待釋法，目前只有五次解釋，次數確實很少。可以說全國人大常委會在釋法方面已經形成了香港所希望的審慎和自律的做法。

6. 在人大釋法和香港法院釋法的異同比較上也形成了一些共識性成果。比如承認人大釋法和香港法院釋法的目的都是為了更好地貫徹基本法和「一國兩制」方針，維護香港的繁榮和穩定；行使釋法權力都要遵循法治原則，符合法定程序；要忠實於基本法的原意，實現立法的目的。兩地學界也承認人大釋法和香港法院釋法有一些明顯的區別：一是啟動解釋上有區別。全國人大常委會有權自行啟動解釋

21　參見鄒平學：《香港基本法實踐問題研究》，社會科學文獻出版社 2014 年版，第 397-401 頁。

權；香港法院在行使解釋權時具有明顯的被動性，它只有在審理案件時才能啟動解釋。二是釋法權性質地位上有區別。全國人大常委會的解釋權是一種主權者的權力，具有固有性、最高性、最終性。香港法院解釋基本法的權力來源於全國人大常委會的授權，其解釋權的從屬性亦十分明顯。全國人大常委會的解釋具有最高法律效力，換言之，即香港法院的解釋必須以全國人大常委會的解釋為準。香港法院的終審權並不包括對基本法的最終解釋權。[22] 三是釋法權特徵上有區別。人大釋法不針對個案，是立法解釋，是抽象解釋，具有普遍性，是否存在訴訟案件對於人大釋法沒有影響。香港法院只能在審理案件中行使解釋權，只能針對具有個案，是一種司法解釋，無權脫離個案進行抽象解釋。

二、目前仍然存在的分歧

一是對人大釋法的性質、立法原意、方式、效力等的理解不盡相同。在劉港榕案中，梅師賢大法官認為，「儘管 1999 年人大釋法是由作為國家最高立法機關的全國人大常設機構全國人大常委會頒佈的，但 1999 年人大釋法已經不是簡單的立法解釋，而是對基本法的一種實質修改。」[23] 從吳嘉玲案可以看出，1999 年人大釋法對於基本法立法原意的理解是與香港終審法院不同的。此外，在莊豐源案中，終審法院認為，對釋法文件中未直接解釋的內容，特區法院可以按照普通法另外解釋，不受人大解釋的約束（內地學者把這個做法視為法

22　喬曉陽：《喬曉陽論基本法》，中國民主法制出版社 2022 年版，第 86 頁。

23　劉港榕案第 168 段，轉引自梁美芬：《香港基本法：從理論到實踐》，法律出版社 2015 年版，第 130 頁。

院處理普通法中的隨附意見）。[24] 全國人大常委會發言人認為這與人大解釋不盡一致，表達了異議，但沒有採取實質性的後續行動。法院在 2011 年的「外傭居港權案」進一步堅持了「莊豐源案」中確立的「1999 年人大釋法不對基本法第 22 條第 4 款和第 24 條第 2 款第 3 項以外條款的解釋具約束力」的規則，再次將 1999 年人大釋法劃分為「主論」（具有法律效力）與「副論」（不具有法律效力）兩部分，試圖限縮人大釋法的效力。

　　二是特區法院在審理案件中如需要對基本法關於中央管理的事務或中央與特區關係的條款進行解釋，如何判斷或決定提請全國人大常委會解釋？ 按照基本法規定，只要有關解釋會影響到判決結果，在案件作出終局判決之前，均需終審法院提請全國人大常委會進行解釋。但終審法院在「1.29 判決」中在此之外增加一個標準，即如果需要解釋的主要條款是自治範圍內的條款，附帶需要解釋中央管理的事務或中央與特區關係的條款，就無需提請全國人大常委會解釋。用這種自創的主要條款、附帶性條款的測試標準，結果就是導致規避了向全國人大常委會提請解釋的義務，對此內地法學界不能接受。

　　三是如何判斷哪些基本法條款屬於中央管理的事務或中央與特區關係的條款？ 對此，特區政府律政司在多起案件中提出，要以對有關條款的解釋是否會影響到中央權力或中央與特區的關係為判斷標準。但終審法院堅持認為，不能用結果來判斷，而要看某一條款是否是明確規定中央的權力或中央與特區的關係。內地學者認為律政司的觀點是正確的。[25]

　　四是誰有權決定或判斷哪些條款屬於「香港特別行政區自治範

24　分別參見黃明濤：《論全國人大常委會在與香港普通法傳統互動中的釋法模式 —— 以香港特區「莊豐源案規則」為對象》，《政治與法律》2014 年第 12 期；黃明濤、秦前紅：《普通法「判決意見規則」視域下的人大釋法：從「莊豐源案」談起》，載陳弘毅、鄒平學主編：《香港基本法面面觀》，三聯書店（香港）有限公司 2015 年版。

25　參見鄒平學：《香港基本法實踐問題研究》，社會科學文獻出版社 2014 年版，第 381-382 頁。

圍之外條款」？終審法院認為它有權作出判斷或決定。確實，誰在審理案件，當然就有權並且實際上作出判斷或者決定。但從法理上說，誰有最終的解釋權，誰也應當享有和行使這個權力，如果它認為有必要的話。不過，在吳嘉玲案的判決中，香港特區終審法院認為當有關條款符合「類別條件」和「有需要條件」時，終審法院才有責任將有關條款提交全國人大常委會解釋。「類別條件」即相關條款是「範圍之外的條款」，「有需要條件」即該條款有被解釋的必要並將影響案件的判決。終審法院的法官同時宣稱：「我等認為在審理案件時，唯獨終審法院才可決定某條款是否已符合上述兩項條件；也只有終審法院，而非全國人民代表大會，才可決定該條款是否已符合『類別條件』，……我等強調提交人大常委會解釋的是某些特定的『範圍之外的條款』而非一般性的解釋。」判詞中認為只有終審法院才有權判斷條款性質，這是專斷和錯誤的論點。[26] 終審法院有權判斷沒錯，但說只有它才有權判斷是不對的。法理上全國人大常委會也有權作出判斷，而且是最終的判斷。而且，香港終審法院的這一判斷本身不符合普通法解釋法律不得完全違背立法者的原義的規則。

五是對基本法的解釋應當採用內地解釋方法或規則，還是採用普通法的規則的問題。對此，一種意見認為，基本法是全國人大制定的法律，當然要用內地的解釋方法或規則進行解釋。另一種意見認為，基本法在香港執行，香港法院要採用特區法律制度下解釋法律的方法來解釋基本法，即要用普通法的方法來解釋基本法。而兩大法系在解釋方法和解釋所依據的規則上，排除政治因素，確實有較大的法律上的分歧。

六是特區法院及全國人大常委會釋法的程序問題。釋法實踐顯示，基本法解釋程序還存在基本法沒有明確規定的突出問題需要研究

26　鄒平學：《香港基本法實踐問題研究》，社會科學文獻出版社 2014 年版，第 348 頁。

解決。就香港法院來看，只有終審法院才可以提請解釋，如果案件尚未上訴到終審法院或者最終沒有上訴到終審法院，案件在下級法院審理過程中，訴訟當事人對基本法解釋有異議且提出了希望提請全國人大常委會解釋基本法的訴求，應如何由終審法院決定是否提請全國人大常委會解釋，目前沒有明確，而實踐中如果案件沒有上訴到終審法院，此類申請都不會得到處理。就全國人大常委會來看，程序方面需要明確的主要包括：（1）全國人大常委會可以在什麼情形下主動提起解釋？其啟動的程序、條件是什麼？（2）終審法院提請解釋時，應當提交什麼材料？是否應當提交終審法院對該條款的理解及涉案法院對該條款的理解？全國人大常委會在受理提請解釋後可否要求終審法院或者涉案法院補充材料？可否詢問案件當事人？是否需要舉行聽證會？（3）全國人大常委會受理終審法院提請的解釋請求並進入解釋程序後，在實體上是否受制於終審法院提請解釋的範圍？是否可以擴大或縮小提請解釋的範圍？應當在多長時間內完成解釋工作？（4）特區行政長官及特區政府可否直接提請全國人大常委會解釋基本法？

香港基本法的修改

一、香港基本法的修改制度

香港基本法第 159 條規定了基本法的修改問題。本條有四款，分別是：

本法的修改權屬於全國人民代表大會。

本法的修改提案權屬於全國人民代表大會常務委員會、國務院和香港特別行政區。香港特別行政區的修改議案，須經香港特別行政區的全國人民代表大會代表三分之二多數、香港特別行政區立法會全體議員三分之二多數和香港特別行政區行政長官同意後，交由香港特別行政區出席全國人民代表大會的代表團向全國人民代表大會提出。

本法的修改議案在列入全國人民代表大會的議程前，先由香港特別行政區基本法委員會研究並提出意見。

本法的任何修改，均不得同中華人民共和國對香港既定的基本方針政策相抵觸。

上述四款對香港基本法的修改權、修改基本法的提案權、修改基本法的程序、修改基本法的原則做了具體規定。這種由法律本身規定本法的修改問題的做法在我國的法律體系中十分罕見、十分特殊。

我國憲法本身規定了憲法和法律的修改問題，但我國的法律層面，除了香港基本法、澳門基本法之外的其他法律的本身都不規定本法的修改問題，這些法律的修改除遵守憲法有關法律的修改規定外，主要遵循《立法法》有關法律修改的規定。當然，修改法律在程序方面還要遵循《全國人大議事規則》、《全國人大常委會議事規則》的一般性規定。

儘管香港基本法的修改有其特殊性，但它仍然遵循了我國的憲法制度，具有一般和特殊相結合的特點。

（一）香港基本法的修改權屬於全國人民代表大會

這是由全國人民代表大會作為我國的最高國家權力機關和最高立法機關的性質和地位決定的。根據憲法第 62 條第 3 款和《立法法》第 7 條第 2 款的規定，全國人民代表大會行使制定和修改刑事、民事、國家機構的和其他的基本法律的職權。基本法屬於我國法律體系中的基本法律，香港基本法由全國人大制定，也由全國人大修改。基本法第 159 條的第一款規定就遵從了憲法的規定。

值得注意的是，根據憲法第 67 條第（三）項的規定：全國人大常委會在全國人大閉會期間，對全國人大制定的法律進行部分補充和修改，但是不得同該法律的基本原則相抵觸。根據上述規定，全國人大常委會在特定的條件下擁有對全國人大所制定的基本法律進行部分修改的權力，只是這種修改法律的權力受到一定的限制。但是，根據香港基本法的規定，全國人大常委會無權修改香港基本法，香港基本法的修改權專屬於全國人大。這樣的規定，凸顯了承載「一國兩制」精神的基本法比國家其他的基本法律更為特殊，它的權威性、穩定性須有更嚴格的保障，這樣才能更好地維護香港社會對國家實行「一國兩制」政策的信心。

（二）香港基本法的修改提案權主體及應遵循的程序

第 159 條的第 2 款和第 3 款對基本法的修改提案權主體及其程序作了嚴格的限定。

第 2 款規定有權提出修改基本法議案的只有全國人大常委會、國務院和香港特別行政區。

這個規定不同於對其他法律修改提案權的法律規定。根據《全國人大組織法》第 9 條規定，全國人大主席團、全國人大常委會、全國人大各專門委員會、國務院、中央軍委、最高人民法院、最高人民檢察院，可以向全國人大提出屬於全國人大職權範圍內的議案，由主席團決定交各代表團審議，或者並交有關的專門委員會議、提出報告，再由主席團審議決定提交大會表決。[27] 全國人大組織法第 10 條規定，一個代表團或者三十名以上的代表，可以向全國人大提出屬於全國人大職權範圍內的議案，由主席團決定是否列入大會議程，或者先交有關的專門委員會審議、提出是否列入大會議程的意見，再決定是否列入大會議程。也就是說，上述的多個主體都可以提出修改法律的議案。但提出基本法的修改議案的主體只有三家，而且，對於香港基本法正文的修改議案必須在全國人大召開時提出，而不能在全國人大閉會期間提出。這些充分顯示了基本法的憲制法律地位及其高於一般法律的特殊性。

基本法除賦予全國人大常委會和國務院有修改提案權外，還賦予了香港特別行政區有基本法修改的提案權，而內地的省、自治區和直轄市雖與特別行政區均屬於一級行政區域，地位相等，並不享有基本法修改提案權，這也體現了「一國兩制」的要求及中央對香港特別行政區的特殊政策。值得注意的是，香港特別行政區的修改提案權需要遵循特殊的程序，即香港特別行政區的修改議案，須分別經香港特

27　憲法第 62 條規定全國人大制定和修改刑事、民事、國家機構的和其他的基本法律。

別行政區的全國人大代表三分之二多數、香港特別行政區立法會全體議員三分之二多數和香港特別行政區行政長官同意後，交由香港特別行政區出席全國人大的代表團向全國人大提出。這裏特區內的港區全國人大代表、香港立法會和行政長官三個主體行使權力的順序及實體程序要求十分明確嚴格，缺一不可。至於行政長官同意後，香港特區全國人大代表團向全國人大提出則是一個程序的權力，因為它實質性的同意權已經在第一步就行使了。上述特殊的程序性規定意味著，特區內部各方必須對香港基本法的修改達成共識後才能形成有法律效力的議案。這對於慎重對待基本法修改、維護基本法權威和穩定性是有裨益的。

（三）徵詢香港基本法委員會的意見程序

根據第 3 款的規定，無論是全國人大常委會、國務院還是香港特別行政區提出的修改基本法議案，在列入全國人民代表大會的議程前，先由香港特別行政區基本法委員會研究並提出意見。這一程序安排很有必要，使得香港特別行政區方面有機會對基本法的修改充分表達意見，以便於集思廣益，更為穩妥地對待基本法的修改問題。

在履行完上述程序後，修改基本法的提案列入大會議程後，就進入了審議和通過程序。審議時要遵循全國人大議事規則的規定，修改案的通過則要由全國人大以全體代表的過半數通過才有法律效力。就事實而言，香港基本法制定生效以來，尚未啟動過修改基本法正文的程序。

（四）修改香港基本法應遵循的原則

第 159 條第 4 款規定：「本法的任何修改，均不得同中華人民共和國對香港既定的基本方針政策相抵觸。」在新中國立法史上，這是第一次在一部法律裏面明確規定了限制修改的內容。

這一款所說的國家對香港既定的基本方針政策，總的精神就是實行「一國兩制」，不在香港實行社會主義制度和政策，授權香港特別行政區實行高度自治，保持原有的資本主義制度和生活方式，五十年不變。這一款的規定表明，對基本法的任何修改，都必須遵循國家對香港的既定方針政策，任何違反國家對香港既定方針政策的修改都是無效的。

總之，香港基本法既明確了對基本法可以進行修改，又規定了修改基本法的嚴格限制，這些限制既有修改主體的特殊規定，也有修改提案權主體及其程序的嚴格限制，還有修改內容的原則性限制。這樣的規定，體現了立法者對修改基本法的嚴肅認真的審慎態度，充分表明國家實行「一國兩制」和實施基本法的誠意與決心，有利於維護基本法的嚴肅性、權威性和穩定性，有利於保障「一國兩制」行穩致遠，保障香港的長期繁榮、穩定和發展。

二、香港基本法附件的特別修改程序

在香港基本法的修改問題上，還有一點需要瞭解的是有關附件的修改。這方面的修改與第 159 條關於正文的修改程序有所不同。

香港基本法附件一是香港特別行政區行政長官的產生辦法，這個辦法第 7 條規定，「二〇〇七年以後各任行政長官的產生辦法如需修改，須經立法會全體議員三分之二多數通過，行政長官同意，並報全國人民代表大會常務委員會批准。」這說明，對附件一的修改不需要按照基本法第 159 條規定的程序來修改。

香港基本法附件二是香港特別行政區立法會的產生辦法和表決程序，其第 3 條規定：「二〇〇七年以後香港特別行政區立法會的產生辦法和法案、議案的表決程序，如需對本附件的規定進行修改，須經立法會全體議員三分之二多數通過，行政長官同意，並報全國人民

代表大會常務委員會備案。」這也說明，對附件二的修改也不需要按照基本法第 159 條規定的程序來修改。

之所以要把正文的修改與附件一、附件二的修改分開處理，是因為附件一和附件二的修改實際上涉及的是香港政制發展問題。在制定基本法時，由於既考慮到行政長官和立法會產生辦法的穩定和體現循序漸進的發展原則，也要照顧兩個產生辦法的修改問題，所以將這兩個產生辦法放在附件一和附件二中來規定，這樣可以根據香港的實際情況，不需要修改基本法的正文，方便依法對附件一和附件二作出修改。當然，對附件的修改也不得同中央對香港的基本方針政策相抵觸，這一點應是無疑的。

回歸以來，全國人大常委會通過數次對香港政制發展問題的有關解釋和決定，附件一分別於 2010 年 8 月 28 日第十一屆全國人民代表大會常務委員會第十六次會議批准修正、2021 年 3 月 30 日第十三屆全國人民代表大會常務委員會第二十七次會議修訂；附件二分別於 2010 年 8 月 28 日第十一屆全國人民代表大會常務委員會第十六次會議備案修正、2021 年 3 月 30 日第十三屆全國人民代表大會常務委員會第二十七次會議修訂。

附件三則是根據基本法第 18 條的規定，即全國性法律除列入附件三者外，不在香港特別行政區實施，換言之，只有列入基本法附件三的全國性法律才能在香港特別行政區實施。全國人大常委會根據 18 條規定的程序，決定附件三所列之法律的增減。歷年來，附件三的法律有增減，均遵守的是基本法第 18 條的程序，而不是第 159 條的修改程序。

總之，香港基本法的正文修改和三個附件的修改不是一回事。全國人大常委會無權修改基本法的正文，但它對三個附件的修改分別擁有批准、備案和對在特區實行的全國性法律進行增減的實質性權力，這可以視為對三個附件的修改的一種最終決定權。

三、關於香港基本法修改的一些討論

　　香港回歸以來，基本法正文都沒有修改過，保持了穩定性。但學界有一些涉及基本法修改的零星的探討。比如香港社會在討論解決「雙非」子女問題時，就有一種主張修改基本法的觀點。[28] 有香港學者認為，對享有居留權的永久性居民作出規定的香港基本法第 24 條存在法理錯位，引起了諸多爭議性憲法案件，解決辦法就是「把香港永久性居民的具體內容由目前的憲法層面還原至一般法律層面，必然涉及到對香港基本法的修改問題」[29]。但總體上主張修改基本法的看法尚未成為主流意見。

　　無論是在內地還是香港，主流的意見是認為香港基本法不宜輕言修改，要保持穩定性和權威性。長期參與中央港澳工作的喬曉陽同志在不同時期不同場合表達過不需要修改基本法的觀點。2000 年 3 月 11 日，他回答香港記者提問時指出：「從香港回歸兩年多的實踐看，香港基本法是符合香港基本情況的，是香港繁榮、穩定的強大保障，至少目前看不出有哪些地方需要修改。」[30] 2012 年 7 月 6 日，他在講話中指出：「要根本解決『雙非』子女問題需要釋法」。「採用釋法的辦法，不僅體現基本法不能輕言修改的原則，而且具有分清是非的作用……通過修改基本法的辦法來解決『雙非』子女問題，是不適當的。」[31] 他在另外一個場合指出：「現在是有修改基本法的呼聲，但沒有迫切性。儘管目前沒有修改基本法的需要，但對基本法修改制度問題也要進行必要的研究，如啟動的程序等。」[32] 他曾提出基本法

28　參見喬曉陽：《喬曉陽論基本法》，中國民主法制出版社 2022 年版，第 410-411 頁。

29　王書成著：《謙抑主義與香港憲制轉型》，三聯書店（香港）有限公司 2018 年版，第 157 頁。可同時參閱該著第七章「香港基本法永久性居民爭議及方法」的討論，第 135-166 頁。

30　《香港基本法目前不需要修改》，載喬曉陽：《喬曉陽論基本法》，中國民主法制出版社 2022 年版，第 5 頁。

31　喬曉陽：《喬曉陽論基本法》，中國民主法制出版社 2022 年版，第 410-411 頁。

32　喬曉陽：《喬曉陽論基本法》，中國民主法制出版社 2022 年版，第 289 頁。

研究有二十大課題，其中之一是基本法的修改制度。[33] 對此，內地學術界也有學者開展了研究，如莫紀宏教授專文研究過基本法修改的空間、方向與正當性機制等問題。[34]

香港學者梁美芬也認為，基本法「實不應隨便修改」。因為橫觀歷史及國際社會，一個地方的憲制性文件若頻頻修改，表示其內部制度極不穩定；因此，當各方在提出解決香港一些問題時，不宜將輕言修改基本法掛在口邊，而應當謹慎提之。[35] 香港基本法起草委員譚耀宗在接受記者採訪時也表示：「基本法現有機制足可解決問題，不應輕言修改。」

33　喬曉陽：《喬曉陽論基本法》，中國民主法制出版社 2022 年版，第 530 頁。

34　莫紀宏：《基本法修改的空間、方向與正當性機制》，《江漢大學學報》2012 年第 4 期。

35　梁美芬著：《香港基本法：從理論到實踐》，法律出版社 2015 年版，第 73 頁。

第三章

憲法和基本法在香港的推廣與教育

何建宗

引言

在香港做好憲法和基本法的推廣與教育工作，引導全社會對「一國兩制」的由來、憲法與基本法的關係建立起正確的認知觀念，增強國家意識和愛國精神，不僅與基本法的進一步準確實施以及「一國兩制」實踐的行穩致遠關係密切，同時也是我國港澳治理工作的重要組成部分。

2014 年 6 月，國務院新聞辦公室發表《「一國兩制」在香港特別行政區的實踐》白皮書，其中明確指出「憲法和香港基本法共同構成香港特別行政區的憲制基礎，憲法具有最高法律地位和最高法律效力」，「香港基本法是根據憲法制定的、規定香港特別行政區制度的憲制性文件」。白皮書不僅清楚闡明了憲法和基本法在香港特區的地位和效力，也為在香港推廣憲法教育提供了重要的依據，並對其提出了更全面的要求。此後，國家主席習近平於 2017 年 7 月 1 日在香港回歸 20 週年大會上發表重要講話，提出了「四個始終」，其中包括「始終依照憲法和基本法辦事」，並表示「要加強香港社會特別是公職人員和青少年的憲法和基本法宣傳教育」。2022 年，習近平主席在香港回歸 25 週年大會上進一步強調「希望全體香港同胞大力弘揚以愛國愛港為核心、同『一國兩制』方針相適應的主流價值觀」。

回歸以來，特區政府一直努力推進香港基本法的推廣工作。早在 1998 年，特區政府成立高層次的基本法推廣督導委員會，由政務司司長擔任主席，負責督導基本法推廣的整體策略計劃，以及協調政

府部門和社會各界的推廣和教育工作。[1] 行政長官李家超亦在首份施政報告中特別強調「要維護憲法確立的國家根本制度，進一步推展憲法、基本法和香港國安法的宣傳教育」。其後，行政長官李家超在第二份施政報告中提出將「不遺餘力建立以愛國愛港為核心、與『一國兩制』方針相適應的主流價值觀」，並「成立『愛國主義教育工作小組』，協調政府部門和非政府機構推動國民教育，在不同層面加強國家歷史文化和國情教育，傳承和弘揚愛國主義精神」。

　　雖然特區政府在推廣憲法和基本法教育方面推出一系列措施，政府和民間做了大量的基本法教育和推廣活動，對青少年、公務員和市民等各個主要群體均形成了不同的教育和推廣的體系和方式，但香港社會對憲法和基本法教育的核心——即「怎麼教、教什麼」——依然缺乏完整的框架和理論，教育機構及民間智庫對此的研究也著墨甚少。筆者所創辦的一國兩制青年論壇自 2018 年起從事了一系列相關研究，對港澳及內地的憲法和基本法教育的策略、資源配置、課程和推廣活動等方面進行了深入的梳理和分析。在 2019 年發表的《對公職人員和青少年推廣憲法與基本法：港澳特區的比較研究》當中，筆者率領研究團隊深入瞭解澳門在憲法和基本法教育的架構、資源運用、師資培訓、課程內容、教育形式、展覽場館等多個方面，訪問了相關政府官員、學者和民間團體。[2] 2020 年發表的《加強憲法與香港基本法教育的師資、場地和課程設置：內地的經驗與啟示》報告中，筆者率領研究團隊到訪內地四所基本法教學和研究最富經驗的大學，包括北京大學、清華大學、中山大學和深圳大學，並赴澳門和杭州參觀考察有關憲法和基本法的展覽場館。本章立足於上述研究，再加上筆者參與基本法推廣督導委員會六年的觀察，試圖探討憲法和基本法教育的現狀和挑戰，並就如何完善憲法與基本法的教育，從而加強愛國主義教育提出建議。

1　為配合在香港廣泛推展憲法教育，該委員會於 2022 年更名為「憲法和基本法推廣督導委員會」。

2　參考一國兩制青年論壇網站：http://octsyouth.hk/research/（最後訪問時間：2024 年 4 月 18 日）。

憲法和基本法教育的現狀

◇◇◇

本節將分別從公務員、青少年和民間推廣組織三方面來闡述憲法和基本法推廣與教育的現況。

一、公務員的基本法要求和培訓

公務員方面，自 2008 年起，報考具備學位或專業程度的香港公務員職位時須接受基本法知識測試。在經歷過「修例風波」、《香港國安法》頒佈實施等一系列事件之後，特區政府認識到，公務員準確理解「一國兩制」和基本法、自覺維護國家安全十分重要，公務員的政治認同與忠誠需進一步提升，故在 2022 年中更新了基本法測試內容，增添了《香港國安法》的相關內容，使該測試更切合有關公務員職位的要求。公務員事務局規定所有由 2022 年 7 月 1 日起刊登的公務員職位招聘，申請人均須通過新推出的《基本法及香港國安法》測試。換言之，在《基本法及香港國安法》測試中取得及格成績是所有公務員職位的入職條件。全卷共 20 題，須於 30 分鐘內完成。申請人如在 20 題中答對 10 題或以上，會被視為取得《基本法及香港國安法》測試的及格成績。

此外，自 2016 年起，所有新入職的公務員須在入職後三年內接受基本法培訓。香港公務員事務局既為各級別公務員提供了在本地的基本法培訓課程，也在內地的國家事務培訓課程中安排基本法課節，

此外還有相關的網上課程。

香港公務員的基本法教育分為本地培訓和內地培訓兩種形式，由公務員事務局屬下的公務員培訓處負責。本地的基本法培訓課程主要以專家學者講座的形式進行，輔之以網上公務員培訓課程。講授者包括公務員事務局公務員培訓處內部的培訓人員、基本法專家學者以及政府其他部門的專業人士。

2021 年 12 月，公務員學院正式成立，並取代原公務員培訓處進行憲法和基本法教育工作。公務員學院的願景是成為卓越的培訓中心，致力塑造同心協力、專業盡責、積極回應市民需要的公務員團隊，為香港的繁榮作出貢獻。學院有七個工作範疇，其中「憲制秩序、國家發展和策略」部分旨在「透過有系統的培訓課程，確保公務員準確認識特區的憲制秩序、國家安全和國家的政策方針，致力提升公務員的國家觀念和愛國精神，以及維護國家安全的意識和責任感。」[3]

公務員學院舉辦的重點課程包括入職培訓和為中高層公務員而設的國情培訓課程。入職培訓旨在增強新入職公務員對特區的憲制秩序、國家發展和國家安全的認識。為中高層公務員而設的國情培訓課程則包含國家事務研習課程、公共管理碩士課程、專題考察及公務員交流計劃等。

自 2012 年開始，公務員事務局委託內地的高校舉辦中高級公務員國家事務培訓，其中包括憲法、基本法的相關課節。現時共有九所內地院校（國家行政學院、清華大學、北京大學、外交學院、浙江大學、南京大學、武漢大學、暨南大學、中山大學）每年為約一千名相關特區公務員提供不同類型的國家事務培訓。連同其他內地及相關國

3　參見公務員學院網站：https://www.csc.gov.hk/tc/our-work/constitutional-order-national-development-and-strategies/（最後訪問時間：2024 年 4 月 18 日）。

家事務課程，每年約有一萬名公務員接受相關培訓。[4]

公務員學院亦安排獲部門提名具潛質的高級公務員到內地參加公共管理碩士課程，包括與北京大學合辦的兩年制「公共管理碩士課程」以及「清華大學高級公共管理碩士香港政務人才項目」，試圖讓他們深入認識國家的發展，開拓在公共行政方面的視野，並為中級或以上公務員舉辦專題考察團，以協助他們瞭解國家不同地區（包括大灣區內地城市）的經濟情況、產業發展、創科應用和文化保育等。

同時，學院還與北京大學港澳研究院合作，為首長級公務員舉辦深入認識「一國兩制」及當代中國課程。課程涵蓋的主題包括「一國兩制」的理論與實踐及當代中國社會、經濟、國防、科技等多方面的發展，旨在讓高層官員和首長級公務員對「一國兩制」的實踐、國家的宏觀政策和發展有更全面的理解，以配合香港積極融入國家發展大局。

二、青少年的憲法和基本法推廣教育

青少年方面，目前香港的小學、初中和高中的課程指引中均有基本法教學要求，其中小學主要通過常識科教授基本法，初中階段分別由中國歷史科、歷史科、地理科和生活與社會科等負責相應的內容，而高中階段則主要通過必修的公民及社會發展科予以教授。

具體而言，根據各階段的課程指引可分析得出，培養學生的國家認同、瞭解基本法的憲制地位、憲法與基本法以及中央與特區的關係、基本法保障的香港市民的權利與自由、香港市民的義務等知識是香港青少年基本法課堂教育的重點。並透過基本法教育來增強學生法治、公正、民主等方面的意識，使學生成為具責任感的公民。

4　參見《月內公佈非公務員簽署聲明安排》，香港特區政府新聞網，https://www.news.gov.hk/chi/2021/05/20210502/20210502_094335_211.html（最後訪問時間：2024 年 4 月 18 日）。

需留意的是，培養國民身份認同正是基本法教育所要達成的目的之一。根據 2008 年教育局推出的《新修訂德育及公民教育課程架構》，「國民身份認同」是建議的七種首要培育的價值觀和態度之一。在 2014 和 2017 年的《基礎教育課程指引——聚焦・深化・持續（小一至小六）》和《中學教育課程指引》中，德育及公民教育部分均有關於憲法和基本法教育的明確規定。2021 年，香港教育局又公佈《中學教育課程指引》的補充說明，加入「守法」和「同理心」作為首要培育的價值觀和態度，讓學生明白為了群眾福祉，遵守法規是公民的基本責任。提出學校應在課堂內外推動憲法、基本法和國家安全教育，讓學生加深瞭解國情，建立國民身份認同及國家觀念，從而懂得關心社會、國家和世界，成為負責任、珍視中華文化和對社會和國家有承擔的公民。德育及公民教育課程指引中還提供了具體的基本法教育示例。

在取代通識教育科的公民及社會發展科，其指引包含明確的有關「一國兩制」的內容。[5] 該科的主題一「『一國兩制』的香港」的學習重點就包括以下元素：

（1）香港問題的由來（三條不平等條約及其背景）和回歸歷程概略。

（2）國家和香港特別行政區的憲制關係（主權治權在中國），「一國兩制」及基本法的法律依據。

（3）維護國家安全的意義（「總體國家安全觀」）；《香港國安法》與促進香港長遠發展，以及與平衡法治和人權的關係。

（4）香港特別行政區的政治體制。

5　參見《公民與社會發展科課程及評估指引（中四至中六）》，香港特區教育局網站，https://www.edb.gov.hk/attachment/tc/curriculum-development/renewal/CS/CS_CAG_S4-6_Chi_2021.pdf（最後訪問時間：2024 年 4 月 18 日）。

（5）法治精神的意義：遵守法律；司法獨立；法律面前人人平等；公平公開的審訊。

（6）基本法規定的香港居民的權利與義務。

此外，有關的國家制度，包括國家政治體制、中華民族的組成、國籍、國旗、國歌和國徽等也包含在課程之內。

在學校的師資方面，2021 年施政報告中提出，由 2022-2023 學年起，公營學校的新聘教師須通過基本法測試。考生在 15 題多項選擇題中答對 8 題或以上，即在滿分 100 分中取得 53 分或以上，便會被視為及格。而由 2023-2024 學年起，所有公營學校、直接資助計劃學校及參加幼稚園教育計劃的幼稚園的新聘教師，必須在《基本法及香港國安法》測試中取得及格成績，方可獲考慮聘用。

▍三、民間推廣組織

香港民間專門從事憲法與基本法教育推廣的組織不多，較具規模的為憲法和香港基本法推介聯席會議（以下簡稱基推會）。基推會於 1993 年由 12 位前基本法起草委員、基本法諮詢委員及社團代表成立，參加團體由最初的 27 個增加至 76 個。[6] 基推會的使命是透過不同的形式和渠道向各階層市民推廣基本法，通過民間及不同社會資源宣傳基本法，達至全面落實「一國兩制」。基推會透過各參與團體合作及社會各界人士的支持，以不同形式廣泛及深入地舉辦基本法的推廣活動，使全港市民進一步關心和暸解基本法，建立法治觀念及提倡法治精神。近年，基推會著重從多角度及新議題方面推廣憲法及基本法，如在大灣區或「一帶一路」等議題上都會盡量加上憲法的元素。

6　請參考基推會網站：http://www.jcpbasiclaw.org.hk（最後訪問時間：2024 年 4 月 18 日）。

　　該會每年舉辦大量大專及中學生參與的活動。其中,「基本法大使培訓計劃」已經連續舉辦二十年,有數以千計學生參加。活動面向中二至中六學生,經過面試甄選後,於每年暑假進行系列講座、工作坊、青年高峰會,邀請基本法有關的專家、學者和前任高官參與,並組織領袖訓練營,赴內地參觀學習。

　　其他社團組織也會舉辦有關基本法的推廣活動。它們當中不少會申請特區政府政制與內地事務局的「憲法和基本法推廣活動資助計劃」,例如基本法推廣大使培訓計劃、知識問答、辯論比賽、跑步定向比賽、研討會等等。

憲法和基本法教育存在的問題和挑戰

◇◇◇

　　在香港，憲法和基本法教育首先面對「教什麼」與「怎麼教」的問題——尤其是如何在實施資本主義的香港特區教授社會主義的中國憲法，是一個嶄新的課題。研究發現，憲法和基本法教育存在師資不足、場地不足和資金不足的問題。這幾個因素制約了宣傳教育的規模和成效。面對未來倍增的憲法和基本法（加上《香港國安法》等）教育需求，特區政府和各界應該攜手合力提供支援，為憲法和基本法教育在香港落地生根、行穩致遠創造有利環境。

一、師資不足

　　基本法屬於憲制性文件。在內地，大部分基本法學者首先是憲法學者，因此他們在教授中國憲法和香港基本法有天然的優勢。香港本地憲法、基本法推廣和教育的師資一直較為不足，國安法領域的師資更是處於稀缺狀態。一方面，香港設有法律學院的香港大學、香港中文大學、香港城市大學三所高校的教師大多從事國際法、民商法等領域的研究，對憲法、基本法和國安法等有專門研究的人數不多。而其他有教導基本法經驗的專家尤其青年專家也寥寥可數。可以說，由於香港在推動憲法、基本法推廣與教育過程中始終未能形成一個穩定、專業的師資隊伍，已經在較大程度上制約了憲法、基本法推廣與教育的成效。

以香港公務員的憲法、基本法教育為例，香港現有公務員數量約近 19 萬人，對憲法、基本法和國安法的培訓教育需求巨大。根據公務員事務局的資料，自 2022 年 7 月起所有新入職人員均須在試用期內完成基礎培訓課程，內容涵蓋認識「一國兩制」、憲法、基本法、《香港國安法》、國家體制及重要政策等，否則有關人員不會獲長期聘用。目前已完成培訓約 4,800 名公務員。此外，自 2023 年起，公務員學院會整合國家事務培訓課程的結構，增加學員受訓的日數，由 2022 年約 19,800 日大幅增加至 32,000 日，預計約有 20,000 名公務員接受這方面的培訓。同時，各政策局、部門亦已把相關培訓課程納入其員工的培訓發展計劃中，並有系統地安排員工在工作的不同階段持續參加培訓。[7] 如此巨大的需求，若無足夠的師資條件，必然會影響培訓效果。

二、場地不足

香港缺少專門用於憲法與基本法教育推廣活動的固定場所，現有的場地設施尚待優化。位於中環大會堂的基本法圖書館於 2004 年啟用，面積只有 210 平方米，是一個參考圖書館，未能滿足展覽和舉辦推廣和研討活動的需要。

研究發現，同為特區的澳門，在基本法推廣方面更為積極。澳門基本法紀念館於 2013 年成立，共設有七個展區與互動教育區。[8] 該館每年接待人次近十萬，以澳門居民大約七十萬計算，參觀比率相當高。該館十分強調憲法與基本法跟居民日常生活的緊密關係，除了法律條文以外，展覽內容還包含眾多歷史和社會元素，例如通過「漫步

7　立法會 CB(4)380/2023(03) 號文件，香港特區立法會網站，https://www.legco.gov.hk/yr2023/chinese/panels/ps/papers/ps20230509cb4-380-3-c.pdf。

8　七個展區包括「前言」、「澳門歲月回眸」、「一國兩制的方針」、「制定和落實澳門基本法」、「憲法與澳門基本法」、「澳門基本法的成就」和「澳門基本法的推廣」。

圖 3-1　澳門基本法紀念館由前全國人大委員長吳邦國題詞

圖 3-2　杭州五四憲法歷史資料陳列館的憲法宣誓場地

澳門街之認識澳門」,帶領參觀者深入澳門社區遊走,體會澳門的歷史變遷和政治發展。

此外,位於杭州的「五四憲法歷史資料陳列館」,以實地還原歷史的方式,呈現了當年毛澤東主席在西湖畔度過 77 個日夜、起草憲法草案初稿的經過。該館由一棟平房和一棟兩層樓房組成,面積 756 平方米。而該館還設了一個分館,建築面積達 1,204 平方米,以多媒體互動方式向居民和青少年宣傳憲法。它的特色是把報告廳、圖書館和資料室融為一體。其中報告廳收藏大量法律書籍,與杭州市圖書館共建,借還系統也與杭州市圖書館連通,變成它的「分館」。這大大增加參觀的人流量,值得參考借鑒。

三、資源不足

香港推動憲法和基本法教育的機構都是自負盈虧,按個別項目向政府申請資助;而非政府的資助來源和渠道十分缺乏。有別於政府在社會福利和教育機構以恆常資助運作(包括員工工資)的方式,這種以個別項目資助的模式提供的資金相對有限,對民間社團來說穩定性和持續性不足,不太容易全面發揮民間團體的力量。

以「憲法和基本法活動資助計劃」為例,政府對每項申請的最高資助額度限定在港幣八十萬元以內。誠然,特區政府近年在支持憲法和基本法教育和相關研究的資助增幅不少,總撥款由 2020-2021 年度的 1,200 萬增加到 2022-2023 年的 3,200 萬。但由於未能對少數長期從事憲法和基本法研究的團體提供穩定支持,憲法和基本法教育的規模始終不大,未能應對各界的需求。

內地憲法教育經驗對香港的啟示

◇◇◇

　　過去較長一段時間內，香港社會雖重視基本法的推廣和教育，但對於憲法教育卻重視不足。目前，情況雖然有所好轉，但香港在教授憲法的內容、範圍和方法上仍無明確的指引。另一方面，內地高校人才濟濟，多年以來在憲法的教學、研究和培訓的實踐中累積了寶貴的經驗。因此，瞭解和借鑒內地學術界的經驗，有利於促進特區政府和民間更好地推進憲法的教育，對進一步加強香港市民對香港憲制性法律的理解、提升其國家認同有重要意義。

　　在內地，憲法學作為教育部認定的法學專業十四門核心課程之一，是法學專業學生的必修課、基礎理論課，有大量的教材。此處根據教材使用的普遍性和編著者的學術地位及代表性挑選了三份內地憲法教育的教材，分別為憲法學編寫組撰寫的《憲法學（第二版）》、胡錦光和韓大元教授編著的《中國憲法（第四版）》和焦洪昌教授主編的《憲法學（第四版）》。這三份教材均涉及三部分內容：（1）憲法的概念、原理和原則；（2）國家機構；（3）公民基本權利和義務。

　　在憲法概念、原則和原理方面，三本教材涉及以下 15 個相關範疇：

1. 憲法的概念	2. 憲法的分類	3. 憲法的指導思想與基本原則
4. 憲法的功能	5. 憲法的淵源	6. 憲法的效力
7. 憲法的制定	8. 憲法的解釋	9. 憲法的修改

10. 憲法的歷史	11. 1949 年前的憲法	12. 1949 年後的憲法
13. 憲法與憲政	14. 憲法的實施與監督	15. 合憲性審查

在國家機構方面，涉及以下 9 個知識點：

1. 國家性質	2. 國家形式	3. 國家標誌
4. 國家的基本制度	5. 選舉制度	6. 中央國家機關
7. 地方國家機關	8. 特別行政區政權機關	9. 監察機關

在公民基本權利和義務方面，涉及以下 12 個知識點：

1. 人權與基本權利的概念	2. 基本權利的主題	3. 基本權利的效力
4. 基本權利的保障與限制	5. 平等權	6. 政治權利
7. 宗教信仰自由	8. 人身權利	9. 監督權
10. 社會經濟權利	11. 文化教育權利	12. 公民基本義務

縱觀三本教材，有關特別行政區政權組織制度部分都放在國家機構裏面。其中，《憲法學（第二版）》放在「國家機構」的獨立一節；胡錦光和韓大元的《中國憲法（第四版）》放在「地方國家機關」一章中的獨立一節，與縣級以上地方國家機關、鄉鎮國家機關和民族自治機關等章節並列；而焦洪昌的《憲法學（第四版）》則把特別行政區的國家機關放在「國家機構（下）」的第四節，與地方人大和政府、民族自治地方機關和國家審判機關與國家檢察機關等章節並列。

具體內容方面，《憲法學（第二版）》著重對「一國兩制」產生的歷史目的和相關背景資料加以介紹，並把特別行政區稱為「制度」，並總結出它的五個基本內容，包括堅持國家的統一、實行「一國兩制」基本方針、實行高度自治、原有社會經濟法律制度和生活方式不變、行政機關和立法機關由當地人組成等。它對於中央政府和特區政府各自擁有的權力也比較強調，並列出中央擁有的十九項權力和

特區政府擁有的五項高度自治權力。

　　而胡、韓的《中國憲法（第四版）》則用較多篇幅論述了行政主導體制，強調它既不同於人民代表大會制，也有異於西方的三權分立制度。在備受關注的行政立法關係方面，該書列舉了行政對立法制約的兩大方面〔包括（1）行政長官對立法會通過法案的相對否決權和（2）行政長官對立法會的解散權〕和立法對行政機關制約的四個方面〔包括（1）行政機關對立法機關負責；（2）立法機關迫使行政長官辭職；（3）立法機關彈劾行政長官；和（4）同意法官任命和免職〕。此外，行政與立法互相配合則有三方面，包括（1）政府委派官員列席立法會會議；（2）立法會部分議員由選舉委員會選出和（3）行政會議成員包含立法會議員。

　　最後，焦洪昌的《憲法學（第四版）》對特區政府和「一國兩制」的介紹相對簡單，主要是對基本法條文的介紹，但欠缺對中央與特區權力、行政主導體制的深入論述。但它提到特區高度自治權與民族自治機關自治權的比較，為基本法研究帶來了新的視角。

　　總結而言，內地的教學體系中，憲法學可以劃分為以下幾個核心研究領域：

　　1. 憲法基本理論。核心內容包括憲法作為最高法和根本法的地位、憲法的基本原則、憲法的概念、分類和淵源等。

　　2. 憲法的實施。核心內容包括憲法的制定、憲法的實施、憲法的效力、憲法的監督和憲法的修改等。這方面中國的經驗與西方國家尤其是實施普通法的國家有很大差異。

　　3. 國家機構。核心內容包括中央和地方的人大、政府、監委、法院、檢察院等機構，及其功能、相互關係、組織原則等；

　　4. 公民的基本權利和義務。核心內容包括基本權利的概念、主體、效力、內容、保障和限制；公民應盡的義務等。

　　香港回歸前由英國實施殖民統治，而眾所周知英國是個不成文

憲法的國家。可以說，香港大部分市民對於港英時代的兩份憲制性文件《英皇制誥》和《皇室訓令》是一無所知。因此，香港人法治意識雖高，但憲法（尤其它作為根本法的最高地位）意識卻比較薄弱。因此，筆者認為，在香港進行憲法和基本法教育，應首先明確以下目的或任務：

第一，瞭解香港特區的由來和中央與特區的關係。香港實行「一國兩制」，一直以來重視基本法的推廣與實施，但社會主義的中國憲法卻被認為「不適用」於香港。這種理解當然是片面的、不正確的。因此，中央於 2014 年通過「一國兩制」白皮書闡述了「全面管治權」的概念，包括憲法與基本法共同構成香港的憲制基礎，從此，憲法在香港的效力、適用以至教育的問題才得到香港特區更廣泛的關注。因此，憲法和基本法教育在現今香港的首要任務，是糾正錯誤的觀念，讓香港市民尤其是年輕人明白，香港是中國不可分離的一部分，而香港基本法是全國人大制定和通過的。

第二，瞭解國家政治制度的由來和國家機構的組成。國家政治制度和國家機構組成是所有國家憲法內容的必要元素。就實行資本主義制度、回歸祖國只有短短二十多年的香港而言，更重要的是通過憲法和基本法教育瞭解中華人民共和國的歷史、國家的政治制度、共產黨的執政地位、黨政軍架構的組成、中國與西方國家的制度差異等等。香港部分市民對國家的制度存有諸多誤解，因此憲法和基本法教育的第二個任務是讓香港人瞭解國家的制度的由來和演變。

第三，支持「一國兩制」，推動祖國和平統一。「一國兩制」是中國政府為解決香港、台灣等歷史遺留問題，實現國家和平統一而提出的基本國策，香港特區正是基於這一方針而設立。其基本內容包括保持香港繁榮穩定，維護國家主權、安全和發展利益，還有推進祖國完全統一。縱觀特區內外以至國際形勢，對「一國兩制」提出各種質疑甚至歪曲的聲音多年來不絕於耳。憲法和基本法教育在香港的第三

個任務，應該是讓港人支持和擁護「一國兩制」，維護國家安全，反對任何形式的包括「港獨」、「台獨」在內的分裂國家的主張。

第四，瞭解香港居民作為中國公民的基本權利和義務。香港基本法由於照顧港人的信心問題，巨細無遺地把各種基本權利寫入基本法條文當中。由於實行「一國兩制」，香港居民在內地的基本權利過去沒有得到重視。香港同胞在內地既有享受「超國民待遇」的方面（如不一樣的大學入學途徑），也有一些因為身份問題而未能享受政策福利和電子商務政務等各種不便。中央政府近年來積極推動促進港人在內地讀書就業生活的一連串措施，例如發放居住證、取消就業許可證等，解決了不少待遇問題。這些「同等待遇」的安排對促進香港居民作為中國公民的身份認同有著積極作用。筆者認為，在特區教授中國憲法，應該包含香港居民在內地已經擁有和尚未擁有的基本權利，和作為中國公民的義務與責任。

第五節

憲法和基本法教育方面的改善建議

◇◇◇

一、憲法和基本法教學應與本地實際情況結合

首先，憲法和基本法教學應以具體案例和爭議作為例子。香港實行普通法，與內地法制有很大的差異。回歸二十多年來，有關基本法的訴訟和案例相當多，這些都是憲法和基本法教育很好的教材。例如全國人大常委會對基本法解釋的權力，這不僅是憲法和基本法的規定，終審法院在多份判詞中也確認其全面的和不受約束的權力。其他類似的法律問題如全國人大常委會決定的法律效力，都可以具體案例作為切入點（例如「一地兩檢」）。再加上內地學者根據大陸法的學理解釋，會讓香港人對憲法和基本法以至內地法制有更全面深入的理解。

此外，憲法和基本法教育應以香港人理解的語言來表述。由於多年來文化、政治制度和法制的差異，兩地存在不同的「話語」是客觀存在的事實。因此，內地專家普遍認為，要用香港人容易理解的語言和「話語」講述憲法。誠然這方面的難度並不小。中國憲法文本本身並不容易被香港人完全理解。例如憲法序言所包含的歷史和政治語言的表述一直以來並不存在於香港的中小學教育當中，香港人會覺得陌生甚至是抗拒。這不只是語言問題，也是對中國近代歷史和政治制度及理論的認識問題。因此筆者認為，憲法和基本法教育不能只談法

律條文本身，而應該適當加入中國政治制度的介紹和演變。

再者，憲法和基本法教育應與香港人的生活緊密結合。有專家認為，憲法和基本法本身對於大多數人來說都是比較遙不可及的，這不只是對香港人而言，內地人亦如是。主要原因是其內容與居民日常生活沒有太大的關係。在內地實行憲法教育的目的更多是推動依法治國、依憲治國；在香港特區實行憲法和基本法教育則更多是要確保全面準確貫徹「一國兩制」的方針和加強香港人的國家認同。特區政府過去的基本法宣傳都以跟港人生活有關的內容為主軸，日後有關的憲法和基本法教育也應該以此為重點。

最後，應善於利用多媒體和網上資源。目前，內地對於憲法和基本法的教育越來越多使用互動多媒體和網上教學的方式。例如杭州的五四憲法資料陳列館大量使用針對青少年的多媒體遊戲、漫畫、沙畫和電子熒幕展示，對宣傳憲法和法治精神有很大的促進作用。深圳大學在全國最早推行《香港基本法》和《香港法概論》的網上教學，覆蓋本校和內地其他高校，得到良好的教育效果。香港的基本法教育已開始有針對公務員和教師的網上教育資源，在進一步推動憲法和基本法教育方面，也應該對多媒體的使用給予足夠的重視。

二、引進更多內地師資

筆者建議，可以依託香港周邊的高校和研究機構建立合作培訓機制，引進更多內地的師資。近年來，越來越多有香港研究和求學經歷的內地年青學者嶄露頭角，在各自的院校、研究機構和媒體發揮教育和宣傳作用，並為港澳有關部門出謀獻策。筆者建議大量引入內地的憲法和基本法專家參與香港的教育培訓工作，把香港的憲法和基本法教育往更有系統和更深入的方向持續推進。經筆者整理並徵詢內地學者的意見，部分內地的憲法和基本法專家名錄及其研究範圍詳見本

章附表。

三、設立大灣區憲法與基本法教研基地

大灣區內如高鐵和港珠澳大橋等基礎建設已經完成，往來更加方便。政府可以在大灣區設立一個憲法和基本法培訓基地，擁有固定的設施和組織，聘請內地高校內的專家組成穩定的團隊，參與公務員和社會各界人士的培訓工作。這樣既可以解決師資問題，也避免了內地師資辦理出入境手續的問題。公務員事務局早在 2011 年已和國家行政學院簽署合作培訓的備忘錄，國家行政學院建立了港澳公務員培訓中心。這樣的模式如果在鄰近的大灣區推行，用於憲法與基本法培訓，將有更大的效益，也可相對節約政府的資源投入。

同時，由於香港場地與師資有限，現時本港的公務員培訓以大型講座為主，課程深度不足。若未來建立大灣區憲法和基本法培訓基地，課程便可以小班教學，以更有趣、更深入的方式推廣憲法和基本法，課程成效自然能事半功倍。

四、增設憲法與基本法展覽館和地區資源中心

世界各地都不乏憲法或憲制性法律相關的紀念場所，既可以發揮實際的教育作用，更有助於培養國家認同和正確的價值觀。筆者建議香港特區政府建立較大型的展覽館和若干較小的地區資源中心，以方便市民和學校瞭解憲法和基本法，及組織參與相關活動。大型展覽館可以參考現時中環大會堂的展城館，由政制及內地事務局負責營運及推廣。這個永久性的基本法紀念館，應包括主體展覽、文物陳列、互動遊戲、參考圖書室和活動場地等設施，以符合不同年齡和教育水平人士的需要。

地區資源中心方面，現時香港在環境資源、公民教育等領域均設有固定的資源中心作為活動場地。以環保署環境資源中心為例，目前全港設立了三間環境資源中心，供各區的學校及團體進行環保活動。這些環保資源中心由環保署定期接受申請，由符合資格的環保團體負責運營。資源中心成功吸引不同類別的觀眾參觀，部分資源中心是由古蹟改建而成，甚至成為吸引海內外遊客參觀的景點。

筆者建議特區政府應參考環保資源中心的經驗，整合相關資源在全港設立數個固定的憲法和基本法教育資源中心，提供憲法和基本法推廣活動的資料與場地，由推廣憲法和基本法的團體和智庫負責營運，方便各區學校和市民參與。

五、推動各界資助憲法和基本法活動

澳門的憲法和基本法教育得以蓬勃發展，得益於澳門基金會的支持，後者的資金則源自博彩收入。香港賽馬會是全港最大的慈善機構，僅 2022 至 2023 年度捐款總額就有 73 億港元。但賽馬會對於憲法和基本法教育、推廣和研究等領域資助甚少。審視賽馬會資助計劃的十大領域，基本法教育推廣與「教育培訓」和「青年發展」兩項息息相關，完全符合賽馬會慈善資助的宗旨。

過往基本法研究中心曾獲香港賽馬會資助分三年增購約 7,500 項參考資料，未來賽馬會可加強對推廣基本法的支援。筆者建議香港特區政府推動賽馬會以更大的規模資助有關憲法和基本法的教育、推廣和研究事業，並給予與其他社福項目同等的待遇，擇優撥款。經過一段時間的考察後，可以確定一些有影響力、執行力和達到實效的組織和項目進行長期的資助，培育民間的基本法推廣力量。

除此以外，特區政府應推動各界資助憲法和基本法教育活動。現時憲法和基本法推廣督導委員會與教育局合作，推行「高等教育

院校《憲法》及《基本法》推廣資助計劃」，鼓勵及資助舉辦各項活動，以加強高等教育院校的學生及教職員對憲法及基本法的認識及瞭解，整個計劃總撥款額為 90 萬港元。這筆資金與龐大的教育需求相比顯得杯水車薪。特區政府可考慮設立專項基金，並與企業、學校、NGO 等建立合作機制，共同推進憲法及基本法教育活動。

本章附錄：憲法和基本法專家名錄（排名不分先後）

姓名	簡介	本方向代表性作品和貢獻
饒戈平	北京大學法學院教授。研究方向為國際法學、國際組織法學、港澳基本法、涉台法律。	• 出版專著或主編書籍十餘部，發表學術論文百餘篇。本方向代表性作品包括《與時偕行：一國兩制與基本法在香港的實踐》。 • 中國港澳基本法研究的領軍人物，曾擔任全國人大常委會香港基本法委員會委員。
韓大元	中國人民大學法學院教授、博士生導師，中國憲法學研究會名譽會長。研究方向為憲法、港澳基本法。	• 出版專著或主編書籍至少三十部，發表各類文章二百餘篇。本方向代表作包括《亞洲立憲主義》、《憲法學基礎理論》。 • 提出比較系統的憲法學基本範疇。 • 現任全國人大常委會香港基本法委員會委員。
周葉中	現任武漢大學黨委常委、副校長、法學院教授，中國憲法學研究會副會長。	• 獨著、主編或合著學術專著、教材四十多部，發表各類文章至少二百多篇。本方向代表作包括《憲法政治：中國政治發展的必由之路》。 • 提出並論證「憲政文明是政治文明的核心」，「依法治國首先是依憲治國，依法執政首先是依憲執政」等命題。
王振民	清華大學法學院教授、博士生導師。研究方向為憲法學、行政法學、特別行政區基本法。	• 出版專著或主編書籍近十部，發表各類文章至少一百餘篇。本方向代表性成果包括《〈香港基本法〉的基本問題》、《中央與特別行政區關係：一種法治結構的解析》。 • 曾任全國人大常委會香港基本法委員會、澳門基本法委員會委員，香港中聯辦法律部部長。

姓名	簡介	本方向代表性作品和貢獻
林來梵	清華大學法學院教授、博士生導師，中國憲法學研究會副會長。 研究方向為憲法學、港澳基本法。	• 出版專著或主編書籍近二十部，發表各類文章數十篇。代表性成果為《從憲法規範到規範憲法》、《憲法學講義》。 • 內地規範憲法學代表人物。
陳端洪	北京大學法學院教授、博士生導師。 研究方向為憲法（憲政原理）、港澳基本法。	• 出版專著或主編書籍近十部，發表論文數十篇。代表性成果包括《憲制權與根本法》。 • 內地政治憲法學代表人物。 • 現任全國人大常委會澳門基本法委員會委員。
王磊	現為北京大學法學院教授、博士生導師，中國憲法學研究會副會長。 研究方向為憲法、港澳基本法。	• 出版專著或主編書籍十餘本，發表各類文章至少四十餘篇。本方向代表作包括《憲法的司法化》、《選擇憲法》。 • 提出並論證「憲法的司法化」，為國內憲法司化的首倡者。
胡錦光	中國人民大學法學院教授，中國憲法學研究會副會長。	• 出版專著或主編書籍至少十餘本，發表各類文章一百五十餘篇。本方向代表作包括《違憲審查論》、《違憲審查比較研究》。 • 中國內地較早系統研究違憲審查制度的學者之一。
秦前紅	武漢大學法學院教授、博士生導師，中國憲法學研究會副會長。 研究方向為憲法基礎理論、比較憲法、行政法、地方制度、港澳基本法。	• 出版專著或主編書籍至少二十餘本，發表各類文章二百餘篇。本方向代表性成果包括《地方人大監督權》、《監察法學教程》。 • 擅長監察法研究。

姓名	簡介	本方向代表性作品和貢獻
劉松山	山東大學法學院教授，中國立法學研究會副會長。	<ul><li>發表各類論文至少六十餘篇，以及文學、新聞、法學評論類文章三十餘篇。本方向代表性作品包括《運行中的憲法》、《中國立法問題研究》、《人大主導立法的幾個重要問題》。</li><li>曾在全國人大常委會工作多年，參加2004年憲法修改及《立法法》等法律的制定與修改，擅長人大制度與立法制度研究。</li></ul>
周偉	四川大學法學院教授，中國憲法學研究會常務理事。	<ul><li>出版專著或主編書籍至少十餘部，發表各類文章至少七十餘篇。本方向代表性作品包括《憲法基本權利：原理·規範·應用》和《憲法基本權利司法救濟研究》。</li><li>決策諮詢研究報告多項獲中央領導的重要批示，代理多起有重大影響的基本權利案件。</li></ul>
張翔	北京大學法學院教授，中國憲法學研究會秘書長。	<ul><li>出版專著或主編書籍至少十餘部，發表各類文章至少餘五十篇。本方向代表性作品包括《基本權利的規範建構》、《基本權利的雙重性質》。</li><li>長期關注基本權利研究。</li></ul>
夏正林	華南理工大學統戰部常務副部長、法學院教授。	<ul><li>出版專著或主編書籍多部，發表各類文章至少一百餘篇。本方向代表性作品包括《從基本權利到憲法權利》和《社會權規範研究》。</li><li>長期關注基本權利研究，明確提出並論證從「基本權利」到「憲法權利」。</li></ul>
強世功	中央民族大學黨委常委、副校長。	<ul><li>出版專著或主編書籍十餘本，發表各類文章至少六十餘篇。本方向代表作包括《中國香港》。</li><li>曾借調至香港中聯辦工作，長期深入關注港澳基本法研究。</li></ul>

姓名	簡介	本方向代表性作品和貢獻
鄒平學	深圳大學港澳基本法研究中心主任，中國憲法學研究會常務理事。研究方向為憲法學、比較憲法學、港澳基本法。	• 出版專著或主編書籍近四十部，發表各類文章至少一百八十餘篇。本方向代表性成果為《香港基本法實踐問題研究》。 • 長期深入關注港澳基本法研究。
姚國建	中國政法大學法學院副院長、博士生導師。研究方向為憲法、港澳基本法等。	• 出版專著或主編書籍多部，發表各類文章至少三十餘篇。本方向代表性成果為《作為憲法性義務的政治效忠——以香港立法會議員宣誓事件為視角》。 • 長期深入關注港澳基本法研究。

第四章

香港特區的政制發展（1997-2020年）

馮澤華

從廣義的角度而言，香港特區的政制發展是指與香港特區政治體制因素相關的改革動向，包括行政、立法、司法以及公務人員等維度的政制問題；從狹義的角度而言，香港特區行政長官和立法會產生辦法的改革動向，最終目標是普選產生行政長官和立法會全部議員。目前學界主要從狹義的角度進行研究，學術動因在於香港基本法明確了普選行政長官和立法會議員的改革空間。香港自回歸以來經歷了三次政制改革，只有 2010 年的方案順利獲得香港立法會通過。由於各方對政制改革方案存在歧義，「最大公約數」輾轉難尋。有些人士為達到改革目的，不惜掀起非法的「佔中公投」的激進行為，既對香港繁榮穩定產生消極影響，也使香港政制的健康發展蒙上陰影。如今，香港由亂及治，由治及興，「一國兩制」的實踐亦進入了「五十年不變」的後半期階段。香港社會需要總結政制改革的經驗和挑戰，為未來落實香港基本法第 45 條和第 68 條的普選目標奠定基礎。

香港政制規範的構造及其核心條款

◇◇◇

一、政制的法律規範內容

香港政制的法律規範內容主要體現在香港基本法第四章「政治體制」，包括第一節行政長官，第二節行政機關，第三節立法機關，第四節司法機關，第五節區域組織和第六節公務人員等內容，涵蓋香港基本法第 43 條至 104 條。概括而言，主要包括以下四種制度。

第一，行政長官制度。行政長官制度包括行政長官的產生、行政長官的職權以及行政長官的責任與義務，主要由香港基本法第 43 條至第 58 條及附件一《香港特別行政區行政長官的產生辦法》所規定。目前，香港法例通過了第 569 章《行政長官選舉條例》、第 541J 章《選舉程序（行政長官選舉）規例》等本地立法，進一步細化行政長官制度。究其內容，一方面，根據香港基本法第 43 條和第 60 條規定，香港特區行政長官具有雙重地位，承擔「雙負責」的憲制責任，即其既是香港特別行政區的首長，也是香港特區政府的首長；既要對中央人民政府負責，也要對香港特別行政區負責。另一方面，香港基本法還規定了行政長官與行政會議、立法機關以及司法機關之間的責任劃分。

第二，行政機關制度。香港行政機關制度包括行政主體、行政架構、行政機關的職權及義務，主要由香港基本法第 59 條至第 65 條

所規定。此外，第 54 條至第 56 條規定了行政會議的功能、職權和組成人員的任免條件，第 99 條至第 104 條也有行政機關中公務人員的相關規定。香港基本法規定了行政長官是香港特區政府的首長，特區政府接受行政長官的領導，因此，香港特區的行政機關需要對行政長官負責，協助行政長官開展各項工作。行政機關的義務主要規定在香港基本法第 64 條當中，特區政府必須遵守法律，對立法會負責，如執行立法會通過並已生效的法律、定期向立法會作施政報告、答覆立法會議員的質詢、徵稅和公共開支須經立法會批准等。

第三，立法機關制度。香港的立法機關制度包括立法機關的產生與組成、立法機關的職權、立法程序，主要由香港基本法第 66 條至第 79 條及附件二《香港特別行政區立法會的產生辦法和表決程序》所規定。同時，香港法例通過了《立法會議事規則》及第 542 章《立法會條例》等本地立法，專門規範立法機關的行為。根據香港基本法及其相關規定，由香港特區政府或立法會議員根據各自的職權擬定法案後，向立法會秘書送交法案預告。該法案在憲報刊登後，提交給立法會通過三讀程序，且獲得法定的表決票數後，該法案將提交給行政長官簽署，此時法案仍未生效。行政長官須在憲報上公佈法案，公佈之日一般為法案生效之日，若該法案明確規定了另一時間生效，則該法案在該日方為生效。[1] 此外，根據香港基本法第 17 條的規定，香港立法會制定的法律需要報全國人大常委會備案，備案不影響該法律的生效，但是全國人大常委會可以將法律發回，發回的法律立即失效。

第四，司法機關制度。香港的司法機關制度包括司法層級、司法獨立權、司法人員的任免，主要規定在香港基本法第 80 條至第 96 條中。同時，香港本地法例第 4 章《高等法院條例》，第 336 章《區域法院條例》，第 484 章《香港終審法院條例》等對香港司法機關作

1　具體內容可參見香港特區立法會網站，https://www.legco.gov.hk/。

出了規制。為保障普通法制度的平穩過渡和順利銜接，香港基本法第 93 條規定了香港回歸後在香港任職的原法官和其他司法人員均可留用，第 91 條也規定了其他司法人員原有的任免制度繼續保持。而新任職的法官和司法人員則需要根據香港基本法第 88 條和相關法例的規定，由相關人員組成的獨立委員會推薦，並由行政長官任命。其中，獨立委員會需要根據香港基本法第 92 條以及香港本地法例第 92 章《司法人員推薦委員會條例》等規定，對應聘者的司法和專業才能進行遴選。[2]

二、香港政制的核心條款

香港政制的核心條款為香港基本法的第 45 條和第 68 條，它們均規定了普選目標，政界和學界稱之為「雙普選條款」。鑒於行政長官和立法會的產生是香港政制發展的核心命題，為避免基本法文本處於不穩定的狀態，香港基本法並未在正文中直接予以規制，而是通過附件一《香港特別行政區行政長官的產生辦法》、附件二《香港特別行政區立法會的產生辦法和表決程序》和香港本地立法作出特別規定。

（一）行政長官選舉

回歸後，香港行政長官的產生辦法形成了以香港基本法第 45 條、附件一《香港特別行政區行政長官的產生辦法》為主體，全國人大常委會作出的解釋或決定為補充，香港本地立法第 569 章《行政長官選舉條例》、第 541J 章《選舉程序（行政長官選舉）規例》等法例為細化執行的制度體系。香港基本法第 45 條規定：「香港特別行政區行政長官在當地通過選舉或協商產生，由中央人民政府任命。行政長

2　參見《法官及司法人員的招聘及任命程序》，香港特區司法機構網站，https://www.info.gov.hk/gia/general/202012/24/P2020122400200.htm。

官的產生辦法根據香港特別行政區的實際情況和循序漸進的原則而規定，最終達至由一個有廣泛代表性的提名委員會按民主程序提名後普選產生的目標。」1997 至 2020 年間，香港特區行政長官均由選舉產生。行政長官參選人需要獲得選舉委員會委員法定的最低提名數量，並在獲得法定的票數支持後成為行政長官候選人。候選人在獲得過半數的選委會委員票數後，經國務院總理頒發國務院令正式被任命成為香港特區行政長官。

此外，香港基本法第 45 條也為香港特區行政長官選舉定下了目標和總基調，即「根據實際情況」和「循序漸進」地推進行政長官普選。基於此，中央陸續出台了眾多「解釋」和「決定」等法律文件，如下文所提及的「4・6 解釋」、「4・26 決定」、「8・31 決定」等，不斷提高選委會成員的質量和數量，選委會成員的來源更加多元化。比如，選舉委員會委員由第一屆的 400 人，到第二和第三屆的 800 人，再發展到第四和第五屆的 1200 人，吸納了社會各界人士參與，擴大香港特區行政長官選舉的民主成分。回歸後，通過不斷完善的選舉制度，香港產生了符合主流民意的行政長官，保持了香港的繁榮和穩定。

（二）立法會選舉

回歸後，香港立法會的產生辦法形成了以香港基本法第 68 條、附件二《香港特別行政區立法會的產生辦法和表決程序》為主體，全國人大常委會作出的解釋或決定為補充，第 542 章《立法會條例》等香港本地立法為細化執行的法律體系。香港基本法第 68 條規定：「香港特別行政區立法會由選舉產生。立法會的產生辦法根據香港特別行政區的實際情況和循序漸進的原則而規定，最終達至全部議員由普選產生的目標。」與行政長官產生辦法相似的是，香港立法會的選舉同樣是「根據實際情況」和「循序漸進」地達成「全部議員由普選產生」

的目標。立法會議員的組成來源更加多元，1997 年至 2020 年共出現了四種組成方式，分別為選舉委員會選舉、功能團體選舉、分區直接選舉以及「超級區議員」選舉，議員席位也從六十位增至七十位。其中，2012 年和 2016 年選舉出現的超級區議員席位更是可以視為三百多萬選民直接選舉產生，提高了基層群眾的民主意識和參與公共事務的熱情，充分反映了民主意願。[3] 其中，立法會議員也擁有建制派和「泛民主派」，各政黨均可在立法會上表達自己的意見。

---

3 《超級區議會有多「超級」？》，大公網，http://www.takungpao.com.hk/special/2016/legco/scoop/2016/0729/12594.html（最後訪問時間：2022 年 11 月 24 日）。

香港政制發展的原則和理念

◈◈◈

一、香港政制發展的原則

（一）「一國兩制」原則

「一國兩制」是香港基本法的法理核心，香港政制發展的過程始終是在「一個國家，兩種制度」的指引下進行的。中央授予香港特區的高度自治權被認為是主權國家的一種「讓步」（concession），「一國兩制」政策完善了單一制國家下中央管治的模式，但並沒有讓中國變成聯邦政府。[4] 因此，香港的政制發展必須沿著維護國家統一的方向前進，如《第一屆政府和立法會產生辦法的決定》第1條規定香港特別行政區第一屆行政長官和立法會的產生必須要體現國家主權的原則，香港基本法第104條規定香港行政長官、主要官員、行政會議成員、立法會議員、各級法院法官和其他司法人員就職時必須要依法宣誓效忠香港基本法等，都體現了香港政制發展離不開「一國」這一前提。

香港政制發展也充分體現了「兩制」的特點，中央充分尊重香港保持原有的資本主義制度和生活方式五十年不變，在香港政制發展中

---

4   Albert H. Y. Chen, "The Autonomy of Hong Kong under 'One Country, Two Systems'", in Tai-lok Lui, Stephen W. K. Chiu & Ray Yep (eds.), *Handbook of Contemporary Hong Kong*, London: Routledge, 2018, pp. 33-36.

始終支持香港特別行政區依法有序發展民主。在歷屆選舉中，中央並無表態支持任何一方，亦無干擾香港選舉過程，更無拒絕任命香港選舉產生的行政長官。相反，中央為香港基本法第 45 條和第 68 條「最終達至普選產生的目標」作出了三次重要努力。[5]

（二）行政主導原則

行政主導制原則是香港政制發展的重要原則之一。雖然它並沒有規定在基本法當中，但基本法中許多條款都體現出這一原則，如香港基本法第 43 條和第 60 條規定的「雙首長」和「雙負責」制度。行政主導制決定了香港政制發展中一些過往有成效的制度是否應被廢除，比如分組計票制是為了防止立法會主導，功能界別選舉是為了防止「泛民主派」在選舉中濫用權力等等。近年來，立法會「拉布」事件頻發，導致許多衣食住行等民生議題法案無法通過，嚴重損害了香港居民的利益以及社會的穩定。[6]「佔中活動」、「修例風波」以及遲遲未落實的香港基本法第 23 條立法等，為香港帶來未能有效保護國家安全和公共安全的風險。此時，中央及時出手出台《香港國安法》，推動香港由亂及治。[7] 中央對香港的全面管治權主要是通過行政主導制來實現，香港行政長官既要對中央政府負責，也要對香港特別行政區負責。因此，特區政府應當負有治理香港、積極實施憲法和基本法，以保持香港繁榮穩定的責任。

5　參見《關於香港特別行政區 2007 年行政長官和 2008 年立法會產生辦法有關問題的決定》（「4·26 決定」）、《關於香港特別行政區 2012 年行政長官和立法會產生辦法及有關普選問題的決定》（「12·29 決定」）和《關於香港特別行政區行政長官普選問題和 2016 年立法會產生辦法的決定》（「8·31 決定」）。

6　參見 2016 年 5 月 18 日在立法會會議上黃定光議員的提問和財經事務及庫務局副局長劉怡翔的答覆：《立法會六題：「拉布」對政府施政及香港社會的影響》，香港特區政府網站，https://www.info.gov.hk/gia/general/201605/18/P201605180506.htm（最後訪問時間：2022 年 11 月 26 日）。

7　《紫荊論壇　推進香港特區行政改革　強化與「一國兩制」新實踐相適應的行政主導體制》，香港中聯辦網站，http://www.locpg.gov.cn/jsdt/2021-04/13/c_1211109169.htm（最後訪問時間：2022 年 11 月 26 日）。

（三）高度自治原則

在「一國兩制」政策背景下，香港享有基本法所規定的高度自治權。除了涉及第 18 條規定的「基本法中關於中央管理的事務、中央和香港特別行政區的關係的條款」，第 19 條規定的「國防、外交等國家行為」等外，其他都屬於香港的高度自治權行使的範圍。在香港政制發展過程中，中央給予了充分的理解和尊重，中央從未公開表示偏向支持哪方主體。選委會的成員、各屆行政長官和立法會議員的人選等均由香港本地選舉產生，中央只保留最終的任命權。事實證明，選舉產生的行政長官和大多數立法會議員符合主流民意，提出與通過了不少保障民生的法案。高度自治原則推動了香港的政制發展。

（四）「依法治港」與「港人治港」原則

1. 依法治港原則。香港是法治社會，法治原則是行政長官和立法會普選的基本前提，也是政制發展的核心。基於法律的等級體系，憲法作為最高法律，在法律體系中居於最高地位，也就意味著「依法治港」必須在憲法的框架下進行，任何與憲法相抵觸的法律均無效。香港基本法第 45 條作為原則性條款，根據法治原則，在普選的具體操作和規範中也應遵循法治原則。香港基本法第 26 條所規定的香港特區永久性居民依法享有選舉權和被選舉權，也必須遵循上述法律依據和價值指引，「雙普選」必須要在法治下進行，尤其是在不違背憲法和基本法的前提下開展。

2. 港人治港原則。早在上世紀八十年代，鄧小平就提出了「港人治港」的概念。「港人治港不會變」，「港人治港有個界線和標準，就是必須由以愛國者為主體的港人來治理香港。愛國者，也就是愛祖國、愛香港的人。」[8]「港人治港」必須要符合以愛國者為主體的港人

8　鄧小平：《鄧小平文選（第三卷）》，人民出版社 1993 年版，第 61-74 頁。

來治理香港的原則，也被法律所確認下來。香港基本法第 21 條規定香港特區居民中的中國公民依法參加國家事務管理；第 104 條規定一些參與香港管理的重要官員必須要宣誓擁護基本法，效忠香港特別行政區，而基本法的序言和第 1 條就已聲明香港特別行政區是中華人民共和國不可分離的一部分，要維護國家的統一和領土完整。當然，鄧小平也提出了「由香港人推選出來管理香港的人可以是左派、右派、中間派的人士」[9]。中央接納不同政見的人士參與治理香港，事實上多元社會也促進了香港的繁榮。但是，這種自由要以維護祖國統一和利益為前提。

（五）有利於保持香港的繁榮和穩定原則

為保障香港的回歸能夠平穩並釋放活力，一切政制改革的出發點都是香港的繁榮穩定，使得香港居民能夠實際受益。穩定是發展的前提，繁榮是在穩定的社會和法治秩序下生長起來的。2014 年「佔中」引發的一系列大規模暴力社會運動，一部分反對派人士所提出的「公民抗命」不僅不符合法律所規定的政治體制，也試圖「綁架」民意。[10] 這挑戰了香港的法治權威，既損害了香港居民的權益，亦破壞了香港的繁榮和穩定。所有的政制改革和發展，都必須要在法治的軌道下進行。因此，在雙普選和政制改革的進程中要兼顧穩定，以與經濟發展相吻合的速度和步伐謀求政制發展。

（六）根據香港特別行政區的實際情況

「雙普選」對於中央和香港來說，都是一個新鮮事物。在港英統治的大部分時期，主持行政局和立法局、集大權於一身的港督直接由

9　鄧小平：《鄧小平文選（第三卷）》，人民出版社 1993 年版，第 74 頁。

10　《「佔中」重創香港法治——座談會紀要》，《鏡報》2014 年 12 月 16 日，http://www.themirror.com.cn/news_x.asp?id=406（最後訪問時間：2022 年 11 月 26 日）。

英皇任命，華人根本沒有選舉權和被選舉權。華人長期被排斥在港英當局管治架構之外，不能參政議政。直到 1880 年和 1926 年才有華人被分別委任為第一個立法局非官守議員和第一個行政局非官守議員。[11] 香港剛回歸時政治生態較差，長期在政權系統中工作的公務人員較少，政制改革的驅動力不足。此外，回歸初期社會階層的差距仍然較大，住房、教育、醫療等關切民生的實際問題解決進度緩慢。如果立即實行「雙普選」，難以同時兼顧社會各階層的利益訴求。

（七）循序漸進的原則

關於「雙普選」的進展，基本法安排的是一種循序漸進的改革機制，不能一蹴而就。[12] 所謂的「循序漸進」，是指遵循一定的步驟，有秩序地推進香港的民主政治建設。在推進香港「雙普選」目標的過程中，香港的經濟基礎與上層建築存在張力，愛國主義教育有待提升等問題的出現和解決也彰顯出循序漸進推進香港政制改革的價值。盲目地實施普選不一定能選出愛國者，反而會破壞香港的繁榮和穩定。因此，基於繁榮穩定與實際情況原則的內在要求，必須要堅持循序漸進的原則推進政制改革。

二、香港政制發展的理念

（一）從「愛國愛港」到「愛國者治港」的轉變

早在 20 世紀 80 年代，鄧小平就對香港的選舉制度提出了疑問：「我們說，這些管理香港事務的人應該是愛祖國、愛香港的香港人，普選就一定能選出這樣的人嗎？」[13]「鄧公之問」反映出中央對香港的

11　國務院新聞辦公室：《「一國兩制」下香港的民主發展》，中國中央人民政府網站，http://www.gov.cn/zhengce/2021-12/20/content_5662052.htm（最後訪問時間：2022 年 11 月 20 日）。

12　陳弘毅：《一國兩制下香港的法治探索》，中華書局（香港）有限公司 2010 年版，第 76-90 頁。

13　鄧小平：《鄧小平文選（第三卷）》，人民出版社 1993 年版，第 220 頁。

選舉目標提供了方向指引，即要選出「愛國愛港者」管理香港事務。在時機尚未成熟之時，需要循序漸進地推進選舉制度的完善，方能理性地普選出「愛國愛港者」。隨後，「愛國愛港者」治理香港多次被中央以及香港特區提起。如時任全國人大常委會委員長張德江提出了普選需要「一立場三符合」，即支持香港循序漸進地發展民主的立場不變，普選特首必須符合香港的實際情況、符合基本法及人大常委會規定，行政長官要符合「愛國愛港」標準。[14] 隨著「一國兩制」實踐不斷深入，習近平主席在 2021 年 1 月聽取時任行政長官林鄭月娥述職時明確提出「愛國者治港」的定義，中央將「愛國愛港者」進一步闡釋為「愛國者治港」，為香港的政制發展再次提供了明確的方向指引。同年 3 月，香港新選舉制度出台，以新的制度機制全面落實「愛國者治港」原則，將政策性的「愛國愛港」要求制度化與程序化。[15] 這進一步豐富了基本法的內涵。

（二）代議制

代議制理論的提出初衷是創造一種更具體、更具有操作性和現實性的理論來解決某國家或地區應當採取怎麼樣的組織模式，從而達到更高效的政治管理。在提倡政治公平的理念下，代議制的理念需要在香港隨事制宜，使其符合香港的實際情況。代議制不等同於全民公投。類似於美國這種極力標榜民主的國家，從來不採取全民公決的手段來治理國家和各州。例如，美國發動的越南戰爭，其實際上並非美國人民的責任，而是由美國總統和國會負責；歐洲各國，除個別國家以外，基本上不會採用全民公投的手段。

事實上，香港可以根據制度改良的方式，使代議制成為更符合香港民主發展的手段。代議制實際上體現了政治公平原則，「雙普

---

14 《「一立場三符合」中央堅定挺港普選》，香港《文匯報》2014 年 3 月 16 日，第 B05 版。

15 田飛龍：《認同的憲法難題：對「愛國愛港」的基本法解釋》，《法學評論》2015 年第 3 期。

選」中的代議制問題亦是如此。第一，其必須基本兼顧香港各階層的利益，且使得各階層不會因為各自利益而大範圍地擠壓其他階層，如分組計票制度和功能界別選舉等。第二，香港代議制必須符合香港法治。香港代議制與西方的制度有所區別，我們需要在香港的實際情況下，提出一套能夠自圓其說的、並且具有建設意義的香港代議制理論。

（三）均衡參與

均衡參與指的是讓各社會界別有均等的機會參與選舉過程，聆聽各界人士的聲音，反映各界的需求。即使參與選舉的人數再多，若忽視了少數群體的聲音，也未能反映選舉的均衡參與性。[16] 香港的選舉制度除了具有傳統的性別、年齡均衡的特點外，還包括職業均衡與功能界別不斷擴大的特點。

第一，職業均衡。「功能代表制」的界別組合模式，可保證選舉的實質民主。根據基本法附件一和附件二，行政長官選舉或立法會選舉都要求有一定比例來自不同職業界別的人士組成的「功能團體」議席參與選舉。比如，2016 年的第六屆立法會議員來自 28 個功能界別，均有來自建制派與「泛民主派」的成員。[17]

第二，擴大功能界別。功能界別的擴大對香港現行代議制發展和未來平衡中央特區關係具有一定作用。有觀點主張取消功能界別選舉，認為功能界別選舉給香港政制發展帶來了負面影響：一方面，功能界別選舉弱化了政黨，削弱了立法會的政策影響力，形成了行政立

16　梁振英：《均衡參與包含社會各界別》，香港特區政府新聞網，https://www.news.gov.hk/tc/categories/admin/html/2014/10/20141021_104544.shtml（最後訪問時間：2022 年 11 月 26 日）；董建華：《政制穩步發展才能保障香港穩定繁榮》，中國外交部駐港特派員公署網站，http://hk.ocmfa.gov.cn/chn/jb/yglz/zyjh/200403/t20040316_6743064.htm（最後訪問時間：2022 年 11 月 26 日）。

17　新華社：《香港特區第六屆立法會選舉產生 70 名議員》，香港中聯辦網站，http://www.locpg.hk/jsdt/2016-09/06/c_129270983.htm（最後訪問時間：2022 年 11 月 19 日）。

法對立的現象；另一方面，功能界別常年佔據四分之一以上的議席，使立法會分裂程度加劇，效率低下。[18] 然而，這種觀點是值得商榷的。香港政制發展的過程就是增大民意基礎的過程。通過增加議席，擴大功能界別的民主成分和選民基礎，也是符合循序漸進的原則的。

18　馬嶽：《港式法團主義功能界別 25 年》，香港城市大學出版社 2013 年版，第 265 頁。

香港政制發展的歷程

◇◇◇

為實現「雙普選」、推動香港政制向前發展的目標，中央作出三次重大努力。三次政制改革，既體現出中央對實現香港普選目標的期待，也反映出中央對香港政制發展的信心。然而，基於各種原因，只有 2010 年方案順利獲得香港立法會通過。

一、第一次政制改革：「五步曲」

（一）「4·6 解釋」

根據 1990 年通過的香港基本法附件一《香港特別行政區行政長官的產生辦法》第 7 條以及附件二《香港特別行政區立法會的產生辦法和表決程序》第 3 條的規定，如需修改 2007 年之後的各任行政長官的產生辦法或者立法會的產生辦法和法案、議案的表決程序，需要經過立法會全體議員三分之二多數通過，行政長官同意後，報全國人大常委會批准或備案。在政制發展的過程中，香港社會對這兩項規定的含義存在一些爭論，比如「2007 年之後」是否包含 2007 年；誰來判定「如需修改」；中央是否能夠參與到修改的過程中以及何時參與等爭議。[19] 基於此，全國人大常委會在 2004 年通過了《關於〈香港基本法〉附件一第七條和附件二第三條的解釋》（「4·6 解釋」），明確

19　王鳳超：《香港政制發展歷程（1843-2015）》，三聯書店（香港）有限公司 2019 年版，第 188-191 頁。

了修改的法定程序，在附件一和附件二原有的「三部曲」上增加了兩個程序，形成了政制改革的「五步曲」[20]：即先由行政長官向全國人大常委會提交是否需要修改的報告（第一步）；由全國人大常委會作出需要修改的決定（第二步）；行政長官提交修改建議方案於立法會討論，並經過立法會全體議員三分之二多數通過（第三步）；經行政長官同意（第四步）；報全國人大常委會批准或備案（第五步）。

（二）「4．27 解釋」

正值香港基本法約定的「循序漸進」普選改革之際，2005 年第二任行政長官董建華辭職，引發補選行政長官之任期的爭議。雖然香港基本法第 53 條規定了香港行政長官缺位時應在六個月內根據第 45 條的規定產生新的行政長官，但是並沒有對補選後的行政長官的任期作出規定，因此引發了「二五之爭」，即，按照第 46 條產生的補選的行政長官任期應該在原行政長官剩餘任期的兩年內，還是賦予其新一屆五年的任期的爭論。此事難點在於：第一，爭論導致了法律程序處於不確定性當中，一是需要通過修訂《行政長官選舉條例》明確補選工作程序和補選的行政長官任期，但立法會議員難以達成共識；二是所引發司法覆核程序時間過長，結果未定。第二，參選人和選舉人對「二五之爭」的態度也影響著行政長官人選。[21] 基於此，根據「五步曲」的程序，時任署理行政長官曾蔭權先生提交了《關於請求國務院提請全國人大常委會就〈中華人民共和國香港特別行政區基本法〉第五十三條第二款做出解釋的報告》，經廣泛聽取香港各界人士的意見後，全國人大常委會於 2005 年 4 月 27 日作出了《關於〈中華人民共和國香港特別行政區基本法〉第五十三條第二款的解釋》（「4．27

20　也稱為「五部曲」。

21　王鳳超：《香港政制發展歷程（1843-2015）》，中華書局（香港）有限公司 2019 年版，第 167-176 頁。

解釋」），確認了新的行政長官的任期應為原行政長官的剩餘任期。「4‧27 解釋」解決了香港社會關於「二五之爭」的疑惑，並推動了修改後的《行政長官選舉條例》在立法會的通過，填補了香港特區行政長官的補選產生方法和程序的空白。

（三）「4‧26 決定」

根據「4‧6 解釋」，關於附件一和附件二中所提及的「2007 年以後」行政長官的產生辦法，以及立法會的產生辦法和法案、議案的表決程序及其「如需」修改，其中的「2007 年以後」包括 2007 年，「如需」指的是可以修改，也可以不修改。基於擴大選舉的民主成分的香港民意，以及一些應在 2007 年完成普選時程表的社會聲音，時任行政長官董建華於 2004 年 4 月 15 日向全國人大常委會提交了《關於香港特別行政區 2007 年行政長官和 2008 年立法會產生辦法是否需要修改的報告》。隨後，全國人大常委會作出《關於香港特別行政區 2007 年行政長官和 2008 年立法會產生辦法有關問題的決定》（「4‧26 決定」）。該決定認為，香港實行民主選舉的時間不長，社會對產生辦法仍存在較大的分歧，而且立法會對行政主導制和社會運作的影響還有待觀察。因此，根據香港實際情況和循序漸進原則，「雙普選」條件尚不具備。這個決定既是中央行使憲制性權力之舉，也是符合基本法和香港實際情況的。雖然其否定了在 2007 年和 2008 年實行「雙普選」，但是它所提出的「循序漸進地適當修改」，體現出中央對未來香港落實「雙普選」目標的信心和支持。

根據附件一、附件二、「4‧6 解釋」和「4‧26 決定」，在徵詢社會各界人士的意見後，香港特區政府提出了《2007 年行政長官及 2008 年立法會產生辦法建議方案》，打算通過增加一倍的選委會成員席位，並增加了區議會議員的席位等方式，擴大選舉的民意基礎。這一方案基本符合香港的主流民意，得到了香港居民的支持。但是，

「泛民主派」議員對此不滿，另行提出了超越「4・6解釋」和「4・26決定」框架的方案，並對香港特區政府方案投下了反對票，最後未能獲得立法會全體議員三分之二多數通過。因此，2007年行政長官及2008年立法會產生辦法仍然按照原附件一和附件二執行。

二、第二次政制改革：選舉委員會人數和立法會議席的「雙擴容」

在第一次政制改革失敗後，2007年行政長官和2008年立法會議員按照原產生辦法順利當任。時任行政長官曾蔭權當選後，積極謀求選舉制度的改革。他於2007年7月發佈了《政制發展綠皮書》，並廣泛徵求香港市民的意見。隨後，他於2007年12月12日向中央提交了《關於香港特別行政區政制發展諮詢情況及2012年行政長官和立法會產生辦法是否需要修改的報告》。該報告提到大部分香港市民對香港的普選制度持有務實態度，希望能儘快訂下普選時程表並在不遲於2017年之時實現普選，且按照「行政長官先行，立法會普選隨後」的方式進行。隨後，全國人大常委會作出了《關於香港特別行政區2012年行政長官和立法會產生辦法及有關普選問題的決定》（「12・29決定」），指出可以對2012年香港特區行政長官和立法會的產生辦法做適當修改，以及2017年香港第五任行政長官的選舉可以實行由普選產生的辦法。

「12・29決定」產生後，曾引發反對派的不滿，並提出了「五區公投」（又稱為「五區總辭」）的方案。他們利用《立法會條例》關於議員缺位時需要補選的規定，希望通過五位議員的辭職引發補選程序，以「爭取儘快實現真普選、廢除功能組別」作為選舉議題，並在立法會提出了「五區總辭，全民公投」的議案。這種任性的做法浪費了大量的公共資源，遭到社會各界的批評。而且所謂「公投」也不符

合憲制框架，因為香港作為一個直轄於中央的地方區域，無權決定自己實行什麼樣的政治體制，無權創制「公投」制度。最終，「五區公投」被立法會否決了。

根據「12‧29 決定」和廣泛諮詢後，香港特區政府提出了《2012年行政長官及立法會產生辦法建議方案》。選舉委員會增加至1200人，提名人數增至 150 人，立法會議席增至 70 人，並明確了「雙普選」時間表。這回應了第一次政制改革失敗時反對派的質疑，反映出香港政府通過讓步以尋求政治共識，獲得了六成香港市民的贊同。[22] 最終，兩個辦法修改議案獲得了立法會全體議員三分之二多數通過。行政長官同意後交由全國人大常委會備案，全國人大常委會在審議後表決通過了香港基本法附件一和附件二的修正案。在修正案的指引下，2012 年的行政長官和立法會議員選舉都依法有序進行，選舉委員會人數和立法會議席的「雙擴容」擴大了民主成分，獲得了大多數香港市民的支持。第二次政制改革的成功體現了「根據實際情況」和「循序漸進」落實「雙普選」目標的重要性。

三、第三次政制改革：「8‧31 決定」

隨著 2017 年的臨近，香港社會都希望能儘快根據「12‧29 決定」制定明確的行政長官普選時程表。因此，香港政府在 2013 年對下任立法會和行政長官選舉產生辦法展開了諮詢，並最終於 2014 年 7 月15 日由時任行政長官梁振英向全國人大常委會提交了《關於香港特別行政區 2017 年行政長官及 2016 年立法會產生辦法是否需要修改的報告》。該報告提出需要對 2017 年行政長官的產生辦法進行修改以

---

22 《〈二零一二年行政長官及立法會產生辦法建議方案〉記者會答問全文》，香港特區政府新聞公報，https://www.info.gov.hk/gia/general/201004/14/P201004140322.htm（最後訪問時間：2022 年 11月 21 日）。

實現普選目標，而 2016 年立法會的產生辦法無需修改。全國人大常委會十分重視香港的民主進程，再次廣泛徵求香港各界人士意見，並最終作出了《關於香港特別行政區行政長官普選問題和 2016 年立法會產生辦法的決定》（8・31 決定）。該決定明確了 2017 年行政長官選舉可以實行由普選產生，並規定了相應的程序；2016 年的立法會選舉則沿用上屆的產生辦法，在行政長官完成普選產生的目標後，再實行立法會議員由普選產生的辦法。中央為香港的普選指明了方向、確定了原則，為推動香港特別行政區民主向前發展作出第三次重大努力。

然而，一些人士對此感到不滿。他們對「8・31 決定」提出批評，再次濫用權力阻撓政改。2014 年 9 月 28 日，部分反對派人士發起了非法的「佔中運動」，並最終演化為所謂「雨傘運動」。反對派人士提出「公民提名」，試圖取代「8・31 決定」和基本法規定的政改方案，以「公民抗命」等非法活動試圖逼迫中央收回「8・31 決定」，並讓香港政府重啟政改程序。這場違法運動最終以失敗告終。

隨後，特區政府在 2015 年年初啟動了第二輪政改諮詢，公佈了《香港特別行政區基本法附件一香港特別行政區行政長官產生辦法修正案（草案）》。2015 年 6 月 18 日，香港特別行政區政府將有關行政長官普選方案提交立法會表決，但反對派議員集體投下反對票，導致該方案因未能達到三分之二多數議員支持而失敗，最終致使 2017 年行政長官普選的目標未能實現。因此，2017 年第五任行政長官的產生只能沿用上一任的選舉辦法。

香港政制發展的主要爭議

◇◇◇

　　基本法規定了香港的普選目標，而對普選的對象、程序和方式等問題，不同的人具有不同的理解。這是香港政制發展最大的爭議點。香港的三次政制改革均是圍繞這個最大的爭議點而進行的。這裏將其細分為以下四種爭議點。

一、2004 年「4・6 解釋」的合法性問題

　　2004 年 4 月 6 日，十屆全國人大常委會第八次會議審議通過了《全國人民代表大會常務委員會關於〈中華人民共和國香港特別行政區基本法〉附件一第七條和附件二第三條的解釋》。

（一）程序上的合法性

　　第一，關於授權的理論爭議。根據香港基本法第 158 條的規定，全國人大常委會授權香港特區法院提起釋法的權力，這引發了全國人大常委會能否主動釋法的爭議。這就需要解決授權的理論問題。在全國人大常委會授權後，其不宜輕易收回授權，但是可以在一定條件下行使被授權主體的權力。在「一國兩制」背景下，中央行使全面管治權中的直接管治權，也即國防、外交事務，以及重大事項決

定權等權力均屬於中央。[23] 因此，全國人大常委會主動釋法是符合程序的。

第二，授權後是否意味著一定需要被授權主體提請方符合程序？ 香港基本法規定人大釋法可以由終審法院啟動，那麼人大主動釋法或者由特首提請國務院向人大請求釋法是否有違程序正義？香港基本法第 158 條規定的解釋機制，限定了特別行政區解釋法律的範疇，即只有在解釋自治範圍內的條款時，才擁有完整的解釋權；而涉及「中央人民政府管理的事務」或「中央和香港特區關係」的事務，該解釋又影響到案件的判決時，全國人大常委會負責最終解釋。一方面，在這種情形下香港法院應當提請解釋，這是其須履行的義務而非可行使的權力，其應當提請而未提請時全國人大常委會有權主動釋法；另一方面，根據基本法的規定，行政長官應對中央政府和香港特別行政區負責，因此，行政長官提請國務院請求全國人大常委會釋法也是其主動履行職責的表現。

（二）實體上的合法性

第一，全面管治權在司法上的體現。香港作為我國的一個地方行政區域，其法院所享有的權力不得溢出地區政治體制的範圍，即必須在主權國家的監督下行使權力。因此，全國人大及其常委會有權解釋香港基本法的所有條款。回歸後，中央充分尊重香港法院享有獨立的司法權和終審權，只有在對關於中央人民政府管理的事務或中央和香港特別行政區關係的條款解釋時，才行使解釋權。

第二，立法機關解釋立法的合法性問題。香港社會有聲音認為，由全國人大常委會直接解釋干預了香港的司法獨立。[24] 事實上，

23　田飛龍：《十九大報告與「一國兩制」新時代的法理建構》，《中國法律》2018 年第 2 期。

24　參見鄭平學：《共識與分歧：香港〈基本法〉解釋問題的初步檢視》，《中國法律評論》2017 年第 1 期。

這是對解釋方法的誤解。誠然，普通法系和大陸法系在法律解釋的理念上存在差異。內地實行立法解釋、行政解釋、司法解釋並行的法律解釋體系，而香港遵循普通法傳統，依照慣例僅由司法機關負責法律解釋。大陸法系與普通法系在法律制度上雖有不同，但是在追求目標上是一致的，可以建立一套兩種制度不相矛盾的解釋機制。[25] 而且我國憲法第 67 條也規定了全國人大常委會擁有解釋法律的權力。因此，由全國人大常委會進行基本法的解釋並未超越其權限範圍，也並未侵入香港法院行使司法解釋權的範圍。

二、2014 年「8·31 決定」的合法性問題

（一）程序上的合法性

關於「8·31 決定」的法律性質，引起了香港社會的爭論。其究竟是法律，是關於法律問題的決定，還是就一般事務作出的決定，抑或是一個政治意見？[26] 香港社會有不少質疑的聲音。第一種觀點認為「8·31 決定」提前介入程序，違反了香港基本法的憲制程序。第二種觀點則認為「8·31 決定」超越了「五步曲」的界限，因為全國人大常委會只享有根據行政長官的報告來「決定是否修改」的權力，而非「如何修改」的權力。[27] 第三種觀點基於「8·31 決定」是「五步曲」當中的一環，後來香港未通過修改的議案，因此認為「8·31 決定」應當無效。第四種觀點主張「8·31 決定」因違反了憲法第 31 條和《立法法》第 8 條所規定的「特別行政區制度應當由法律規定」的專屬立法權而無效。梁麗幗提起了司法覆核，試圖請求香港法院宣

25　鄧敏貞：《對人大解釋〈香港基本法〉的法律思考》，《山西省政法管理幹部學院學報》2006 年第 3 期。

26　劉志剛、張晗：《香港政制改革的憲法學透視》，《政法論叢》2017 年第 5 期。

27　劉夢熊：《維護人大權威避免憲制災難 —— 再論重新審視「8·31 決定」》，《明報》2014 年 10 月 25 日，第 A28 版。

告「8‧31 決定」無法律約束力，因此在「8‧31 決定」下進行的政改諮詢無效。[28]

事實上，以上的說法都誤解了我國法律效力層級和法律制度，「8‧31 決定」被理解為關於法律問題的決定。在中國現行法律體系下，雖然憲法第 31 條和《立法法》第 8 條規定的特別行政區制度應當由法律規定，但這裏的「制度」應該理解為有關香港特別行政區制度基本原則、精神和總體框架，而非對所有具體問題進行規制。因此，「8‧31 決定」並未違反專屬立法權。[29]而且，全國人大及其常委會作出的「8‧31 決定」，僅對如何具體落實和推動香港的政制發展作出了方向性指引，未超越憲法授權的範圍，也未與基本法的精神和條款相抵觸，因此該決定有效。只是決定屬於廣義意義上的具有法律屬性的規範性文件，在法律效力上低於憲法和基本法，但其仍然具有約束力。此外，「五步曲」中的每一步都擁有其獨立的意義，不能因為後續香港未能通過建議法案而否定前述法律文件的性質。香港立法會也曾否決過政府提出的多份法案，但否決後並不意味著政府法案無效。因此不能否定第二步曲 ——「8‧31 決定」的意義。

（二）實體上的合法性

在「8‧31 決定」出台前，香港社會曾對普選如何進行有過較大的爭論，普選形式分為「公民提名式普選」（「公民全決式普選」）、「政黨提名式普選」和「提名委員會式普選」。「公民提名式普選」指的是獲得一定登記選民數量的人士聯名提名即可獲得候選人身份；「政黨提名式普選」指的是各政黨內部投票決定推選候選人參與選舉；「提名委員會式普選」指的是由各界人士組成一個選舉委員會，並通過選舉委員會委員聯合提名候選人。最終，「8‧31 決定」採取

28　*Leung Lai Kwok Yvonne v. The Chief Secretary for Administration and Others*, [2015] HKCFI 929.

29　孫成、鄒平學：《如何審視「8‧31 決定」的若干法律問題》，《港澳研究》2015 年第 2 期。

了「提名委員會式普選」，決定組成一個有廣泛代表性的提名委員會以提名的方式產生行政長官候選人。這一決定既符合法律要求，也符合香港實際情況。

首先，香港基本法第 45 條和附件一都提到應由一個具有廣泛代表性的提名委員會，根據基本法的要求，由民主程序提名後普選產生。其中並未提及「公民提名」、「政黨提名」的字眼，香港基本法也明確規定了提名委員會在普選中的地位和作用。因此，「8 · 31 決定」只是嚴格依照香港基本法的要求落實具體安排，並循序漸進地擴大了選舉的民主成分。其次，提名委員會制度的目的在於避免和化解「一國兩制」以及行政長官產生方式的種種問題，即化解中央委派地方行政長官的傳統單一制國家原則以及由香港本地選舉產生地方首長的「兩制」精神的衝突。因此，第 45 條精心設計了提名委員會制度，就是希望通過精英代表制的理性帶動香港社會根據實際情況循序漸進地實現普選的目標，避免香港特區選民意志與中央意志之間的衝突可能帶來的二律背反問題。[30] 再次，普選對於香港社會來說也是一個新鮮事物，其政權機關系統公務人員配置不夠完善，社會貧富差距較大、社會民生問題漸現，此時貿然實施公民提名不符合社會現實。最後，香港的政黨制度發展還未成熟，不僅黨派之間，黨派內部也常常有著較大的意見分歧，推進政黨提名也不符合香港社會的實際情況。基於此，「8 · 31 決定」所作出的「提名委員會式普選」，在當時無疑是最佳選擇。

▍三、2004 年「4 · 6 解釋」與 2014 年「8 · 31 決定」的關係

2004 年「4 · 6 解釋」與 2014 年「8 · 31 決定」都是關於香港政

30　陳端洪：《論香港特別行政區行政長官提名委員會的合理性與民主正當性》，《港澳研究》2014 年第 2 期。

制改革程序的法律文件，二者間存在共性和差異。它們均是根據法治原則和香港民主實踐情況作出的，符合香港當時的實際情況。它們均存在共同目標，即都是希望推進香港民主發展。然而，它們在針對的事項上具有差異，前者注重解釋香港基本法附件一和附件二中某些條款的含義，而後者偏向於對下一任行政長官和立法會產生辦法進行規定。

首先，我們要以歷史的眼光來看待這兩份文件的差異。「4·6 解釋」規定了「五步曲」框架，為後續的兩個產生辦法定下了程序框架，「8·31 決定」則是對 2004 年「4·6 解釋」的一次細化。「8·31 決定」的出現正是基於「4·6 解釋」的規定而產生的，屬於「4·6 解釋」規定的「五步曲」當中的第二步。

其次，在法律位階上，兩份文件的性質及作出的依據不同決定了其法律地位的不同。「4·6 解釋」是全國人大常委會作出的立法解釋，在效力位階上與法律具有相同的效力。而「8·31 決定」是關於法律問題的決定，其效力低於香港基本法的規定，自然也低於基本法解釋。[31] 因此，「8·31 決定」不得抵觸「4·6 解釋」的規定。

最後，從「4·6 解釋」的釋法原意來看，時任全國人大常委會副秘書長喬曉陽在釋法答記者問時強調，在兩個產生辦法的修改方面，中央是有決定權的。[32] 這個決定權既包括「是否修改」，也包括「如何修改」。雖然「4·6 解釋」中所規定的「五步曲」文字上體現的是全國人大常委會就「是否需要修改」選舉辦法進行確定，但其暗含著修改的決定權，即政制決策權始終在中央。而從中央對香港享有全面管治權的角度來看，中央始終享有香港政制改革的最終權力。因此，「8·31 決定」規定的「如何修改」，並未違反「4·6 解釋」與

31　劉志剛、張晗：《香港政制改革的憲法學透視》，《政法論叢》2017 年第 5 期。

32　《全國人大常委會就釋法答記者問》，中國外交部駐港特派員公署網站，http://hk.ocmfa.gov.cn/chn/jb/zt/zzfz/200404/t20040406_6754373.htm（最後訪問時間：2022 年 11 月 23 日）。

基本法所規定的精神和內容。

四、普選的國際標準問題

　　香港一些人士認為，行政長官的產生需要符合「國際標準」，主張行政長官候選人的入閘途徑不能缺乏公民提名的機制。[33] 有人依據《公民權利和政治權利國際公約》（ICCPR）第 25 條「選舉權必須普及而平等，公民有權直接或自由選擇代表參加政事的權利」主張普選，[34] 認為只有「一人一票」和「公民提名」才是符合國際標準下的真普選。並且，他們還認為選舉權、被選舉權及提名權都要普及而平等，[35] 然而，這種所謂國際標準與香港法治是否吻合？與香港的民主歷史發展情況是否相匹配？這些問題他們都無法回答。

　　首先，世界上無統一適用之「國際標準」。普選概念不具有強制性，所謂普選的「國際標準」實際上只是一種被認同的原則，實踐中各國根據實際情況採取了不同的普選制度，沒有一個國家會直接使用公約來構建本國的選舉制度。[36] 在標榜民主的國家中，除個別國家之外，並無國家採取「全民公決」的民主方式。美國總統選舉採用選舉人團制度，實行「贏家通吃制」，候選人只需要拿到過半數選舉人票即可當選；英國由國會下議院多數黨黨魁擔任首相。這些國家或地區的領導人雖然都不是「一人一票」的普選制度產生，但他們都有較高的民主性。回到香港的發展初衷，政制發展要為香港人民造福，而不

33　李煒娜：《香港各界盼政改「一錘定音」》，《人民日報》（海外版）2014 年 8 月 28 日，第 3 版。

34　參見《公民權利和政治權利國際公約》第 25 條規定：「一、凡屬公民，無分第二條所列之任何區別，不受無理限制，均應有權利及機會：（一）直接或經由自由選擇之代表參與政事；（二）在真正、定期之選舉中投票及被選。選舉權必須普及而平等，選舉應以無記名投票法行之，以保證選民意志之自由表現；（三）以一般平等之條件，服本國公職。」

35　《真普聯方案倘落實　佔中可免》，《明報》2013 年 7 月 11 日，第 A06 版；《真普聯學者顧問團炮製　特首普選三方案出爐》，《新報》2013 年 7 月 11 日，第 A09 版。

36　鄒平學：《香港政改諮詢中的「公民提名」主張述評》，《港澳研究》2014 年第 1 期。

是為政治投機分子所用。因此，不能以不是「一人一票」的選舉為由來否定香港政制的民主性。

其次，「公民提名」方式在形式上和實質上均有違憲法與基本法。[37] 從形式上來看，選舉制度作為影響政權系統組成與分配權力的重要公法制度，遵循「法無授權不可為」的公法原則。第一，在憲法、香港基本法以及全國人大及其常委會決定中，從未有「公民提名」的論述。因此，「公民提名」在香港並無任何法律淵源。第二，香港本地也不得進行「公民提名」的相關立法，否則將因違反香港基本法所規定的「提名委員會提名」而無效。從實質上看，一個具有廣泛代表性的提名委員會享有提名的唯一權力。「提名委員會提名」的方式符合香港的主流民意。如果採用公民提名將削弱其權力，既不符合法治精神，亦有違背民意之嫌。

最後，香港基本法規定要「根據實際情況」和「循序漸進」地推進選舉制度的完善，不能一蹴而就。能否最終實現普選，最終取決於中央政府、香港特別行政區政府以及以立法會為代表的香港市民的集體意志。[38] 這種融合了多方意願與妥協產生的選舉制度符合香港的發展狀況，也契合香港民主發展軌跡。這也決定了其不能盲目套用某些國際標準。

37　鄒平學：《香港政改諮詢中的「公民提名」主張述評》，《港澳研究》2014 年第 1 期；宋小莊：《評「香港 2020」2017 年行政長官普選方案》，《港澳研究》2014 年第 2 期。

38　Albert H. Y. Chen, "Hong Kong's Constitutional Moment of 2014", (2013) *Hong Kong Law Journal* 43(3), pp. 791-794.

第五章

香港特區的行政主導體制

底高揚

從整體上而言，香港政治體制是行政主導體制，全面瞭解、準確把握香港行政主導體制是正確認識和處理央港關係、行政與立法關係的關鍵所在。然而，目前香港社會對行政主導體制仍有疑惑，成為引發某些爭議的一大癥結。因此，有必要再對其進行梳理，以期凝聚推動香港政制發展的基礎性共識。

香港「行政主導」的由來

◇◇◇

　　香港「行政主導」的由來遵循三重邏輯：歷史邏輯、實踐邏輯和時代邏輯。就歷史邏輯而言，源於對港英政制行之有效部分的批判性繼承或改造；就實踐邏輯而言，符合香港的實際情況和管治需求；就時代邏輯而言，順應世界民主政制的發展趨勢。

一、歷史邏輯：「行政主導」源於對港英政制行之有效部分的批判性繼承或改造

　　為了方便統治和保護在港利益，英國沒有將其本土的議會主導政制模式照搬到香港，而是建立了獨特的香港管治模式 —— 將香港的統治權高度集中於由英王委任的總督；在總督之下設具有諮詢性質的行政局和立法局，且兩局議員均由總督委任。港英政制的原則是「在地的總督握有殖民地管治的最後決定權」[1]，即一般由以港督為首的行政系統主導一切香港事務。港督握有行政管理的最後決策權；其在立法局提出的議案百分百獲保證會順利通過，港督從來不需要特別向立法局施加影響力，他的影響力由始至終存在於議會每個角落。[2]上述統治模式即港英政制的行政主導模式。[3] 雖然因應國際環境和香

1　李彭廣：《管治香港 —— 英國解密檔案的啟示》，牛津大學出版社 2012 年版，第 19 頁。

2　鍾士元：《香港回歸歷程 —— 鍾士元回憶錄》，香港中文大學出版社 2001 年版，第 168 頁。

3　在港英時代的政治體制中，港督集大權於一身，「行政主導」可謂對其體制特徵的最貼切描述。
陳弘毅：《行政主導概念的由來》，《明報》2004 年 4 月 23 日。

港本地政治、經濟等變化，港英統治後期尤其是彭定康時期激進推動香港民主化進程，港英行政主導體制發生了由高度集權和絕對壟斷向適度開放轉變，但其本質並沒有發生根本變化。[4]

　　在「一國兩制」方針下，要維護香港的經濟繁榮和社會穩定，要便於實現平穩過渡與權力交接，須對香港原有的政治機構盡可能不作大的變動。[5] 港英制度並非都是具有殖民統治性質的，有些制度具有很高的借鑒和保留價值，考慮到歷史的延續性，就必須繼承原政制中的合理因素。[6] 香港特區政制的設計保留了港英政制行之有效的部分，其中包括行政主導體制。「在中方就基本法起草工作中聽取英方意見過程中，英方曾極力推薦過香港的行政主導政體。中方也認為這種政體適合香港的實際情況，有利於實行高效率的行政管理，保持穩定繁榮。」[7]

　　從歷史來看，行政主導不是香港特區的新事物，而是吸收了港英原有制度中的一些有效內容。當然，一方面，香港特區行政主導與港英獨裁式的行政主導有著本質的區別，[8] 是對港英總督制度地批判性繼承和改造。[9] 另一方面，這裏的「行政主導」是港英政府在回歸過渡期開始前的港督治港的「行政主導」模式，而非過渡期中因彭定康激進推動香港「民主化」而推行的以代議制為核心的所謂「行政主導」模式。

4　李曉慧：《困局與突破——香港難點問題專題研究》，天地圖書有限公司 2010 年版，第 130 頁。

5　蕭蔚雲：《對未來香港特別行政區政治體制的探討》，《北京大學學報（哲學社會科學版）》1989 年第 1 期。

6　李昌道：《香港政治體制研究》，上海人民出版社 1999 年版，第 157-158 頁。

7　錢其琛：《外交十記》，世界知識出版社 2003 年版，第 330 頁。

8　具體論證參見李曉慧：《困局與突破——香港難點問題專題研究》，天地圖書有限公司 2010 年版，第 132 頁。

9　參見郝鐵川：《從國家主權與歷史傳統看香港特區政治體制》，《法學》2015 年第 11 期。

二、實踐邏輯：「行政主導」符合香港實際情況和管治需求

香港「行政主導」的設計還建立在其自身基礎上，符合香港實際情況和管治需求，具體表現為：

第一，香港缺乏民主傳統和經驗，行政主導最符合循序漸進原則。[10] 在英國統治的近一個半世紀裏，除了回歸前基於政治考慮而激進推動香港代議政制發展，香港實際上沒有真正的政治民主可言。[11] 香港居民的權利狀態是典型的「有自由、無民主」，社會沒有形成政治參與的要求，直到 1985 年分階段引進選舉才有了所謂的民主嘗試。總體來講，當時的香港民主是很不成熟的。實施行政主導，適當加強立法會的權力並加以限制，根據香港實際情況，循序漸進地發展民主，對於新生的特區來說，無疑是理性、穩妥、負責的政制選擇。如果匆忙實行普選，推行三權分立和代議制，不僅削弱行政效率，而且很可能帶來社會的動蕩，反而會阻礙民主的發展。[12]

第二，香港的高度開放性蘊藏了巨大的風險性，行政主導最能確保效率。當時香港已是國際金融中心、貿易中心、航運中心，對外聯繫自由、廣泛、頻繁，商貿、金融和其他行業活動以及政治、文化方面的問題錯綜複雜，瞬息萬變。香港作為商業、金融主導的城市，其高度開放性蘊藏了巨大的風險性，而風險處理具有專業性、緊迫性，這需要一個決策及時、效率很高、運作平穩、起主導作用的行政體制。[13] 在風險防範和應對方面，如果主政者相互拆台掣肘，無法快速達成共識，必然會給香港經濟繁榮、社會穩定甚至國家安全帶來衝

10　從權力流轉的角度來看，只有行政主導之下，權力流轉的強度最小，產生的動蕩也就最小，最符合廢除殖民體制、但又不對現行政治體制做大幅度調整的要求。曹旭東：《論香港特別行政區行政主導制》，《政治與法律》2014 年第 1 期。

11　周平：《香港政治發展（1980-2004）》，中國社會科學出版社 2006 年版，第 47 頁。

12　楊建平：《論香港實行行政主導的客觀必然性》，《中國行政管理》2007 年第 10 期。

13　蕭蔚雲、傅思明：《港澳行政主導政制模式的確立與實踐》，《法學雜誌》2000 年第 3 期。

擊。香港不是一個政治中心，強調以立法為主導，突出政黨政治，不利於經濟發展。[14]

第三，香港是直轄於中央的地方行政區域，行政主導更有利於中央管治。中國對香港恢復行使主權後，重新將其納入國家治理體系。香港不是獨立或半獨立的政治實體，而是依法實行高度自治的地方行政區域，是國家政權的有機組成部分。香港不能脫離中央的管治，在行政、立法和司法的政制結構單元中，中央只能將行政作為管治香港的中樞或抓手。[15]將香港的政治權力集中在行政長官手上，而任命行政長官及特區主要官員的權力又掌握在中央政府的手中，自然有利於中央政府對行政長官乃至整個香港的監督，必要時可以採取措施防範特區做出損害中央利益的事。[16]總之，行政主導的政制最符合香港在回歸中國後保持原有制度和生活方式五十年不變的基本原則，亦有利於「一國兩制」的實施。[17]

三、時代邏輯：「行政主導」順應了世界民主政制的發展趨勢

作為國際化大都市，香港的政制設計必然要考慮所處的時代背景，與世界政制發展的時代特徵相適應。從世界政制發展史來看，資產階級革命成功後，一般由議會主權代替君主主權，議會作為最高國家權力機關，制定法律、選舉政府、調控稅收、監督制約政府等，實

14　蕭蔚雲：《香港基本法》，北京大學出版社 2003 年版，第 834 頁。

15　陳弘毅認為，強調行政主導是與肯定中央政府對香港的權力相關的。正如時任國務院港澳辦副主任陳佐洱所指出：特區政治體制必須以行政為主導，除了這種制度是經實踐證明行之有效外，最重要的是，只有行政主導的政治體制，才能做到基本法規定的行政長官對中央負責。無論是立法主導還是三權分立的制度，都無法做到這一點。陳弘毅：《行政主導概念的由來》，《明報》2004 年 4 月 23 日。

16　此為劉兆佳的觀點，轉引自羅永祥、陳志輝：《香港特別行政區施政架構》，三聯書店（香港）有限公司 2002 年版，第 38 頁。

17　羅永祥、陳志輝：《香港特別行政區施政架構》，三聯書店（香港）有限公司 2002 年版，第 37 頁。

現了由專制政制向民主政制的轉型。民主政制可以不同的模式展現，經過不斷發展混合，形成了兩大主流：一是英國的西敏寺式，一是美國的總統制。[18] 隨著時代的發展，社會日益複雜專業、突發事件易發頻發，面對經濟危機、自然災害等，行政權力不斷擴張，無論是總統制還是議會制國家，議會權力不斷萎縮，[19]「行政主導」成為大的發展趨勢。

比如，英國傳統上被認為是議會主權國家，實行「立法中心、議會至上」的立法主導體制。但自 20 世紀以來，其權力重心早已從議會轉至內閣，政府已成為國家權力的核心，所謂立法主導的原則已大打折扣；[20] 議會不再能控制內閣，而是內閣控制了議會，政府與議會的關係在某種意義上被形容為「一個主人（政府）與一個僕人（議會）的關係」。[21] 傳統上被認為實行三權分立的美國，在進入 20 世紀後，總統已經取代國會成為美國政治生活的中心。二戰後，尤其是「9·11 事件」以來，總統的權力不斷強化，總統所屬黨派將國會權力向有利於政府的方向牽引，要恢復國會的主導地位似乎已不可能，[22] 而以總統為核心的行政主導成為美國政制發展的時代特徵。

從時代背景來看，政府由以往的消極干預角色向適當干預角色轉變，行政在政制結構中的作用更凸顯、地位更優越已成為世界政制發展的大勢，這對香港政制模式的設計產生了直接影響。可以說，香港的行政主導體制是對世界政制發展大趨勢的順應，有利於減少與資本主義政制的齟齬，從而更好地融入世界的發展。

18　鍾士元：《香港回歸歷程——鍾士元回憶錄》，香港中文大學出版社 2001 年版，第 124 頁。

19　具體參見楊伯華、明軒：《資本主義政治制度》，世界知識出版社 1984 年版，第 146 頁。

20　閻照祥：《英國政治制度史》，人民出版社 1999 年版，第 386 頁。

21　L. Robins, Political Institutions in Britain: Development and Change, London: Politics Association, 1987, p. 59.

22　張定淮、涂春光：《香港行政主導體制的弱化、癥結與對策》，載鄒平學等：《香港基本法實踐問題研究》，社會科學文獻出版社 2014 年版，第 305 頁。

香港行政與立法關係的爭論

◇◇◇

在香港基本法起草過程中，香港政制設計圍繞行政與立法的關係存在立法主導制、三權分立制和行政主導制的爭論，首先被否定的是立法主導制。[23] 儘管鄧小平明確否定了西方主權國家意義上的三權分立，但關於香港政制模式的爭論仍然存在。[24] 經過文獻資料的梳理，相關爭論可概括為三種模式：「行政主導」模式、「三權分立」模式和「三權分立」與「行政主導」統一於香港政制中。

一、「行政主導」模式

（一）「行政主導」的內涵

針對「行政主導」的內涵，專家學者們提出了大同小異的觀點。比如，蕭蔚雲認為，行政主導是指在行政與立法的關係中，行政長官的法律地位比立法機關的法律地位要高一些，行政長官的職權廣泛而大一些，行政長官在香港特區政治生活中起主要作用。[25] 李昌道指出，行政與立法的相互關係是政治體制的一個核心問題，世界各國的政治體制基本上為兩種模式：行政主導制和立法主導制。九七前香港

23　這種模式在香港社會爭論較小，而且政制小組明確作出否決，本文不再贅述，具體參見朱國斌編著：《香港特區政治體制研究》，香港城市大學出版社 2017 年版，第 16-17 頁。

24　比如 2020 年香港教育局刪除通識教育科教科書中有關香港特區政治體制屬於「三權分立」的表述，引發香港社會較大爭議。

25　蕭蔚雲：《論以行政為主導的香港特別行政區政治體制》，《中外法學》1999 年第 2 期。

的政制，是行政權大於立法權，決策權最終掌握在行政首長手中，屬於行政主導模式。[26] 王英津認為，行政主導的內涵有三個具體方面：第一，行政長官在香港政治體制中處於核心地位；第二，行政長官將香港特區的代表權與政府的行政權集於一身；第三，行政主導不是一般的行政集權，既不是行政長官個人集權，也不是行政集權。[27]

張定淮認為，應從內部和外部兩個方面來理解行政主導的內涵：從內部而言，行政主導的內涵體現在行政長官與特區政府的關係；從外部而言，行政主導的內涵體現在香港行政與立法、司法以及中央的關係。其中，司法獨立與行政主導是並行不悖的，不能為了說明香港政制的特徵是行政主導而過分強調行政對司法的主導，否則不僅不能說明行政主導的意義，反而會誤導人們對行政主導真實內涵的理解。行政主導所表述的主要是行政與立法之間的權力配置關係，只有從行政與立法之間的關係入手，才真正能夠說明香港政治體制是否體現「行政主導」特徵的關鍵點。[28]

朱國斌認為，應從兩個層面來理解香港政治體制：一是特區內政治體制層面，即分權與制衡基礎架構之上的行政主導；二是中央與特區關係層面，即香港特區的「三權分立」的前提是主權在中央，香港不僅存在立法、行政和司法權，在這三權之上和之外，還客觀存在著中央權力。因而，對於香港特區的政治體制的完整表述應該是，中央授權之下和三權分立之上的行政主導制。[29]

通過梳理相關文獻，可得出如下結論：一是在行政、立法和司法三權之外，還有中央的權力，香港不可能實行西方主權國家意義上

26　具體論證參見李昌道：《香港政治體制研究》，上海人民出版社 1999 年版，第 23-30 頁。

27　王英津：《香港特別行政區政治體制研究》，廣東高等教育出版社 2018 年版，第 188 頁。

28　張定淮、涂春光：《香港行政主導體制的弱化、癥結與對策》，載鄒平學等：《香港基本法實踐問題研究》，社會科學文獻出版社 2014 年版，第 221 頁。

29　參見朱國斌：《行政主導還是三權分立？——香港特區政治體制的立法原意辨析》，載朱國斌編著：《香港特區政治體制研究》，香港城市大學出版社 2017 年版，第 25-27 頁。

的三權分立；二是「行政主導」是以行政長官為核心的行政主導，行政長官相較於立法會具有更高的政治地位、更多的法定職權；三是「行政主導」堅持行政、立法、司法三權分置，不是行政長官集權；四是「行政主導」下行政與立法之間存在制約關係，這種制約是行政主導之下的「不對稱制約」，行政對立法的制約更大，行政擁有更多主動權；[30] 五是堅持司法獨立。因此，香港「行政主導」體制可概括為在「一國兩制」下，中央對香港享有憲制性權力，依法授權香港實行由行政長官主導，行政與立法互相制約、互相配合，且重在配合，司法獨立的政治體制。

（二）支持「行政主導」模式的理據

支持「行政主導」模式的理據主要體現在：一是以行政為主導是香港政制設計的一項重要原則，是香港基本法的立法原意；二是香港基本法的規定體現了行政主導的基本精神。

第一，在以行政為主導是香港基本法的立法原意方面，起草委員、學者、官方所著的大量文獻支持了此觀點。

香港基本法起草委員會政制小組內地召集人蕭蔚雲指出，香港特別行政區的政治體制是「一國兩制」下新的政治體制，是沒有先例的，它不是從別處抄來的、搬來的，它不是內地實行的人民代表大會制，也不是香港原有的總督制，而是一種新的以行政為主導的政治體制，也就是行政長官制。[31]

香港委員鍾士元在其回憶錄中明確指出，「特區政府籌備委員會預備委員會政務小組，曾多次討論所謂行政主導的政府架構⋯⋯一九九零年頒佈的基本法正是按行政主導原則制訂的。這項規定原意

30　香港基本法的相關規定反映了行政在其與立法的關係中處於主動地位。參見程潔：《香港憲制發展與行政主導體制》，《法學》2009 年第 1 期。

31　蕭蔚雲：《論香港基本法》，北京大學出版社 2003 年版，第 829-834 頁。

是協助特區政府保留及改良行政主導模式，令政府變得更有效率、開放及問責。」[32] 但彭定康的「三違反」政改方案導致中英香港政制談判破裂，對此，鍾士元認為：「中方可以重新自行考慮立法會的選舉辦法，擺脫了英方的阻撓，加強特區行政主導，是一件好事。」[33]

香港基本法起草委員會副秘書長魯平指出：「在中英談判還沒有結束的時候，他們就提出一個代議政制方案……代議政制的目標就是要把行政主導改為立法主導，把回歸後的香港變成一個獨立的政治實體。」[34]「對政治體制，有一些人主張把『三權分立』寫進去，他（鄧小平）說，不要照抄西方的『三權分立』，『三權分立』對中國不適合，你們按中國的國情和香港的實際去寫。後來確立的原則是『行政與立法既相互配合，又互相制衡，以行政主導』。」[35] 為了平穩過渡，確保回歸後香港繼續貫徹落實行政主導體制，中國方面還曾醞釀過一個行政首腦的產生辦法 —— 由一個中英雙方共同認可、共同推舉的香港的中國公民擔任副總督，1997 年 7 月 1 日以後，這個副總督自然地成為香港特區第一任行政長官。[36]

第二，在香港基本法的規定體現「行政主導」方面，很多文獻對香港基本法的行政主導特徵進行了充分的論證。

從正面角度而言，蕭蔚雲明確指出基本法貫徹行政主導，並從行政長官「雙首長」地位、限制議員提案權等方面舉證。[37] 王叔文主編的《香港特別行政區基本法導論》指出，香港特區的政治體制，從基本法的有關規定來看，也是一種「行政主導」，但與「港督凌駕於

32　鍾士元：《香港回歸歷程 —— 鍾士元回憶錄》，香港中文大學出版社 2001 年版，第 167 頁。

33　鍾士元：《香港回歸歷程 —— 鍾士元回憶錄》，香港中文大學出版社 2001 年版，第 156 頁。

34　魯平：《魯平口述香港回歸》，三聯書店（香港）有限公司 2009 年版，第 66 頁。

35　魯平：《魯平口述香港回歸》，三聯書店（香港）有限公司 2009 年版，第 62-63 頁。

36　魯平：《魯平口述香港回歸》，三聯書店（香港）有限公司 2009 年版，第 67-68 頁。

37　參見蕭蔚雲：《關於香港特別行政區基本法的幾個問題》，《法學雜誌》2005 年第 2 期。

行政局和立法局之上的港督制是不同的」[38]。陳弘毅等編著的《香港法概論》，基於行政機關和立法會之間的關係，認為香港特區政府是一個強調行政主導的政府。[39] 劉兆佳認為，為了建立行政主導政體，基本法特意提升了行政長官在特區的政治地位⋯⋯行政長官不單是行政機關的首長，也是整個香港特區的領導人及其利益的捍衛者。行政長官所享有的崇高憲制地位，是行政主導體制的基石。[40]

從反面角度而言，在起草香港基本法過程中，在具體權力關係設計的爭議上，多數起草委員對不符合行政主導原則的意見並未採納。比如針對「如果行政長官可以解散立法機關，這將賦予他太大的權力」、「行政長官有權否定立法機關通過的法案，便有違三權分立的原則」、「行政長官不能解散立法機關，如果保留此項，則在立法機關的職權中加上『可對行政長官或主要官員投不信任票的規定』」等意見或建議，香港基本法最終都沒有採納，因為多數委員認為未來香港特區應以行政為主導，以保持高行政效率。[41]

二、「三權分立」模式

（一）「三權分立」模式的內涵

目前，一提到「三權分立」，香港一些人往往將其與西方的三權分立理論與制度關聯甚至等同起來，這其實是一種誤解或混淆。實際上，在起草香港基本法時，鄧小平明確否定了西式三權分立制度，因此，香港政治體制中行政與立法關係的所謂「三權分立」模式不同於

---

38 參見王叔文主編：《香港特別行政區基本法導論》，中國民主法制出版社 2006 年版，第 210-212 頁。

39 參見陳弘毅等：《香港法概論（第二版）》，三聯書店（香港）有限公司 2010 年版，第 126-128 頁。

40 劉兆佳：《香港二十一世紀藍圖》，香港中文大學出版社 2000 年版，第 4 頁。

41 張結鳳、楊建興、盧永輝、陳露茜：《不變，50 年？中英港角力基本法》，香港浪潮出版社 1991 年版，第 103 頁。

西方政體意義上的三權分立，具有特定的內涵。準確理解該內涵須回到當時的歷史討論中，不能脫離具體語境作抽象的闡述。

如何理解香港當時所謂的「三權分立」內涵呢？根據郝鐵川的考證，[42] 在香港政治體制的具體問題討論中，專題小組原則上提出了「三權分立」模式，然而，鄧小平在 1987 年會見起草委員會委員時明確提出了否定的意見——「香港制度也不能完全西化，不能照搬西方的那一套。香港現在就不是實行英國的制度、美國的制度……現在如果照搬，比如搞『三權分立』，搞英美的議會制度，並以此來判斷是否民主，恐怕不適宜。」[43] 對此，政制專題小組香港負責人查良鏞指出，小組較早時決定的政制，不是真正的三權分立，實質只是司法獨立、行政機關和立法機關相互制衡，並沒有西方國家「三權分立」的含義。內地負責人蕭蔚雲解釋道，由於香港不是一個獨立的國家，所以採取「三權分立」的制度不一定合適，小組過去曾考慮過類似的方式，但找不到大家都熟悉的名詞，所以後來用了「三權分立」的稱謂。時任香港基本法起草委員會秘書長李後在兩個月後的政制小組第九次會議，直截了當地對記者說，不要再提「三權分立」，以免引起不必要的誤會。[44] 李後在其《百年屈辱史的終結》[45] 一書中也對此解釋作了記載。

上述解釋是對香港政制設計中所謂「三權分立」模式內涵的權威解讀。我們認為，該解釋是可以被理解的，因為「『一國兩制』是個新事物，有很多我們預料不到的事情」[46]，「當時基本法怎麼寫，大

42　郝鐵川：《從國家主權與歷史傳統看香港特區政治體制》，《法學》2015 年第 11 期。

43　《鄧小平文選（第三卷）》，人民出版社 1993 年版，第 220 頁。在 1988 年，鄧小平在會見「九十年代的中國與世界」國際會議全體與會者時再次強調：「我說過，現在香港的政治制度就不是實行英國的制度、美國的制度，今後也不能照搬西方的那一套。」《鄧小平文選（第三卷）》，人民出版社 1993 年版，第 267 頁。

44　參見張結鳳、楊建興、虞永雄、陳露茜：《不變，五十年？中英港角力基本法》，（香港）浪潮出版社 1991 年版，第 110 頁。

45　參見李後：《百年屈辱史的終結——香港問題始末》，中央文獻出版社 1997 年版，第 185 頁。

46　鄧小平：《鄧小平文選（第三卷）》，人民出版社 1993 年版，第 222 頁。

家都有很多不同的意見。除了港澳辦官員對香港問題有特別研究外，所有起草委員都是完全沒有經驗的。」[47] 另外，針對當年基本法起草之時，內地在公法理論與政制設計之知識的儲備情況，有學者指出：「在設計香港特區的政治體制時，內地關於當時通行於西方世界的政治制度知之甚少，僅有的知識、理論與分析範式仍舊被局限於 19 世紀後半葉的特定流派的社會批判學說，且流於空泛，缺乏細節支撐。」[48] 據此，我們可以推斷，政制專題小組開始時用「三權分立」概念作為基本法的起草原則，其思考邏輯大概是：根據「一國兩制」方針，香港實行資本主義制度，而三權分立是資本主義國家主流政制模式，因此在香港政制設計符合西方三權分立某些特徵的情況下，遂簡單地採用「三權分立」概念來概括香港政制模式。

綜上所述，香港政制設計的「三權分立」模式具有歷史特定性和局限性，其內涵不能由旁人或後人肆意解讀，不能望文生義、斷章取義。根據政制專題小組對「三權分立」模式的澄清，我們可以明確得知其內涵就是司法獨立，行政與立法既互相制衡、又互相配合，這可為我們準確認識香港政制原則提供參考。

（二）主張「三權分立」的理據

仍有些人士認為香港的政制模式是「三權分立」，行政主導並非香港基本法立法原意，[49] 相關論據梳理如下：

第一，香港基本法起草文件一度曾經寫明原則上採用「三權分

47　香港《大公報》編：《永遠的鄧公──香港及海內外名人訪談》，香港大公報出版有限公司 2004 年版，第 60 頁。

48　黃明濤、王之洲：《〈香港基本法〉有關行政長官之設計的先天缺失──基於〈基本法〉起草之歷史背景的反思》，載朱國斌編著：《香港特區政治體制研究》，香港城市大學出版社 2017 年版，第 87-91 頁。

49　比如，陳祖為：《香港回歸十年來的變化與未來發展方向》，《中國評論月刊》2007 年 7 月號；陳祖為：《解釋〈基本法〉護法轉調　行政主導並非〈基本法〉立法原意》，《明報》2004 年 6 月 28 日；余若薇：《行政主導　無名無實》，《明報》2007 年 6 月 12 日。

立」模式。[50] 比如，在《香港基本法起草委員會第三次全體會議文件彙編》中「關於香港特別行政區政制體制的基本模式」的記錄記載：「委員們認為，在『一國兩制』的原則下，香港特別行政區的政治體制應原則上採用『三權分立』的模式，雖然有的委員主張三權分立、行政主導，有的委員主張三權分立、立法主導，但對於司法獨立、行政機關和立法機關既互相制衡、又互相配合的原則，小組會上沒有人提出異議。」[51]「關於行政機關與立法機關的關係」的記錄記載：「委員們同意應原則上採用『三權分立』的模式，使行政機關和立法機關既互相制衡又互相配合。」[52]

第二，當時官方表述沒有明確使用「行政主導」的字眼。比如，1990 年香港基本法起草委員會主任委員姬鵬飛在向全國人大所做的《關於〈中華人民共和國香港特別行政區基本法（草案）〉及有關文件的說明》中指出，基本法規定體現了「行政和立法之間相互制衡、相互配合的關係」。作為解讀香港基本法的官方權威文件，其並沒有提到「行政主導」，而是明確了行政與立法之間相互制衡、相互配合，因此，有人會否定香港政治體制為「行政主導」模式。

第三，內地學者兼起草委員以「行政機關和立法機關互相制衡、互相配合」來表述特區的政制。比如，芮沐在談到基本法政治體制條文的起草時指出：「新建立的政治體制，將是行政與立法機關相互合作、相互制衡的方式。」[53] 蕭蔚雲指出香港特別行政區應當採取什麼樣的政制體制？行政、立法、司法三機關之間應當是什麼樣的關係？當時討論這三者的關係，行政要有權，但也不是行政獨大，不是越大

50　需要說明的是相關文件內容都發生在鄧小平明確否定西式「三權分立」模式之前。

51　《中華人民共和國香港特別行政區基本法起草委員會第三次全體會議文件彙編》，1986 年，第 32 頁。

52　《中華人民共和國香港特別行政區基本法起草委員會第三次全體會議文件彙編》，1986 年，第 35-36 頁。

53　《為香港高度自治奠定法律基礎——芮沐委員談基本法政治體制條文的起草》，《人民日報（海外版）》1988 年 5 月 7 日。

越好，也要防止行政長官的專斷，所以在基本法的條文裏又寫了互相制約，受立法會的制約。我們不希望行政、立法經常扯皮，互相鬧矛盾，所以提出要互相配合。如果行政和立法經常矛盾、對立，這不利於香港經濟的發展、不利於香港的穩定和繁榮，所以提出了行政與立法要互相配合，而且是重在配合。這一點不同於西方的三權分立，其主要講制約，不講配合，我們提出必須互相配合。[54] 鑒於此，一些人以為「行政機關和立法機關互相制衡、互相配合」屬於「三權分立」的內涵，所以香港政制模式為「三權分立」。

（三）所謂從「行政與立法互相制衡、互相配合」向「行政主導」轉變

有些學者在對比了其他學者對香港政制原則的表述後，指出相關表述存在從「行政與立法既互相制衡又互相配合」到「行政主導」的轉變，據此認為「行政主導」並非香港基本法立法原意。實際上，這種觀點所依賴的論據是片面的，得出的結論亦是不準確的。我們認為，對這種所謂的「轉變」進行解讀時應作全面的、連續性、歷史性的考察，不可斷章取義。

比如，持質疑態度的陳祖為將許崇德在 1994 年《港澳基本法教程》提到的「經過長時間的討論，起草委員會多數同意採納第三種意見，[55] 並將它貫徹於基本法中」作為其觀點「行政主導並非基本法立法原意」的論據。事實上，許崇德在該書中提出了特區政制的三項基本原則：第一，從港澳的法律地位和實際情況出發；第二，行政機關和立法機關既互相配合又互相制衡，司法獨立；第三，適當保留原有體制的優點和特點。而陳的論據只是對第二項原則的部分摘引，忽略了其他原則。在對第三項原則的論述中，該書明確提出，「大家普遍

---

54 蕭蔚雲：《關於香港特別行政區基本法的幾個問題》，《法學雜誌》2005 年第 2 期。

55 即行政機關與立法機關既互相配合又互相制衡。

認為，行政效率高這一點特別是香港原有政治體制的一個最大的優點，而這又可歸功於香港政治體制一向採取『行政主導』的政府運作機制。而且香港的發展證明了這是一種行之有效的制度。在基本法所設計的特別行政區政治體制中，行政、立法、司法三機關之間的關係既互相配合又互相制衡，司法獨立，具有明顯不同於原有政治體制的特點，而這些規定實際上又體現了行政主導的精神。」[56] 很明顯，許崇德明確提出了特區政制的行政主導原則，但陳的文章沒有全面呈現許崇德的觀點。

　　為什麼後來強調「行政主導」？有學者對其進行了分析。比如，張定淮等認為：第一，「一國兩制」和香港基本法都是前所未有的制度創新，立法者無法保證香港政治體制設計的完美無缺；第二，情勢變更使得這一制度真正投入運行時的環境與起草委員們當時所看到的環境大相徑庭；第三，部分起草委員們曾經主張過的觀點並非立法者的觀點，且兩者對「行政主導」價值功能的認識確實沒有後來那麼清晰，何況基本法制定後的七年內無法驗證政治體制的運行效果；第四，對沖英國政府在香港政治體制上製造「立法主導」的企圖。[57] 曹旭東也論證了重提行政主導的正當性：第一，「港督制」錯誤地佔用了「行政主導」這個詞匯；第二，行政主導最符合循序漸進原則；第三，這是全面粉碎彭定康政改陰謀的措施；第四，亞洲金融危機的啟示；第五，維護國家安全的考慮。[58]

　　我們認為，關於香港行政與立法關係之表述的所謂「轉變」是一個偽命題。「行政主導」作為香港基本法起草的基本原則始終存在，只是後面從字眼上凸顯出來而已，從強調「行政與立法互相配合、互相制衡」到強調「行政主導」並沒有發生實質轉變。從前述「行政主

56　許崇德主編：《港澳基本法教程》，中國人民大學出版社 1994 年版，第 166-173 頁。

57　參見張定淮、涂春光：《香港行政主導體制的弱化、癥結與對策》，載鄒平學等：《香港基本法實踐問題研究》，社會科學文獻出版社 2014 年版，第 257-258 頁。

58　參見曹旭東：《論香港特別行政區行政主導制》，《政治與法律》2014 年第 1 期。

導」的分析可以看出，「行政主導」作為港英政制行之有效的部分始終是香港政制設計的核心原則和基本精神，「行政主導」與「行政立法互相配合互相制衡」不是對立的關係，而是一種政治命名技術而已。之所以後來用「行政主導」描述香港政制特徵，除了以上學者們分析的原因外，也與香港居民的接受程度有關係。

　　一方面，隨著港英後期政治引入選舉，香港民主起步，人們越來越無法接受獨裁式的總督制度，對描述該制度的「行政主導」也心生排斥。陳祖為曾質問：「香港殖民地時期的總督委任立法局的制度在體制和效果上皆可稱為行政主導。我們怎能認同行政獨裁制度？……香港特區不應返回殖民地的獨裁制度。」[59] 連知名學者都以此質疑「行政主導」，更何況普通的香港居民。當時大多數香港居民可能並不全面準確瞭解香港政制的具體內容，以致於可能對「行政主導」這個字眼產生抵觸情緒。為了防止香港居民對「行政主導」與港英殖民體制做不恰當的關聯，消除人們的顧慮、保證香港順利回歸，故話語上對此做了技術性處理，沒有明確使用「行政主導」的表述。另一方面，基本法的起草在香港全社會進行了持續、廣泛而深入的諮詢，給香港居民普及了政制設計的思想和內容，使其對香港「行政主導」的基本精神有了更理性的認識，尤其在經歷了亞洲金融危機等困難之後，香港居民對行政之於香港發展的重要性有了切身的體會，加之，當時香港社會民主化程度尚低、政治尚不複雜，「行政主導」對於香港居民而言逐漸變得可接受了。綜上所述，可能是考慮到香港社會對「行政主導」字眼接受程度的變化，才出現了所謂「轉變」的現象。

59　陳祖為：《香港特區政制是三權分立》，《明報》2004 年 6 月 29 日。

三、「三權分立」與「行政主導」統一於香港政制中

如前所述，香港語境下的「三權分立」不同於西式三權分立，有著特定的內涵。而「行政主導」包含了這些內涵，因此，「三權分立」與「行政主導」並不矛盾，兩者統一於香港政制中。

首先，學界對此觀點進行了較多討論。比如胡錦光等認為，三權分立是相對於民主集中而言，行政主導是相對於立法主導而言，兩者是從不同角度對政體的描述。對於香港特區政體，無論認為是行政主導制而否認三權分立制，還是認為是三權分立制而否認行政主導制都是犯了盲人摸象的錯誤。兩者不是同一層面的事物，也不是割裂的關係。比較而言，三權分立更為基本，是行政主導的基礎。如果全面概括香港特區政體的特徵，應是三權分立基礎上的行政主導制。[60]

張定淮等認為，當年設計這種體制的時候，中央所確定的「行政長官應有實權，但同時也要受到制約」[61]的方針無疑是正確的。認為香港政治體制的特徵是「行政主導」的學者是以這句話的前部分作為依據，結合基本法中對行政長官權力配置的傾斜和對行政長官的雙重地位來加以論證；而對「行政主導論」持否定態度，認為香港政治體制明顯是分權體制的學者則是以這句話的後部分作為依據，結合行政、立法兩者關係不斷出現爭拗的事實來說明香港政治體制的特徵是權力分立。客觀地看，這兩種觀點的爭論恰好說明了香港政治體制的特徵是一種權力分立狀態下的行政主導。否定香港的政治體制具有行政主導特徵和忽視特區政治體制三大權力主體之間存在制約因素都是

60　胡錦光、朱世海：《三權分立抑或行政主導制──論香港特別行政區政體的特徵》，《河南省政法管理幹部學院學報》2010 年第 2 期。

61　姬鵬飛：《關於中華人民共和國香港特別行政區基本法（草案）及其有關文件的說明》（1990 年 3 月 28 日在第七屆全國人民代表大會第三次會議上）。

不正確的。[62]

其次，官方對此觀點也持支持態度。比如，2015年，時任香港中聯辦主任張曉明指出：第一，三權分立這種通常建立在主權國家完整權力形態基礎上的政治體制，對香港特區頂多只有參考和借鑒價值，而不可能完全適用於香港特區；第二，不能簡單地認為，只要行政、立法、司法機關分別設立，相互間存在制約關係，就是實行三權分立的政治體制；第三，香港特區的政治體制是在中央政府直轄之下、實行以行政長官為核心的行政主導、行政與立法既相互制衡又互相配合、司法獨立的政治體制。這一表述也可以簡明扼要地概括為以行政長官為核心的行政主導體制。[63]

2020年，針對香港社會圍繞香港通識教育科教科書中有關香港特區政治體制屬於「三權分立」的表述問題引發的爭議，國務院港澳辦發言人表示，香港特別行政區政治體制的特點是以行政長官為核心的行政主導。實行行政主導，並不否認香港特別行政區行政、立法、司法三權分置和三機構各司其職，也不否認行政與立法之間存在制衡關係，更不否認司法獨立。[64]

四、小結

香港行政與立法的關係是香港政治體制的核心問題，不僅涉及香港高度自治權內部的權力關係，更涉及香港與中央的憲制權力關係，不同模式的爭論本質上是香港管治權的爭奪。經過比較詳盡的文

62　參見張定淮、涂春光：《香港行政主導體制的弱化、撤結與對策》，載鄒平學等：《香港基本法實踐問題研究》，社會科學文獻出版社2014年版，第314-315頁．

63　張曉明：《正確認識香港特別行政區政治體制的特點——在紀念香港基本法頒佈25週年研討會上發表的講話》，2015年。

64　《國務院港澳辦發言人：關於香港特別行政區實行「三權分立」的說法必須糾正》，中國中央人民政府網站，http://www.gov.cn/xinwen/2020-09/07/content_5541339.htm（最後訪問時間：2022年12月20日）。

獻梳理，可以發現：

第一，「行政主導」一直是香港政制設計的基本精神和核心原則，只是隨著政治情勢變遷，對香港政制命名做了技術性處理，「行政主導」是香港基本法立法原意之結論經得起歷史和實踐的檢驗。行政主導體制是對香港政制的概括，其核心在於行政對立法的制約相較於立法對行政的制約更大，其基本元素包括行政長官主導，行政與立法互相制衡、互相配合、且重在配合，司法獨立，中央的憲制權力不容忽視。

第二，應承認香港政制存在「三權分立」的特徵，但是迥異於西方主權國家意義上的三權分立，為避免不必要的誤會，建議採用「三權分置」的概念。有些人士通過對歷史文獻做斷章取義的處理，否認行政主導是香港基本法立法原意，鼓吹立法、司法對行政的惡意制衡，這種現象值得警惕，必須對相關理論進行正本清源、撥亂反正，以免誤導香港社會。

第三，在香港語境下，「行政主導」與「三權分置」並不矛盾，兩者不是互相對立的，而是不可分割的。在「一國兩制」下，香港是直轄於中央人民政府的一個地方行政區域，不是獨立或半獨立的政治實體，中央對香港享有全面管治權，其「三權」來源於中央的授權且接受中央的監督。作為「雙首長」的行政長官是中央管治香港的中樞或抓手，因此，香港「行政主導」體制實質是中央授權之下、「三權分立」基礎上的行政長官主導體制。

香港「行政主導」的實踐 [65]

◇◇◇

香港「行政主導」體制的目的是把特區政府打造成一個以行政長官為首的有實權、有效率、同時受一定制約的強政府。自回歸以來，香港行政主導體制的實踐整體上是成功的，然而，不可否認的是，歷任行政長官及其領導的特區政府施政並不順利，受到來自香港立法會、法院、反對派政黨等諸多挑戰，香港行政主導體制在實際運行中面臨很大的困難。

一、香港立法對行政配合不足、制約有餘

回歸以來，香港行政與立法的關係呈現緊張、對立的趨勢，立法對行政重制約、輕配合，嚴重掣肘行政長官與特區政府施政。

一是立法會通過自我擴權制約行政。香港基本法並沒有賦予立法會任免政府主要官員的權力，然而，實踐中，立法會自我賦權，對多名政府高官提出不信任案。比如 2000 年，李華明議員對房屋委員會主席王葛鳴和房屋署署長苗學禮提出不信任動議，最終立法會通過了該不信任動議，王葛鳴在通過該案前自行辭職；2003 年，反對派議員對梁錦松提出不信任案，梁最終提出請辭。根據香港基本法，雖然立法會的不信任案不具有法律效力，但其所產生的政治壓力給特區

65　香港「行政主導」實踐以制定《香港國安法》、完善香港選舉制度為分水嶺，分為前後兩個階段。除特別說明外，本文主要分析的是前一階段的問題。

政府施政造成巨大衝擊，逐漸形成了一種不同於行政主導的「內閣制」式的問責體制。

二是立法會議員濫用議事程序拖延行政。為了達到特定的政治目的或「為反對而反對」，反對派議員通過不斷清點人數、冗長發言、提出大量修正案等方式實施惡意「拉布」，嚴重拖延政府施政。比如，在第六屆立法會中，反對派議員郭榮鏗在主持立法會內務委員會期間，六個月開了 15 次會議，沒能選出內會正副主席，以致立法會停擺半年之久，致使許多與社會民生相關的法案無法及時審議或完成立法程序，嚴重損害民眾福祉。

二、香港司法通過擴權加大對行政的制約

回歸以來，香港法院秉持能動主義的司法立場，部分判決帶來不良社會影響，嚴重制約政府施政。

在法律層面，香港終審法院在「吳嘉玲案」中申明，法院有權審查行政部門的行為是否符合基本法，假如裁定有關行為不符合基本法，法院可判決有關行為無效，該案正式創設了香港法院「違反基本法審查權」[66]。通過行使該權力，香港法院審查了多起影響政府管治權的案件，比如海外公務員協會訴公務員事務局局長案、梁國雄及古思堯訴香港特別行政區行政長官案等。在涉及基本權利案件中，香港終審法院要求對相關限制作狹義解釋，加重政府的證明責任。[67] 法院的司法審查給政府施政帶來嚴苛的法律挑戰。

在社會層面，香港法院在一些案件中機械解釋法律條文，忽視判決可能帶來的負面社會影響。比如，在「莊豐源案」中，法院裁定凡在香港所生的中國籍子女都擁有永久居留權，這一裁決變相鼓勵了

66　參見董立坤、張淑鈿：《香港特別行政區法院的違反基本法審查權》，《法學研究》2010 年第 3 期。

67　參見程潔：《香港憲制發展與行政主導體制》，《法學》2009 年第 1 期。

內地孕婦赴港生育，嚴重擠兌了本地孕婦的醫療資源，引發了香港社會的不滿。香港法院的一些判決，給特區政府施政製造了社會難題，產生了巨大的社會壓力，嚴重影響了行政主導體制的運作。

三、政黨政治嚴重干擾行政主導體制運行

現代民主政治的主要表現之一是政黨政治。儘管香港基本法沒有規定政黨的法律地位，本地亦無政黨立法，但是自 2003 年「七一大遊行」後，香港政黨黨派林立、政黨活動日益頻繁，嚴重干擾行政主導體制的運行。

一方面，反對派政黨不是根據事實本身的是非曲直來決定自己的態度和立場，而是把自己刻意塑造成政府的對立面，以過火出位的反政府言行贏得民眾的同情和支持。[68] 反對派的主要策略包括：一是在體制內反對甚至攬炒特區政府施政。比如在 2015 年政改中，反對派政黨集體捆綁否決行政長官依據人大決定提出的政改方案，使香港民主發展停滯不前。二是在街頭操控民意、組織社會運動來攻擊特區政府施政。比如 2013 年至 2014 年，為反對「8·31決定」，組織「非法佔中」；2019 年，為反對修訂《逃犯條例》，組織「反修例運動」等。三是在國際層面勾結境外勢力制裁香港。比如港獨組織「香港眾志」原成員黃之鋒、羅冠聰等頻繁竄訪美國尋求支持，以所謂「證人」、「受害者」等身份在美國國會出席涉港法案議程，請求制裁香港。

另一方面，建制派政黨策略性地選擇與政府合作，無法為行政主導體制運行提供穩定的政治支持。在香港，建制派政黨不是執政黨，與特區政府無法形成榮辱與共的「管治同盟」——不會因支持特

68　張定淮、涂春光：《香港行政主導體制的弱化、癥結與對策》，載鄒平學等：《香港基本法實踐問題研究》，社會科學文獻出版社 2014 年版，第 308 頁。

區政府施政而獲益，但會因政府政策失誤而受連累。為了選票或其他目的，一些建制派政黨見機行事，在政府需要的時候，無法提供支持，甚至唱反調。

香港行政與立法關係的展望

　　當前，香港已進入「愛國者治港」的新時代。可以預見的是，立法惡意制約行政的政治亂象將不復存在，香港行政與立法的關係將得到質的改善，行政主導體制將切實得以鞏固和發展。下面從基本方向、基本前提、基本條件三點對香港特區行政與立法的關係進行展望。

▍一、基本方向：適當制約、有效配合

　　在「愛國者治港」原則下，制約已成相對，配合趨於絕對。制約已不是問題，問題是程度；配合亦不是問題，問題在於效果。行政與立法關係的基本方向應由原來的「互相制約、互相配合，且重在配合」向「適當制約、有效配合」轉變。

　　第一，在適當制約上，行政與立法的關係應以良政善治為目標，在憲法和香港基本法的憲制框架內，依法積極履行職責，推動形成新形勢下既生動活潑又安定有序的良性互動關係。

　　一方面，不能將制約「反對派化」，亦不能放棄制約。以往反對派通過立法對行政進行過分制約、惡意制約，以至於形成一種「制約就是反對」的印象。新時期應正確、理性認識制約，不能認為制約者就不是「愛國者」。根據香港基本法，立法會有依法監督制約行政長官和特區政府的法定職責，制約不僅是確保政府施政不犯或少犯錯誤

的法寶，更是維護和實現所代表群體利益和香港整體利益的渠道，不依法行使甚至放棄監督制約，不僅背離法治精神，還有違政治倫理。在某種程度上而言，放棄制約與激進制約都不符合「愛國者」標準，在本質上都是有害的。

另一方面，在香港政治轉型過程中，如何實施制約不僅是一項法律技術，更是一項短期內略帶敏感性的政治技術。從以往破壞性制約向建設性制約轉變、對抗性制約向協商性制約轉變，在深層次而言，是香港政治文化的轉型發展，尚需時日才能完成。當然，這不是一個自然發生的過程，而是一項需要用心培育的系統工程，至少可從人和制度兩個方面努力：（1）立法會議員應建構「香港—國家—世界」的協調性格局觀，切實提高參政議政的能力和水平，以專業理性的意見證成與強化實施制約的必要性和可接受性；（2）消除立法會議員的顧忌，為制約的實施提供合適的制度環境，既要引導性地激活現有的法律制約制度資源，也要根據形勢的發展創設或改革會議制度、信息公開制度等。當然，制約是民主的體現，相關制度必須堅持開放、公平、透明、平等、包容等原則，防止制約制度的價值性缺失。

第二，在有效配合上，行政與立法的關係應注重過程與結果相結合、形式與實質相結合、法律效果與社會效果相結合，推動形成行政問計於立法、立法助力於行政的良性互構關係。

一是行政與立法的配合關係應注重過程與結果相結合。在新選制下，建制派力量於立法會中佔絕對優勢，行政會獲得立法的支持是毋庸置疑的，甚至在這一點上，香港行政與立法的關係具有一種尚未結構化的「愛國力量政黨」控制立法會的「內閣制」特徵。從結果上而言，這當然是行政主導體制所追求的。然而，在行政長官和立法會不是普選產生的背景下，這種「立法背書式」的行政主導體制面臨民主的詰責，立法會可能被貼上「橡皮圖章」的標籤。對此，應重視行政與立法關係的展開過程所產生的民主效應，用全面、充分、透明、

說理的高質量過程補強立法支持行政結果的正當性。具體而言，特區政府應依法嚴格履行對立法會的責任，比以往更認真、嚴肅、耐心地針對立法會議員提出的質詢作出答覆、回應；此外，特區政府可創新聯繫機制，就涉及公眾利益等重大事項主動地徵詢立法會議員的意見，並在落實的過程中與立法會保持良好的溝通，及時就出現的新情況、新問題進行商討。

二是行政與立法的配合關係應注重形式與實質相結合。立法對行政的配合應警惕形式主義，避免香港政治整體滑入「官僚政治」的泥淖。儘管上述所指的配合過程也是一種形式，但是不能僅停留在走程序上，而應注重配合的實質性建構。在結構方面，立法配合行政的形式應通過結構性的機制安排體現出來，使混沌的行政與立法的內在性勾連以明晰的制度創新形式得到保障；在內容方面，立法對行政的配合也應進行實質性審查，提出可能的具體問題，包括隱患、風險與解決方案等，從而使立法對行政的配合在滿足「多數決」形式要求的同時，能發揮實質性的監督把關作用。

三是行政與立法的配合關係應注重法律效果與社會效果相結合。在新形勢下，行政與立法的關係將以配合為主，相較於以往，香港立法會在制定法律、通過財政預算案、批准稅收和公共開支等重要事項上的效率將大大提高，為特區政府施政、保障基本權利、維護國家安全等提供法律依據。然而，在「愛國者治港」的背景下，立法會作為特區管治力量，在發展經濟民生、維護國家安全等方面被賦予更大憲制責任和功能性期待。這需要立法會從原先的消極參與向積極參與轉變，在溝通促進政府和民眾的關係上發揮建設性作用。比如，立法會履行職能不止在會議廳，更在街頭、社區。一方面，立法會議員與香港民眾建立聯繫機制，通過積極落區等方式聽取民眾對法律政策、特定問題的意見，並將其及時反饋給特區政府，為政府決策提供民意參考；另一方面，立法會議員向民眾輔助性地闡釋政府政策，回

應民眾的關注、質疑，促進民眾對政策的理解，凝聚和增進民眾的政策共識，為政府施政提供民意支持。

二、基本前提：政治生態的全面改善

嚴格落實「愛國者治港」原則是推動香港精英政治改革的重大舉措，解決了精英政治層面不可調和的矛盾，有力地改善了香港的政治生態。然而，不可忽視的是，在過去二十多年的政治發展過程中，香港社會已儼然泛政治化，大眾政治存在的撕裂、對立問題並沒有因為新原則的落實而自然得到實質改善，以至於目前建制力量主導的精英政治與社會的大眾政治雙軌制運行，這勢必會影響香港行政主導體制的運行效果。未來，香港行政與立法之新型關係的更好發展需要有廣泛的社會基礎，而這有賴於香港政治生態的全面改善。[69] 通過「行政吸納政治」和「社會容納政治」策略來推動精英政治與大眾政治的適度溝通與融合，可為此助力。

一方面，在短期內，因缺乏政治機會，政治立場不激進的經濟精英、知識精英等游離於體制外，隱身於大眾政治中。該群體在政治光譜中大體屬於溫和派，但具有一定的政治風險性。當其利益訴求無法通過體制渠道得以表達和滿足時，其可能引導甚至領導大眾政治來消極對抗體制，從而產生妨礙香港行政主導體制良好運行的「最後一公里」問題。針對該問題，規範發展政黨政治是一個方法，政黨一般是代表大眾利益最重要的渠道，但香港殘缺不全的政黨體系[70]嚴重扭曲了行政與立法關係。除此之外，短期內還可通過「行政吸納政治」[71]為該群體提供政治參與的途徑，具體方式為大力發展諮詢組

69　在基本法規定「雙普選」的憲制目標下，秩序只是香港政治生態改善的一個方面，除此之外，民主、自由等亦是其有機組成部分。

70　參見劉兆佳：《香港社會的政制改革》，中信出版集團 2016 年版，第 343-359 頁。

71　參見金耀基：《中國政治與文化》，牛津大學出版社 1997 年版，第 43-44 頁。

織：（1）改革已有的諮詢組織，吸納上述群體的參與。比如改革行政會議制度，使其成為兼具政治協商的平台。在政治制約趨向隱身狀態下，因其保密性，「行政會議最終不可避免地要成為行政長官領導下的管治聯盟的核心」[72]。（2）設立或賦權更多諮詢組織，提供政治協商的平台。香港以往的政治協商過度集中於立法會，在政治嚴重對立的情況下，並未產生妥協合作的效果。在新形勢下，通過更多諮詢組織來開展政治協商，一來分散體制外的政治力量以降低其政治勢能，二來吸納該政治力量為我所用，為行政與立法新型關係的有效運行減少隱形的政治掣肘。

另一方面，香港行政與立法新型關係的運行需要普通民眾的支持，其最終實現有賴於一個健康的公民社會。公民社會是由民主、多元開放的社會團體或網絡所構成的公共領域。通過此一領域，公民可進行溝通合作，保障個人權利和促進公共利益。[73] 然而，香港公民社會團體熱衷於選舉政治，網絡化的發展推動了整個社會的泛政治化，香港公民社會發展嚴重異化。一些公民社會團體不是從事利他活動，而是為特定政治目的服務。毋庸置疑，香港公民社會是政府、市場之外維護和促進公共利益的第三部門，能夠在大眾政治中起到溝通民眾和政府的作用。新時期可根據實際情況改造和發展公民社會，實施「社會容納政治」[74]策略。其基本框架為：（1）摸清香港民眾的重要需求和資源網絡；（2）組織動員公民社會團體為民眾提供替代性資源獲取途徑；（3）社會基層去政治化；（4）建立公民社會團體與政府的聯繫機制。通過實施該策略，將公民社會打造成精英政治與大眾政治的「緩衝帶」和「連接器」，最大限度地防止社會議題和需求政治化，增進民眾與政府互信，為香港行政與立法的新型關係提供良好的政治

72　參見劉兆佳：《香港社會的政制改革》，中信出版集團 2016 年版，第 284-290 頁。

73　關於香港公民社會的內涵、功能、演變等，參見陳健民：《香港的公民社會與民主發展》，《二十一世紀》2011 年 12 月號。

74　參見劉兆佳：《香港社會的政制改革》，中信出版集團 2016 年版，第 3-17 頁。

生態環境。

三、基本條件：行政長官須具備較強的管治能力

如前所述，香港行政主導實質是行政長官主導，行政長官在行政與立法的新型關係中居於核心地位。香港行政與立法新型關係的良好運行不僅依賴於外在層面政治生態的全面改善，更取決於內在層面行政長官管治能力的增強。管治能力是一個複雜的系統概念，可從政治能力和政務能力兩方面展開。

一方面，行政長官須具備較強的政治能力，能夠把愛國愛港力量團結凝聚起來。「愛國者治港」的貫徹落實初步終結了香港政治上的嚴重對抗，但並不意味著愛國愛港力量與行政長官的自動緊密結合，更不意味著愛國愛港力量內部一直保持穩定的團結協作。如何提升愛國愛港力量的組織性，確保立法對行政的穩定支持是行政長官必須解決好的重大政治課題。對此，有學者提出了一些相關研究意見。比如李曉慧指出，執政大權能否真正落實，訣竅仍在於行政長官能否在切實提高施政能力的同時，透過運用遊說、協商、溝通等政治軟權力和權力及利益共享機制，推動行政及立法機關建立共識。[75] 張定淮等指出，香港必須：（1）加大精英整合，更加注重精英政治共識，如增加行政會議非官方成員的人數、重視作為公共政策的智囊機構的數百個諮詢和法定組織的作用；（2）更加注重行政長官的政治領導者角色，「少做些政策，多做些政治」，把重心轉移到行政長官身份上，更注重特區政治系統的協調；（3）更加注重政府機構內的政治工作，在政府內考慮設立少量專注於政治事務的新職位，培養政治人才，增

75　參見李曉慧：《困局與突破——香港難點問題專題研究》，天地圖書有限公司 2010 年版，第 139-140 頁。

強政治回應性。[76]

　　另一方面，行政長官須具備較強的政務能力，通過不斷累積優良政績來提升認受性。若要香港行政與立法的新型關係真正實現，政府必須做好自身的工作，以優良政績改善政府形象、增強民眾吸引力。為此，一個基本的條件是行政長官須具備較強的政務能力，可行的建議包括：一是積極行使憲制權力。香港基本法對行政長官權力做了傾斜性配置，但一些權力長期處於「休眠」狀態甚至被其他主體搶奪，比如行政長官任命法官的權力實質變成了終審法院的權力。政府能否充分運用基本法的授權，切實提高其管治能力，是決定其能否發揮行政主導作用的關鍵。[77] 此外，香港基本法以「不宜太細」為原則，對各方面的細節沒有規定得很詳細，留下了很多灰色地帶。行政長官可以在基本法的框架下，積極拓展施政空間，創造出有利於維護行政主導的政治運作機制。[78] 因此，在詳細梳理和研究行政長官職權的基礎上，行政長官須依法積極行使其憲制權力，不斷形成憲制慣例，使紙面上的強權力轉化為現實中的強政府。二是提升政府管治威信。具體包括：在輿論上有即時撥亂反正的準備和能力；每項重要政策出台前，必須有全盤的解說方案和主要推手；犯錯時，必須即時矯正和阻止問題發酵；最重要的是要有一支上下如一、能互補不足的管治團隊等。[79]

76　參見張定淮、黃國平：《關於香港「行政主導」體制中有關問題的思考》，載《當代中國政治研究報告 V》，科學社會文獻出版社 2007 年版，第 429-431 頁。

77　程潔：《香港憲制發展與行政主導體制》，《法學》2009 年第 1 期。

78　參見李曉慧：《困局與突破──香港難點問題專題研究》，天地圖書有限公司 2010 年版，第 140-141 頁。

79　湯家驊：《政府威信與管治能力》，《星島日報》2022 年 5 月 5 日。

第六章

香港基本法第 23 條立法與《香港國安法》

葉海波

憲法、基本法與國家安全

◇◇◇

國家安全是「維護國家現有的社會生產方式以及在此基礎上建立的政治制度和意識形態,即維護建立在經濟基礎上整體的社會秩序」[1],「是指國家的主權、領土完整和政治制度不受外來勢力的侵害」[2],是一種「沒有危險的狀況」[3],是「一個國家防止境外間諜、敵特勢力進行滲透和破壞的專門能力與措施之和」[4],是「維護主權國家存在和保障其根本利益的各種要素的總和」[5]。在法律意義上,國家安全是一國憲政制度和法制秩序的正常狀態,其所標示的國家主權、國家利益和國家尊嚴的有機完整性和統一性,不被國內外各種敵對勢力和非法活動所干擾、侵害、妨害和破壞。[6] 維護國家安全,加強國家安全法治建設,是我國全面依法治國的應有之義,也是新時代中國特色社會主義法制體系建設中的重要環節。國家安全法治是全面推進依法治國的重點工作和難點領域,國家安全法治的時效直接關係到全面依法治國的成效。在總體國家安全觀的指導下,雖然我國先後在國家安全領域頒佈了多部重要的法律,但是為了構建全面高效的國家安全

---

* 澳門大學法學院法學博士研究生雷一蓓共同參與了本章的寫作。

1 參見李濱、楊蓉榮:《歷史唯物主義的國際關係理論體系構建》,《世界經濟與政治》2017年第4期。

2 胡錦光、王鍇:《論我國憲法中「公共利益」的界定》,《中國法學》2005年第1期。

3 劉躍進:《論國家安全的基本含義及其產生和發展》,《華北電力大學學報(社會科學版)》2001年第4期。

4 李敏、吳為、亞非:《國家安全法學》,四川人民出版社1996年12月版。

5 劉衛東等:《論國家安全的概念及其特點》,《世界地理研究》2002年第2期。

6 參見梁忠前:《「國家安全」概念法理分析》,《江南社會科學》1995年第4期。

法治體系，立法仍需不斷的創新和完善。[7]

中國《國家安全法》以總體國家安全觀為根本思想，規定了十二個領域維護國家安全的具體任務和七項保障措施，明確了我國的「國家安全」是指國家政權、主權統一和領土完整、人民福祉、經濟社會可持續發展和國家其他重大利益相對處於沒有危險和不受內外威脅的狀態，以及保障持續安全狀態的能力。《國家安全法》以人民安全為宗旨，堅持以民為本、以人為本，充分尊重和保障人權，建立健全安全領導體制和工作制度。在中央和地方的職權分工和許可權範圍上，不僅做了較為明確詳細的分工，也明確了港澳特區維護國家安全的責任，規定維護國家主權、統一和領土完整是包括港澳同胞和台灣同胞在內的全體中國人民的共同義務。[8]

香港基本法第 23 條規定：「香港特別行政區應自行禁止任何叛國、分裂國家、煽動叛亂、顛覆中央人民政府及竊取國家機密的行為，禁止外國的政治性組織或團體在香港特別行政區進行政治活動，禁止香港特別行政區的政治性組織或團體與外國的政治性組織或團體建立聯繫。」該條規定以國家安全為標準，旨在通過香港特區的自行立法，來維護和保障國家安全。[9] 這一規定確立了香港特區承擔的特殊憲政責任，[10] 香港特區政府具有憲制義務就特定事項進行立法以在香港地區維護國家安全。[11] 其內容具體有三：一是禁止任何叛國、分裂國家、煽動叛亂、顛覆中央人民政府及竊取國家機密的行為；二是禁止外國的政治性組織或團體在香港特別行政區進行政治活動；三是禁止香港特別行政區的政治性組織或團體與外國的政治性組織或團體

7　參見蕭君擁：《為何要加強國家安全法治建設》，《人民論壇》2018 年 5 月上。

8　參見王振民：《維護國家安全的根本法律保障》，《人民日報》2015 年 7 月 30 日，第 1 版。

9　葉海波：《香港特區基本法第 23 條的法理分析》，《時代法學》2012 年第 4 期。

10　葉海波：《香港特區政黨的法律規範》，《法學評論》2011 年第 6 期。

11　梁美芬：《香港基本法：從理論到實踐》，法律出版社 2015 年版。

建立聯繫。[12]

　　從授權基礎和自行立法兩個角度分析，政治共識和國家認同是中央授權香港特區自行立法的基礎，香港特區的自行立法必須接受「一國兩制」精神的限制以及中央政府在一定程度上的「指導」。[13] 結合國家主權的原理和七類犯罪行為的性質，第 23 條立法是特區的義務，中央有權力督促、推進並監督特區的第 23 條立法，尤其在立法內容上，第 23 條立法應當符合授權的目的 —— 維護國家安全。[14] 基本法是授權性質的法律，第 23 條是中央對香港特區的指示和命令，兼具授權性和義務性。[15] 如所周知，香港特區很長時間內未能完成第 23 條立法。為了應對和防範香港特區面臨的國家安全風險，中央於 2020 年從國家層面立法制定了《中華人民共和國香港特別行政區維護國家安全法》，但香港特區如何履行其憲制責任，完成第 23 條立法，在當時仍是一個未盡的議題，也是在完善選舉制度後特區政府關注的焦點。香港特區政府終於在 2024 年 3 月完成這一立法。

12　黃志勇：《論香港特區維護國家安全立法的合理性 —— 以香港基本法第二十三條立法為視角》，《政法學刊》2012 年第 6 期。

13　劉保鈺：《香港基本法第二十三條實現權宜路徑探析》，《社科縱橫》2018 年第 7 期。

14　劉誠、許書詠：《中央保留原則下的〈香港基本法〉第 23 條立法》，《當代港澳研究》2013 年第 1 期。

15　周葉中、張小帥：《再論全國人大對香港特別行政區的國家安全立法權》，《江漢大學學報（社會科學版）》2016 年第 4 期。

2003 年香港基本法第 23 條立法的回顧

◇◇◇

中央出於對香港的信任，在制定基本法時，通過第 23 條將國家安全立法權授予香港，但香港卻長期以來遲遲未完成該項立法，導致對香港社會存在的有損國家主權、安全和領土完整的言行無法進行有效懲戒。[16] 相比之下，澳門特區已於 2009 年通過《維護國家安全法》，並在「一國兩制」原則下修訂完善該法，[17] 以便積極履行維護國家安全義務。回顧 2003 年香港關於基本法第 23 條的立法過程及其爭議，有助於理解關於這項立法的背景及其爭議，從而更全面地審視這項立法的前世今生。

一、2003 年基本法第 23 條立法的獨特環境

香港特區曾於 2003 年啟動第 23 條立法，但最終無疾而終。究其原因，這與香港特區社會獨特的環境不無關係，而要把握香港社會環境的特徵，必須深入其政治與文化心理的層面。[18] 總體而言，在特殊的政治環境、文化心理、法律觀念和國際環境影響下，香港特區未能在 2003 年完成基本法第 23 條立法。

在政治環境方面，近三十年來，香港社會經歷了劇烈的政治變

16　參見周葉中、張小帥：《再論全國人大對香港特別行政區的國家安全立法權》，《江漢大學學報（社會科學版）》2016 年第 4 期。

17　澳門特區正在修訂該法。

18　鄒平學等：《香港基本法實踐問題研究》，社會科學文獻出版社 2014 年版，第 640-688 頁。

革，政治程序已由社團主義下的政治委任模式轉變為多元主義下的政黨競爭模式，但政治認同並未普遍形成。政治上的程序與實質共識相分離，各政治性團體間有參與但無根本共識，是香港政治環境的基本特徵。香港政治環境複雜，黨派立場都不盡相同，且可能根據利益而不斷變動。香港政黨一般劃分為「建制派」與「泛民主派」，後者又分化出「本土派」，這使得原來的政黨格局變得更為複雜。而建制派與「泛民主派」的主要分歧集中於政制發展和對中央的態度兩個方面。一般而言，建制派是支持特區和中央政府的，而「泛民主派」則不信任特區和中央政府，[19] 激進的本土主義勢力則直接挑戰國家主權和安全，謀求香港的獨立和分離。長期以來，佔據香港立法會多數席位是香港政治中的重要博弈。[20] 總體上講，香港近三十年來的民主改革，使香港步入多元民主主義時代，形成新型的政黨競爭式的政治格局，但香港一些政治力量對中華人民共和國的態度並無共識，政治上的選舉程序遂淪為包裹對立性價值的外衣，「泛民主派」和激進派政治力量依此進入特區管治架構，藉助法定權力，阻礙香港特區政府和中央的管治。在 2020 年和 2021 年中央從國家層面完善香港特區維護國家安全制度和選舉制度之前，[21] 香港管治時常陷於政治整合的紛擾之中，施政嚴重受阻。[22]

在文化心理方面，香港人受西方文化影響，相信人權先於政府公權，認為政府的首要功能是保護人權，因此十分關注基本權利的保護。同時，香港社會與內地社會主義制度之間也存在承認障礙，香港社會一部分人對中華人民共和國的認同感一直較弱，有反社會主義的

---

19 曹旭東：《香港政黨與良性政治：憲制與法律的視角》，三聯書店（香港）有限公司 2016 年版。

20 湯澈、李懿藝：《香港國家安全立法的基礎與條件》，《特區實踐與理論》2018 年第 5 期。

21 《全國人民代表大會關於建立健全香港特別行政區維護國家安全的法律制度和執行機制的決定（2020 年 5 月 28 日第十三屆全國人民代表大會第三次會議通過）》、《全國人民代表大會關於完善香港特別行政區選舉制度的決定（2021 年 3 月 11 日第十三屆全國人民代表大會第四次會議通過）》。

22 鄒平學等：《香港基本法實踐問題研究》，社會科學文獻出版社 2014 年版，第 640-688 頁。

情緒。[23]「愛國者治港」是關於承認的政治標準。香港社會中有部分人對中華人民共和國的不認同和中央對非愛國者的不認同具有潛在的邏輯一致性，其對社會主義中國的認同成為香港回歸後認同政治的癥結。

在法律觀念方面，香港特區與內地的制度不同、法律文化價值觀念和傳統風格不同，這導致在一些關鍵問題上的認識存在嚴重的分歧甚至對立。如有觀點認為，香港的基本法取代了《英皇制誥》和《皇室訓令》，成為了香港的「小憲法」；[24] 還有觀點將「一國兩制」之下的香港高度自治與中央管治權對立起來；甚至還有觀點認為高度自治本質上屬於《公民權利和政治權利國際公約》所規定的「自決權」。香港社會對中國憲法及其與基本法關係的認識與內地的理解存在巨大差異，[25] 這些法律觀念不僅在香港社會流行，也體現在香港法律的日常運作中，直接影響第 23 條立法進程。

在國際環境方面，香港社會將長期面臨國際勢力通過政治代理人干預香港事務的情形。[26] 面對「九七回歸」，英國推動香港政制改革，扶植親西方政黨，力圖將行政主導改成立法主導，通過提高立法機構的權力和地位來制約行政機構，並最終將回歸中國後的香港變成一個「獨立實體」，與祖國隔離開來，以利長期維護英國在香港的經濟和政治利益。[27] 美國於 1989 年和 1990 年先後通過《增加香港向美國移民配額的修正案》等各種法案，為香港親美勢力提供「保護傘」。通過培植、扶持認同西方價值觀的政黨，國際勢力一直試圖將香港主要反對派組織及其議員變為其在香港（議會）的代理人。「代理人政

23　鄒平學等：《香港基本法實踐問題研究》，社會科學文獻出版社 2014 年版，第 640-688 頁。

24　王振民：《論港澳回歸後新憲法秩序的確立》，《港澳研究》2013 年第 1 期。

25　程潔：《中央管治權與特區高度自治——以基本法規定的授權關係為框架》，《法學》2007 年第 8 期。

26　劉迺強：《變了質的香港民主運動》，《中國評論》2006 年 2 月號。

27　錢其琛著：《外交十記》，世界知識出版社 2003 年版，第 329 頁。

治」是國際勢力干預香港事務的主要模式。[28]

二、2003 年基本法第 23 條立法的主要爭議

在上述特殊的社會背景下，2003 年前後香港社會關於第 23 條立法的爭論持久而激烈，涉及立法必要性、立法諮詢、立法原則和立法具體內容四個方面。[29] 另外，香港社會對香港特區提供的基本法第 23 條立法草案文本的評判亦存有爭議。四個方面中，前二者涉及「要不要立法」的問題，後二者涉及「立什麼樣的法」的問題。

（一）立法必要性

立法必要性本是不應討論的問題，但香港特區對立法必要性和立法內容可行性兩個問題未作明確區分，未能設定討論的問題域，使得一個不應該討論的問題成為討論的焦點，直接導致第 23 條立法演化為政治爭論。反對意見認為，立法會侵害基本人權，特別是結社、言論、出版和知情權，進而侵損香港的新聞自由。[30] 加之，現有《刑事罪行條例》、《官方機密條例》和《社團條例》分別禁止叛國及煽動叛亂、洩露官方機密和與外國政治組織的聯繫行為，香港回歸以來

---

28 鄒平學等：《香港基本法實踐問題研究》，社會科學文獻出版社 2014 年版，第 640-688 頁。

29 下文中列舉的各類意見主要源於：反對立法者製作的專門網站「基本法 23 條」（http://www.article23.org.hk/，該網站收集了所有反對意見）；人民網專題「香港公佈實施《基本法》第 23 條諮詢文件」（http://politics.people.com.cn/GB/shizheng/252/10031/index.html，該網站收集了所有支持意見）；香港特區網站實施基本法第二十三條（http://www.basiclaw23.gov.hk/chinese/，該網站收錄了香港特區及立法會的官方文件及講話）；香港立法會《國家安全（立法條文）條例草案》委員會網站（http://sc.legco.gov.hk/sc/www.legco.gov.hk/yr02-03/chinese/bc/bc55/general/bc55.htm，該網站彙集了立法會在討論該立法時的所有議員的意見、社會公眾和組織提交立法會的意見及政府的回應）；慧科資料庫收錄的關於第 23 條的香港報刊報導。

30 持此觀點的有香港教育專業人員協會、香港職工會聯盟、國際勞工聯盟、涂謹申議員、香港民間人權陣線、國際及區域性非政府組織、香港專上學生聯會、香港記者協會主席麥燕庭、美國駐香港及澳門總領事高樂聖、中國人權民運信息中心主持人盧四清、香港浸會大學副教授 Michael DeGolyer、香港人權監察、香港社會工作者總工會、洛杉磯香港論壇、中國憲政協進會等。

並未發生涉及第 23 條的罪行，立法並無需要。[31] 還有意見認為立法缺乏民意基礎，非市民訴求，市民對該立法有較嚴重的憂慮。[32] 香港特區啟動立法，破壞「一國兩制」原則，侵害香港的高度自治。[33] 支持者則認為香港負有立法的法定義務，立法不應拖延，這是理性討論第 23 條立法的大前提。[34] 國家安全立法為各國通例，香港不應例外。[35] 目前香港法例中只有叛逆罪和煽動罪，香港需要就顛覆罪和分裂國家罪立法，以落實第 23 條。[36] 國家利益與香港利益一榮俱榮，一損俱損，實施第 23 條立法有利於保護香港的高度自治和基本利益。[37] 立法建議十分寬鬆，並不侵犯香港居民的基本權利。[38]

（二）立法諮詢

公眾諮詢是香港法律制定的重要程序。香港特區一般採用兩種形式進行公眾諮詢：一種是發佈立法建議諮詢文件，適用於對社會有長遠影響的立法；另一種是直接提出「白紙草案」，刊登於《憲報》第五號副刊。藍紙草案是正式立法文件，白紙草案是諮詢文件。「藍紙草案不可撤回，白紙草案可不立法」。[39] 香港社會對第 23 條立法究竟應當採用何種程序產生了激烈的「藍白之爭」。同時，對於諮詢意

31　持此觀點的有香港人權聯委會、香港專上學生聯會、香港民主黨、資深大律師湯家驊、香港大律師公會主席梁家傑、香港記者協會等。

32　持此觀點的有香港民間人權陣線、香港政策透視等。

33　持此觀點的有天主教香港教區主教陳日君、香港大學法律學院院長陳文敏、香港專上學生聯會、何秀蘭議員、南華早報前駐京分社主任 Jasper Becker 等。

34　持此觀點的有香港資深大律師胡漢清、民建聯、香港新界社團聯會、香港國際事務協會主席、北京國際法學會常務理事黃學海、教育工作者聯會會長楊耀忠、香港胡關李羅律師行高級合夥人馬豪輝等。

35　持此觀點的有香港福建社團聯會執行主席李群華、香港新界區原區事顧問協會、香港美國商會主席詹康信等。

36　持此觀點的有香港大學陳弘毅教授。

37　持此觀點的有香港廣東社團總會、香港工會聯合會、香港城市大學法律學院副教授朱國斌、長江實業主席李嘉誠、貿易發展局主席吳光正、香港印刷業工會等。

38　持此觀點的有香港大學陳弘毅教授、《文匯報》、前上訴法庭法官廖子明等。

39　《文匯報》2002 年 11 月 23 日。

見報告，各方意見不一。關於程序的「藍白草案」之爭與立法必要性緊密關聯，「藍／白草案」被簡單地等同於「必須立法／可以不立法」，程序的價值被完全忽視。香港特區應集中諮詢立法建議內容的可行性問題，但其在諮詢文件中的建議太過模糊，社會反對意見藉機發難，各色反對人士僅以抽象的人權、民主、自治等價值便可貌似合理地反對立法。在諮詢期結束後，香港特區製作了一份諮詢意見報告，香港社會指責該報告不真實，不公正，不符合調查報告撰寫的基本學術準則，扣之以「假諮詢」的帽子。但香港特區拒絕重新開展以草案為基礎的諮詢工作。

（三）立法原則

香港社會將人權保障視為第 23 條立法的核心原則，並提出「最小立法原則」，這是對基本法和第 23 條的曲解。香港特區並未作有力的澄清，實際上亦遵循了這一原則，但在香港迅速政治化的社會環境下未能獲得認同。就立法草案的內容，香港社會對叛國罪的主體範圍，隱匿叛國是否應當入罪，分裂國家罪、顛覆政府罪和煽動叛亂罪的客觀行為方面，第 23 條立法的域外效力，是否應授予警員緊急搜查權，從屬內地被禁止組織的本地組織的取締條款以及被取締組織的不公開和缺席聆訊等問題產生了激烈的爭論。雖然草案中加入了規定相關條文的解釋應當符合基本法第 39 條的內容和精神，但這些條款稱為「Pannick」條款，仍未能消除這些對立性的爭論。

（四）立法內容

關於立法具體內容的爭論主要限於法律的層面，涉及叛國罪、分裂國家罪、顛覆罪、域外效力、緊急調查權、煽動叛亂罪、「Pannick」條款、非法披露政府機密罪及社團取締機制等內容。香港社會對立法草案的整體評價亦出現嚴重的對立，一方否定立法草案的

正當性，另一方則認為草案兼顧了人權保障與維護國家安全間的平衡。總體來看，香港特區提交的立法草案十分注重程序正義，但形式上過於複雜，於普通市民而言，無異於「天書」，而內容上過於寬鬆，象徵意義大於實際意義。香港特區日後重啟立法，2003 年 7 月最後修訂的草案可以作為新立法諮詢的基礎。

《香港國安法》的制定

◇◇◇

　　我國憲法規定，國家維護社會秩序，鎮壓叛國和其他危害國家安全的犯罪活動，制裁危害社會治安、破壞社會主義經濟和其他犯罪的活動，懲辦和改造犯罪分子。隨著中國《國家安全法》的制定出台，我國國家安全的法律體系由「憲法相關條文 + 專門性立法 + 散佈於各法律中的相關規定」的三層次結構逐漸發展成為「憲法相關條文 + 國家安全基本法 + 專門性立法 + 散佈於各法律中的相關規定」的四層次體系性結構。[40] 中國《國家安全法》是構架安全工作的基本法，其第 1 條就明確規定了立法的目的是維護國家安全，保衛中華人民共和國人民民主專政的政權和社會主義制度，保障改革開放的社會主義現代化建設的順利進行。在國家安全體系中，香港特區亦佔有重要地位，須承擔不可推卸的責任。

▌一、《香港國安法》制定的必要性和過程

　　2014 年，中央國家安全委員會設立，我國提出「總體國家安全觀」，確立了新時期我國維護國家安全的根本方針政策。《香港國安法》的制定是踐行我國總體國家安全觀的重要舉措，突出了中央與香港特區共同承擔維護國家安全的責任與使命，凸顯了在香港特區維護

40　周葉中、龐遠福：《論國家安全法：模式、體系與原則》,《四川師範大學學報（社會科學版）》2016 年第 3 期。

國家安全的治理目標。[41]

2020 年《香港國安法》的制定具有現實緊迫性。香港回歸以來，2014 年的佔中運動、2019 年的修例風波等危害國家安全的運動有愈演愈烈之勢，香港特區政府無力應對此種狀況。「香港基本法明確規定的 23 條立法有被長期『擱置』的風險，香港特別行政區現行法律的有關規定難以有效執行，維護國家安全的法律制度和執行機制都明顯存在不健全、不適應、不符合的『短板』問題，致使香港特別行政區危害國家安全的各種活動愈演愈烈，保持香港長期繁榮穩定、維護國家安全面臨著不容忽視的風險。」[42]《香港國安法》的出台彌補了香港多年來國家安全長期存在的法律漏洞，對於香港的政治穩定、社會秩序、經濟發展等都起到積極的作用，從根本上推進了香港融入祖國發展大局的腳步，鞏固了「一國兩制」體系下的憲法與基本法的憲制基礎，進一步加強了中央全面管治權，是重塑香港民眾國家意識和認同感的強有力的保障。[43]

2020 年 6 月 18 日，《中華人民共和國香港特別行政區維護國家安全法（草案）》由委員長會議提請十三屆全國人大常委會第十九次會議審議。2020 年 6 月 30 日，十三屆全國人大常委會第二十次會議表決通過了《香港國安法》，國家主席習近平簽署第 49 號主席令予以公佈，隨後於 6 月 30 日晚 11 時通過納入附件三在香港特區公佈實施。2022 年 12 月 30 日，第十三屆全國人民代表大會常務委員會第三十八次會議又通過《全國人民代表大會常務委員會關於〈中華人民共和國香港特別行政區維護國家安全法〉第十四條和第四十七條的解釋》。

---

41 《駐港國安公署行使管轄權無損香港司法獨立：香港國安法熱點透視之二》，《新華每日電訊》2020 年 7 月 4 日。

42 王晨：《關於〈全國人民代表大會關於建立健全香港特別行政區維護國家安全的法律制度和執行機制的決定（草案）〉的說明》。

43 孫璐：《出台「港版國安法」的三個必要性》，《人民畫報》2020 年 6 月 1 日。

二、《香港國安法》的內容

　　《香港國安法》是根據憲法、基本法和《全國人民代表大會關於建立健全香港特別行政區維護國家安全的法律制度和執行機制的決定》而制定的，著力解決香港特區在維護國家安全方面存在的法律漏洞、制度缺失等針對性問題。《香港國安法》是一部綜合性法律，體現了大陸法系與普通法系的充分融合。[44]

　　《香港國安法》共分為六章，共計六十六條，內容包括香港特別行政區維護國家安全的職責和機構、罪行和處罰、案件管轄、法律適用和程序、中央人民政府駐香港特別行政區維護國家安全機構以及附則。在罪名設置上包括「分裂國家罪」、「顛覆國家政權罪」、「恐怖活動罪」和「勾結外國或者境外勢力危害國家安全罪」四類危害國家安全的罪行和處罰，以及其他處罰規定和香港國安法的效力範圍。並且，還規定了案件管轄、法律適用、措施和程序。

　　該法明確和重申了香港基本法第 1 條和第 12 條作為「香港基本法根本性條款」的法律地位，明確了維護國家主權、統一和領土完整是包括香港同胞在內的全中國人民的共同義務。中央政府對香港特區有關的國家安全事務負有根本責任，並為體現這一根本責任，明確由中央政府在香港特區設立維護國家安全公署，依法履行維護國家安全的職責，行使相關權力。《香港國安法》第五章詳細規定了駐港維護國家安全公署的人員配置、行為規範、工作職責等內容。香港特區則負有維護國家安全的憲制責任，香港特區及特區政府應依法設置維護國家安全的機構及其職責。《香港國安法》亦對這些機構的設置及其職責有詳細的規定。

44　《香港國安法明確了這六點》，「茂名普法」微信公眾號，2022 年 6 月 30 日。

《維護國家安全條例》的制定與實施

◇◇◇

　　2024 年 3 月 19 日，在「早一日得一日」[45] 的共識下，《維護國家安全條例草案》在香港特區立法會以 89 票贊成、0 票棄權、0 票反對三讀通過。這是香港特區落實維護國家安全憲制責任的重大舉措，是香港特區全面履行維護國家安全法定義務的切實成果，[46] 進一步築牢了香港特區長期繁榮穩定的「防火牆」。[47]

　　在考慮了「《香港國安法》及其他維護國家安全相關法律的內容、實施經驗及法庭裁決、我國及其他國家的相關法律及實踐經驗，以及香港特區近年的實際情況」後，香港特區政府「制定了有效和務實的方案」。[48]2024 年 1 月 30 日，香港特區政府就草案展開公眾諮詢，諮詢期至 2024 年 2 月 28 日。特區政府是在全面審慎考慮基本法、《公民權利和政治權利國際公約》和《經濟、社會與文化權利的國際公約》的相關條文的基礎上，擬備了公眾諮詢的建議，[49] 其包

45　《李家超：23 條立法早一日得一日　會儘快交立法會審議》，香港文匯網，2024 年 3 月 5 日，https://www.wenweipo.com/s/202403/05/AP65e6e19ae4b0ad017f0c9842.html（最後訪問時間：2024 年 3 月 22 日）。

46　《全國人大常委會法工委負責人就香港特別行政區制定〈維護國家安全條例〉發表談話》，《新華每日電訊》2024 年 3 月 20 日，第 003 版。

47　本報評論員：《築牢香港長期繁榮穩定「防火牆」》，《經濟日報》2024 年 3 月 20 日，第 003 版。

48　《立法會：保安局局長動議二讀〈維護國家安全條例草案〉》，2024 年 3 月 8 日，香港特區政府新聞公報，https://www.info.gov.hk/gia/general/202403/08/P2024030800270.htm（最後訪問時間：2024 年 3 月 22 日）。

49　《〈基本法〉第二十三條立法公眾諮詢展開》，2024 年 1 月 30 日，香港特區政府新聞公報，https://www.info.gov.hk/gia/general/202401/30/P2024013000294.htm（最後訪問時間：2024 年 3 月 22 日）。

括了 9 章及 3 個附件 [50] 共計 86 頁的詳實內容，具體介紹了立法的目的、原則、方式方法、考量因素和要點等。在公眾諮詢期間，共舉行了 30 多場解說宣講會，派發了 25,000 本諮詢文件及宣傳小冊子，充分發揮了媒體資訊等途徑，讓市民大眾瞭解建議的內容，並大力鼓勵公眾發表意見。特區政府共收到意見 13,000 多份，其中支持及提出正面意見的佔 98.6%，此次立法獲得了強大的民意支持。[51] 為了盡快完成立法工作，行政長官建議立法會從速審議草案。3 月 8 日，草案提交立法會開始進行二讀。立法會法案委員會連續審議 7 天，召開了 25 次會議，逐條審議長達 212 頁的草案內容，以及 40 項條文修訂。[52]3 月 14 日，法案委員會完成逐條審議，並獲得委員會所有議員的支持。[53]3 月 19 日，香港立法會大會加開會議，草案恢復二讀辯論；二讀審議通過後，按照程序，隨後進入全體委員會審議階段，進行三讀，並獲通過。

《維護國家安全條例》的主要內容包含 9 個部分。[54] 第 1 部是「導言」。除釋義外訂明了《條例》的原則。其中，「一國兩制」方針為最高原則，《條例》堅定維護國家主權、安全和發展利益。《條例》尊重和保障人權，依法保護基本權利和自由，按照法治原則防範、

50　9 章包括：第 1 章，維護國家安全的憲制責任；第 2 章，應對國家安全風險及完善維護國家安全的制度體系；第 3 章，叛國及相關行為；第 4 章，叛亂、煽惑叛變及離叛，以及具煽動意圖的行為；第 5 章，竊取國家機密及間諜行為；第 6 章，危害國家安全的破壞等行為；第 7 章，境外干預及從事危害國家安全活動的組織；第 8 章，建議條例的域外適用性；第 9 章，與完善維護國家安全的法律制度和執行機制相關的其他事項。3 個附件包括：附件一，建議摘要；附件二，外國與國家安全相關的法律；附件三，簡稱列表。

51　《〈維護國家安全條例草案〉明日刊憲》，2024 年 3 月 7 日，香港特區政府新聞公報，https://www.info.gov.hk/gia/general/202403/07/P2024030700404.htm（最後訪問時間：2024 年 3 月 22 日）。

52　《〈維護國家安全條例〉將於本週六正式生效》，2024 年 3 月 20 日，鳳凰網，https://ishare.ifeng.com/c/s/8Y6rZ025HCH（最後訪問時間：2024 年 3 月 22 日）。

53　《香港特區立法會法案委員會完成逐條審議〈維護國家安全條例草案〉修正案》，2024 年 3 月 14 日，央視新聞客戶端，https://content-static.cctvnews.cctv.com/snow-book/index.html?item_id=6240883621778339411&toc_style_id=feeds_default（最後訪問時間：2024 年 3 月 22 日）。

54　參考《〈基本法〉第二十三條立法：〈維護國家安全條例草案〉》小冊子，香港特區政府保安局網站，https://www.sb.gov.hk/chi/bl23/doc/Pamphlet_23%20Legislation_TC.pdf（最後訪問時間：2024 年 3 月 22 日）。

制止和懲治危害國家安全的行為和活動。第 2 至 6 部是主要罪行的規定。第 2 部是「叛國等」，第 3 部是「叛亂、煽惑叛變及離叛，以及具煽動意圖的作為等」的規定，完善了現行《刑事罪行條例》中的「叛逆」及相關罪行；第 4 部是「與國家秘密及間諜活動相關的罪行」，完善了現行《官方機密條例》中的相關罪行；第 5 部「危害國家安全的破壞活動等」參考了外國法律的新增罪行；第 6 部「境外干預及從事危害國家安全活動的組織」參考了外國法律的新增罪行，並且完善了《社團條例》下的規管機制。第 7 至 9 部具體完善了維護國安法律制度和執行機制，並對相關法例進行適應性修訂。第 7 部是「與維護國家安全相關的執法權力及訴訟程序等」，其第 1 分部「執法權力及其他與調查相關的事宜」參考了英國《2023 年國家安全法》的相關措施，第 2 分部「危害國家安全罪行的潛逃者」主要是應對、打擊、阻嚇和防止潛逃行為，第 3-5 分部則完善了危害國家安全案件的刑事訴訟程序，確保案件公正、及時辦理。第 8 部「維護國家安全機制及相關保障」主要保障公務人員、指明人士及協助者的權益和安全。第 9 部「相關修訂」則針對《刑事罪行條例》、《社團條例》及《官方機密條例》等原有成文法則，對相關法例進行適應化修訂。

此次《條例》從公開諮詢到最終通過並刊憲生效，體現了「愛國者治港」的重要價值，是香港特區全面貫徹落實「一國兩制」制度的重要里程碑。《條例》與《香港國安法》緊密銜接、兼容和互補，是特區維護國家安全法律制度和執行機制的一次全面的檢視和完善，至此，香港特區終於形成了維護國家安全的完整法律體系。[55] 除此之外，本次立法還有三個重要特點：一是《條例》既借鑒了其他普通法地區的經驗，又符合香港的實際情況，便於落實；二是條文編寫符

55　《立法會：保安局局長就恢復二讀辯論〈維護國家安全條例草案〉發言全文》，2024 年 3 月 19 日，香港特區政府新聞公報，https://www.info.gov.hk/gia/general/202403/19/P2024031900582.htm（最後訪問時間：2024 年 3 月 22 日）。

合習慣，詳細、清晰、明白；三是完善了已有法律規定的不足。[56]
「香港國安條例與已實施的香港國安法有機銜接，補齊了特區維護國家安全制度機制的短板，共同構築起特區維護國家安全的堅實屏障，使香港特區能夠全面有效防範、制止和懲治危害國家安全的行為和活動。」[57]

於 2024 年 3 月 23 日刊憲生效後，香港維護國家安全法律體系的運行將全面按照「一致性」原則展開。《香港國安法》根據基本法制定，與基本法保持內在的一致性，在實施《香港國安法》時，應當採用與基本法進行「一致性」解釋的原則；《香港國安法》同時規定，香港本地法律與其不一致時，適用《香港國安法》，從而將「一致性」原則導入《香港國安法》與香港本地法律的關係中。這一原則得以進一步地體現在本次《維護國家安全條例》的文本中，其第 1 部「導言」之第 8 條中列明：「凡本條例與另一條例，如無本款的話是會有不一致之處的，則須以最能顧及本條例的目的和作用的方式，理解該另一條例。」這意味著，對香港其他本地法律須以「一致性」原則加以理解。由此，以中國憲法和基本法為起點，香港維護國家安全法律體系以「一致性」原則貫穿於整個法律體系，確保了體系的和諧性，更以該原則將「一國兩制」原則落實在具體的立法和法律實施中。由此觀之，香港特區在維護國家安全的過程中，全面實施香港本地法律，特別是本次制定的《條例》，將會有力地維護國家安全，同時最大限度地遵循「一國兩制」、「港人治港」、高度自治的原則。另外，「一致性」原則也為香港維護國家安全法律體系不斷完善開啟了新的空間。具體而言，在未來，在有必要對新的危害國家安全行為進行法律規

---

56 《行政長官就〈維護國家安全條例草案〉向立法會發言》，2024 年 3 月 19 日，香港特區政府新聞公報，https://www.info.gov.hk/gia/general/202403/19/P2024031900657.htm（最後訪問時間：2024 年 3 月 22 日）。

57 國務院港澳辦：《築牢安全根基 加快由治到興——祝賀香港特區〈維護國家安全條例〉順利通過》，《新華每日電訊》2024 年 3 月 20 日，第 003 版。

制時，香港特區可以以最便宜行事的方式在新制定的法律中加以部分的規定，以最小成本的方式完善香港維護國家安全法律體系。「一致性」原則可以確保未來任何法例中涉及國家安全的規定都與整個國安法律體系保持和諧。

第七章

香港基本法的司法審查問題

盧雯雯

問題的引入

◇◇◇

　　隨著國際人權法的發展和各國憲法在制度、實施層面對個人基本權利的保障不斷加強，以憲法審查制度「監督」立法及公權力機關行為成為各法域的普遍實踐。憲法審查主體區別為政治機關與裁判機關，其中裁判機關又區分為普通司法法院和特別憲法法院。普通法法域一般由裁判機關中的普通司法法院進行司法和憲法審查，即法院在行使司法權審判具體案件時，附帶地對作為案件審判依據的法律或行政行為和決定進行合法性或合憲性審查。[1] 具體到香港，回歸後特區法院可就「任何行使或拒絕行使任何公共決策權力的決定以及就法例的合法性」進行審查，以裁定該決定或本地法例是否合法和有效，[2] 從而確保《中華人民共和國香港特別行政區基本法》所確立的憲制秩序和原則得以落實。

　　香港法院的司法審查權（Judicial Review，又稱為「司法覆核」）並非基本法明文規定，而是在回歸初期的「香港特別行政區訴馬維騉」[3]（處理臨時立法會合法性和香港法律延續性問題）、「陳錦雅訴

1　在普通法國家的學術文獻中，司法審查和合憲性審查經常混用。但嚴格來說，司法審查可區分狹義和廣義兩種概念。狹義的司法審查僅指審查立法；廣義的界定則認為除立法外，法院在司法審查中還可審查行政機關的政策或規則，普通法規則（包括罪行、法律適用規則、證據規則等），以及重要公權力主體作出的涉及憲法的決定或行為（如綜合社會保障援助），以上審查對象也均在香港法院過往判例中出現。因本章主要討論法院是否擁有司法審查權，如法院不擁有狹義的司法審查的權力，也不擁有廣義的司法審查權，因此除特別說明，本章節採狹義的界定。

2　參見本書編輯組：《司法覆核概論：給政府機關行政人員的指南（第四版）》，香港特別行政區律政司 2022 年版，第 1 頁。

3　香港特別行政區訴馬維騉，[1997] HKLRD 761, [1997] 2 HKC 315（上訴庭）。

入境事務處處長」[4] 和「吳嘉玲訴入境事務處處長」[5]（處理入境條例是否抵觸基本法對居留權的保障）案件中，特區法院通過判例肯定自己擁有司法審查權。在標誌性的吳嘉玲案中，終審法院首次確認法院「有權審核特區立法機關所制定的法例或行政機關之行為，倘若發現有抵觸基本法的情況出現，則法院有權裁定有關法例或行為無效」。[6] 此後，香港法院在實踐中多次行使司法審查的權力，形成具有香港特色的「一國兩制」下的「違憲審查」（此處的憲法性法律指基本法，即「違基本法審查」）制度。[7]

回歸以來，對於香港法院是否可對本地法律進行「違憲審查」存在一定爭議。多數學者認可香港法院在擁有終審權和獨立司法管轄權的基礎上，有權在具體案件的審判中運用法律解釋技術，考慮作為判案依據的本地法律是否符合基本法。但也有學者持反對意見，認為法院自設的司法審查權混淆了中央和地方權力關係，偏離了基本法確立的行政主導體制。[8] 根據「全面管治權」理論，只有全國人大常委會才可宣佈特區法律是否符合基本法，其應當對過往基本法審查制度進行「糾偏」，將對本地立法的審查權收回至全國人大常委會。[9]

本章將會回顧這一爭議問題的由來和發展，總結爭議雙方的不同意見，梳理香港法院回歸以來的實踐，並從規範憲法學的角度分析基本法的相關條款。

4　陳錦雅訴入境事務處處長，[1999] HKCFA 16, [1999] 1 HKLRD 304。

5　吳嘉玲吳丹丹訴入境事務處處長，[1999] HKCFA 72, [1999] 1 HKLRD 315。

6　吳嘉玲吳丹丹訴入境事務處處長，第 61 段。

7　相關論述、分析和回顧，參見楊曉楠：《香港基本法的類型化司法適用》，《法學家》2018 年第 4 期，第 108-195 頁；陳弘毅、羅沛然：《香港終審法院關於〈基本法〉的司法判例評析》，《中國法律評論》2015 年第 3 期，第 75-98 頁。

8　代表性的學者意見參見董立坤、張淑鈿：《香港特別行政區法院的違反基本法審查權》，《法學研究》2010 年第 3 期；董立坤、張淑鈿：《論香港特別行政區的終審權》，載《香港基本法澳門基本法論叢（第一輯）》，北京：中國民主法制出版社 2011 年版。

9　汪超：《表達自由的邊界與基本法的解釋：從香港三級法院〈禁蒙面法〉相關判決看香港基本法的本地適用》，《法律適用》2021 年第 4 期。

司法審查問題的由來和發展

　　基本法第 11 條第 2 款規定「香港特別行政區立法機關制定的任何法律，均不得同本法抵觸」。該條款建構了特區本地法律體系中以基本法為最高規範的「法規範位階」，但並未明確「誰有權審查特區立法是否與基本法抵觸」。換言之，基本法沒有明文將審查本地法律是否符合基本法的權力授權予香港法院，這也是香港「違憲審查」問題的由來。香港法院在個案中認為該種憲法審查的權力可從基本法相關條款中推導出，屬於司法權的一部分。[10]

　　對於如何理解特區法院司法審查權力的來源和正當性，多數學者認為可經由基本法第 158 條第 3 款全國人大常委會授權特別行政區法院解釋基本法的規定，再結合基本法相關條款推導出。也有學者從基本法第 8 條和第 158 條出發，認為由於基本法延續普通法傳統，同時引入制定法傳統的憲制秩序，香港法院的司法審查權被同時納入普通法和制定法的雙重架構中，因此普通法傳統和過往司法審查的先例

10　澳門特別行政區法院也面臨類似的問題。在《澳門基本法》同樣未有明文授權的情況下，澳門終審法院通過對《澳門基本法》的相關條款作體系解釋，認為司法審查具有正當性。澳門特別行政區法院認為如果需要「解決在司法訴訟中出現的、《基本法》與載於其他生效法規中的法律規範的可能衝突的問題，因此不得不得出由法院在交付其審理的具體個案中，審理這些問題的結論」。澳門終審法院判決 2006 年第 28 號，第 29 頁。

具有極強的說服力。[11] 本文認為綜合以上兩種理論可合理解釋香港法院司法審查權力的來源，即在過往先例和延續性原則以及制定法規範的共同影響下，香港法院在回歸後繼續享有對本地法律進行司法審查的權力。

一、司法審查、過往先例和法的延續性

回歸前，香港法院已經根據英國行政法中的基本原則和判例建立了對本地行政行為和附屬立法（subordinate legislation）[12] 進行司法審查的制度。從理論上來說，香港法院也有權審查香港本地立法機關的立法是否違反當時的憲制文件《英皇制誥》，並可根據《1865 年殖民地法律效力法令》[13] 判斷本地立法是否因與英國國會立法相抵觸而無效。[14] 但在上世紀 90 年代以前，香港法院並無相關的司法實踐，因《英皇制誥》並無對個人基本權利進行保障的條款，未有具體界定本地權力機構的權力分立與邊界，也沒有劃分英國與當時各殖民地之間的權力。[15] 1991 年，香港立法局通過《香港人權法案條例》，將

11　祝捷：《香港特別行政區終審法院法規審查的技術實踐及其效果》，《政治與法律》2014 年第 4 期；陳弘毅：《論香港特別行政區法院的違憲審查權》，《中外法學》1998 年第 5 期（陳教授認為從延續性和基本法的制定法原則都可認為特區法院擁有違憲審查權）。也有學者認為回歸以前法院是否有違憲審查權並不重要。李樹忠、姚國建：《基本法與普通法的關係研究》，載《香港基本法澳門基本法論叢（第一輯）》，北京：中國民主法制出版社 2011 年版，第 52 頁。

12　根據香港本地法律《釋義及通則條例》（第 1 章），附屬法例、附屬法規、附屬立法（subordinate legislation or subordinary legislation）與規例（regulation）屬於同一意思，指根據或憑藉任何條例訂立並具有立法效力的文告、規則、規例、命令、決議、公告、附例或其他文書，即可由立法會通過，也可由立法會授權有權主體制定。

13　*Colonial Laws Validity Act.*

14　在 *A Solicitor v. Law Society of Hong Kong*, (2003) 6 HKCFAR 570，香港終審法院甚至認為本地《法律執業者條例》中的條款作為「原有法律」因與《1865 年殖民地法律效力法令》抵觸而無效。

15　《英皇制誥》第 7（1）條規定「為了殖民地的和平、秩序和良好管治而立法」，這一概括性表述無法提供實質性違憲審查標準。因此也有學者認為從學理上來說，香港法院在回歸前只能夠審查立法程序的合憲性，並不能進行實質性的內容審查。參見楊曉楠：《香港特別行政區終審法院在基本法案件中的司法定位》，載《香港基本法澳門基本法論叢（第三輯）》，北京：中國民主法制出版社 2016 年版，第 354 頁。

《公民權利和政治權利國際公約》轉為本地法律可直接適用於香港，並賦予《香港人權法案條例》優於其他香港本地立法的地位。[16] 同時《英皇制誥》也作出修訂，規定立法機關不得制訂任何限制人權且與適用於香港的《公民權利和政治權利國際公約》之規定有抵觸的法律。據此，《英皇制誥》和《香港人權法案條例》共同構成香港法院審查香港立法機關的法律基礎。[17]

在《香港人權法案條例》通過後，香港法院開始在個案中審查本地立法是否與法例中的人權保護標準相抵觸。在 R v. Sin Yau-ming 案 [18] 中，香港上訴法院裁定《危險藥品條例》（第 134 章）中關於證據的推定條款因違反《香港人權法案條例》中的無罪推定條款而無效。隨後在 R v. Lum Wai-ming 案 [19] 中，法院宣佈其可依據修訂後的《英皇制誥》審查和推翻《香港人權法案條例》（以及與之內容相同的《公民權利和政治權利國際公約》）通過之後任何違反其人權條款的本地立法。在 Lee Miu-ling v. Attorney General 案 [20] 中，上訴法院認為 1994 年香港立法機關制定的關於功能組別選舉的規定並未有違反平等選舉權及「法律面前人人平等」等人權法上的平等保護原則。

1997 年 7 月 1 日起，基本法正式在香港實施，取代《英皇制誥》

16　《香港人權法案條例》第 3 條：「所有已有法例如果可以符合此條例解釋的，按此種方式解釋；所有已有條例不能按照符合此條例解釋的，不符合的部分無效。」

17　相關論述參見陳弘毅：《論香港特別行政區法院的違憲審查權》，《中外法學》1998 年第 5 期，第 12-18 頁；陳文敏《香港人權法案生效首年的回顧》，《法學評論》1992 年第 4 期，總第 54 期，第 75-79 頁及 1992 年第 5 期，總第 54 期，第 63-69 頁。Yash Ghai, "Sentinels of Liberty or Sheep in Wolf's Clothing? Judicial Politics and the Hong Kong Bill of Rights", (1997) *Modern Law Review* 60, pp. 459-480; Johannes M. M. Chan, "Hong Kong's Bill of Rights: Its reception of and Contribution to International and Comparative Jurisprudence", (1998) *International and Comparative Law Quarterly* 47, pp. 306-336.

18　*R v. Sin Yau-ming*, [1992] Hong Kong Criminal Law Reports 127.

19　[1992] Hong Kong Criminal Law Reports 127. 有學者認為 Sin Yau-ming 案並不是真正意義上的違憲審查，因為審查的對象是 1991 年 6 月 8 日《香港人權法案條例》通過之前已生效的本地法例，因此審查依據是「後法優於前法」原則。參見陳弘毅：《論香港特別行政區法院的違憲審查權》，《中外法學》1998 年第 5 期，第 13 頁。

20　(1992) 2 Hong Kong Public Law Reports 182.

成為香港的憲制性文件。從規範憲法學的角度出發，香港的回歸標誌著一場「憲制革命」，自此憲法和基本法共同構成香港的憲制基礎。根據基本法，香港終審法院享有獨立的司法權和終審權，取代英國樞密院成為特區最高司法機關。[21] 回歸後，《香港人權法案條例》的三項解釋性條款不被採納為特區法律，但其對個人基本權利的保障（經由基本法第 39 條第 1 款）、法院審查本地立法是否符合人權條款的權力、以及法院進行審查時運用比例原則的司法技術均被保留。[22] 需要說明的是，基於《香港人權法案條例》的司法審查權與基於基本法的審查權並不完全相同，因前者是本地立法，基本法是具有憲制性法律地位的全國性法律；有觀點也認為回歸前法院對本地立法是否符合《人權法案條例》所進行的審查仍屬於合法性審查範疇，所依據的原則是新法優於舊法、特別法優於一般法的原則，而非司法的合憲性審查。[23] 但原有法律並未特別限制法院進行合憲性審查的權力，回歸前法院的司法審查方法論和實踐也均在回歸後被保留。回歸後，除《香港人權法案條例》之外，法院進一步依據基本法的相關條款審查立法與行政行為，包括《公民權利和政治權利國際公約》未有規定的基本權利，例如基本法第 24 條的居留權。也正是在有關居留權的系列案件中，香港法院確立了其擁有憲法審查的權力。

在 1999 年的吳嘉玲案和陳錦雅案中，申請人挑戰臨時立法會制訂通過的兩條本地入境條例關於獲得居留權規定的合憲性。[24] 申請人

21　就規範憲法學的相關論述，參見林來梵：《從憲法規範到規範憲法 —— 規範憲法學的一種前言》，商務印書館 2017 年版。憲法學界通說認為規範憲法學可追溯到漢斯·凱爾森的國家理論和法律規範體系理論，參見漢斯·凱爾森：《法與國家一般理論》，沈宗靈譯，商務印書館 2013 年版。

22　陳弘毅、羅沛然、楊曉楠：《香港及澳門特別行政區法院和限行司法審查與比例原則適用之比較研究》，《港澳研究》2017 年第 1 期，第 30 頁。

23　楊曉楠：《香港特區終審法院在基本法案件中的司法定位》，載《香港基本法澳門基本法論叢（第三輯）》，北京：中國民主法制出版社 2016 年版，第 355 頁。

24　包括 1997 年《入境（修訂）（第 2 號）條例》（1997 年第 122 號）和 1997 年《入境（修訂）（第 3 號）條例》（1997 年第 124 號）。

認為臨時立法會並非合法成立的機構，且本地入境條例要求當事人需獲得內地出入境機關簽發的「單程證」才可申請來港定居的要求，限制了當事人依據基本法所享有的居留權。終審法院最終認可臨時立法會的合法性，但認為入境條例與基本法第 24 條第 2 款第 3 項所保障的個人居留權衝突，判決入境條例因違反基本法對個人權利的保障而無效。終審法院在吳嘉玲案中首次確認特區法院的違憲審查權。法院認為根據基本法相關條款，香港法院除保留原有的審判權和管轄權，享有獨立的司法權和終審權之外，還在案件審判中享有對基本法的解釋權，特區立法機關制定的任何法律均不得抵觸基本法。綜合理解上述條款，法院「有權審核特區立法機關所制定的法例或行政機關之行為，倘若發現有抵觸基本法的情況出現，則法院有權裁定有關法例或行為無效。」[25]

從法律的延續性來說，回歸前香港法院可對本地立法是否符合《英皇制誥》和《香港人權法案條例》進行審查。回歸後，如在基本法框架下可以對相關條款進行體系解釋，從而認可香港法院在回歸後的憲制框架下繼續享有違憲審查的權力，那麼就應當作此解釋以符合延續性原則。事實上，自馬維琨案確立了香港在回歸後憲政轉型的連續性之後，特區法律制度延續性的問題甚少受到質疑。[26]

由此，在基本法未有明確規定的情況下，終審法院在吳嘉玲案中第一次清楚闡明香港法院擁有司法審查的權力，且在「行使這一方面的司法管轄權乃責無旁貸，沒有酌情餘地」[27]。吳嘉玲案幾乎是

25　吳嘉玲吳丹丹訴入境事務處處長，第 61 段；第 123-131 段。

26　陳兆愷法官（時任高等法院首席大法官）在判決中指：「基本法的目的是清楚的。我們的法律和法律制度沒有變化（與基本法抵觸的除外）。這就是我們社會的構造。連續性是穩定的關鍵，任何斷裂都將是災難性的，任何片刻的法律真空都會導致混亂。所有與法律和法律制度相關的（與基本法抵觸的規定除外）不得不繼續有效。現存的制度必須在 1997 年 7 月 1 日的時候就緒。這一定是基本法的意思。」見香港特別行政區訴馬維琨，[1997] HKCA 652, [1997] HKLRD 761，第 17 段。

27　吳嘉玲吳丹丹訴入境事務處處長，第 61 段。

1803 年「馬伯里訴麥迪遜案」的重現，兩份判決都在本法域的憲法（或憲制性法律）未有明確規定法院享有司法審查權力的情況下，通過援引憲法原則和制定法規定，證成法院對立法機關的立法或行政機關行為進行審查的權力，構建了本法域由司法機關進行違憲審查的制度。吳嘉玲案由此延續了特區法院在回歸前經由《香港人權法案條例》進行司法審查的實踐，肯定了法院在回歸後可審查本地立法並判決其因為與基本法不一致而無效的權力。

二、吳嘉玲案爭議的釐清

回顧吳嘉玲案在當時引發的爭議，其並非緣於法院肯定自己有司法審查的權力，而是終審法院在判詞中明確表示香港法院不僅可審查本地法律是否違反基本法，還有權審查全國人大及其常委會的立法行為是否符合基本法。該段裁決推翻了高等法院上訴法庭在「香港特別行政區訴馬維騉」案中的意見。馬維騉案涉及臨時立法會的合法性，因臨時立法會是由香港特別行政區籌備委員會根據全國人大常委會的授權成立，因此該案需要考慮全國人大常委會的授權行為是否合法，上訴法院裁決中指香港法院對全國人大及其常委會的行為沒有憲制上的管轄權。[28]

吳嘉玲案中關於法院可審查全國人大及其常委會行為的這段判詞被廣泛認為是香港司法界，包括法官和大律師們共同挑戰中央在司法方面擁有的主權，並嘗試讓特區享有完全獨立不受限制的「司法主權」。[29] 特區政府極為罕見地向終審法院提出申請，要求終審法院就

28　吳嘉玲吳丹丹訴入境事務處處長，第 64 段。

29　當時曾參與基本法起草並擔任香港特別行政區籌備委員會的四名著名內地法律學者（包括許崇德、蕭蔚雲、邵天任、吳建璠）通過研討會發言或公開發文對終審法院對這一判決作出強烈批評，認為根據中國憲法的規定，全國人大是國家最高權力機關，而終審法院的判詞將香港法院置於全國人大之上，將導致香港成為「獨立的政治實體」。

涉及人大及其常委會的部分作出「澄清」。終審法院隨後頒佈一份補充性判決，聲明終審法院「沒有質疑人大常委根據基本法第158條作出解釋的權力」，而「法庭亦都接納它不能挑戰人大以及人大常委根據基本法規定及程序所作的任何行為」。[30] 需要留意的是，政府並未有要求法院澄清其所聲稱享有司法審查權的部分。

另一方面，特區政府根據終審法院的判詞指出，未來將會有一百六十七萬符合資格的內地居民有權來港定居，香港作為一個地域狹小、資源有限的地區是無法承受的。特區政府因此向中央政府尋求協助，請全國人大常委會就基本法相關條款作出解釋。[31]1999 年 6 月 26 日，全國人大常委會頒佈《全國人民代表大會常務委員會關於〈中華人民共和國香港特別行政區基本法〉第二十二條第四款和第二十四條第二款第三項的解釋》，該解釋取代終審法院在吳嘉玲案和陳錦雅案中對居港權的理解，並指案件的確涉及基本法裏中央人民政府管理的事務和中央與香港特別行政區關係的有關條款，終審法院本應根據第 158 條第 3 款提請全國人大常委會進行解釋，而不是根據自己的理解解釋基本法並判斷入境條例的合憲性。同樣需要留意的是，全國人大常委會並未在解釋中否定特區法院擁有司法審查權。[32]

回顧吳嘉玲案，可發現爭議焦點並非關於法院是否可以進行司法審查，而是終審法院對於基本法第 158 條解釋權的解讀錯誤，以至於提出香港法院可以根據基本法對全國人大及其常委會的行為進行界定和解釋。該種理解與憲法中關於全國人大作為最高國家權力機關的規定以及單一制國家的中央地方授權關係直接衝突。一方面，在人民主權理論下，全國人大作為最高權力機關，中國的憲法秩序下並不存在可與之「制衡」的任何權力；另一方面，作為單一制制度下的地方

30　吳嘉玲及其他人訴入境事務處處長（第 2 號），(1999) 2 HKCFAR 141, [1999] 1 HKLRD 577。

31　香港特別行政區行政長官：《關於提請中央人民政府協助解決實施〈中華人民共和國香港特別行政區基本法〉有關條款所遇問題的報告》，1999 年 5 月 20 日。

32　因法不溯及既往，全國人大常委會的解釋的效力並不及於吳嘉玲案和陳錦雅案。

法院，香港法院可以解釋基本法並審查位階較低的法律是否符合基本法，是因為其權力來自基本法授權，其作為被授權機構無權解釋或質疑全國人大及其常委會的行為。當終審法院承認「錯誤」、後退一步，在補充判決中承認全國人大及常委會根據基本法的條文和程序行使任何權力的行為不受挑戰之後，[33] 雙方在某種程度就解釋權和審查權達成一致，實際上已經認可了吳嘉玲案中終審法院所指的司法機構「違憲審查權」的確立。

三、司法審查、法律解釋與制定法規範

根據基本法第 8 條，原有法律予以保留，香港法院在回歸前的司法權力可延續至回歸後，但前提條件是不抵觸基本法。因此無論回歸前是否存在有效的合憲性審查制度，更為重要的是回歸後在基本法框架下，法院是否有權對本地法律進行憲法審查。從基本法文本來看，儘管沒有明文授權予香港法院「違憲審查權」，但基本法其他條款都可作為香港法院審查本地立法是否符合基本法的法律依據，包括保留香港原有法律（第 8 條、第 18 條第 1 款），享有獨立的司法權和終審權（第 19 條第 1 款），保留原有的審判權和管轄權（第 19 條第 2 款），賦予香港法院對基本法的解釋權（第 158 條），以及規定特區立法機關制定的任何法律均不得抵觸基本法（第 11 條第 2 款）。

普通法傳統下，司法權的本質就是裁判案例，而裁判案例必然涉及解釋法律並在相關法律發生衝突時決定法律適用。這當中就包含法律可能與效力位階最高的憲法或憲制性法律衝突時，法院需要作出判斷的場景：「將既定規則適用於特定案件的人必然要解釋這種規

33　終審法院稍後在劉港榕案和莊豐源案中，均花費大量篇幅討論全國人大的地位，全國人大常委會作出解釋的權力及其解釋對香港法院的約束力。參見劉港榕及另外 16 人訴入境事務處處長，(1999) 2 HKCFAR 300, [1999] 3 HKLRD 778；入境事務處處長對莊豐源，(2001) 4 HKCFAR 234, [2001] 2 HKLRD 533。

則。如果兩部法律相互抵觸，法院必須決定適用其中哪部法律。如果一部法律是違憲的，而該法與憲法都適用於同一案件，則法院必然要麼無視憲法，適用該法，要麼無視該法，適用憲法。這正是司法權的核心之所在。」[34] 換言之，正是普通法傳統下司法裁判的性質決定了司法機關是行使憲法審查的機構。

基本法作為一部憲制性的制定法確立了若干根本規範，關於司法審查最重要的條款是第 158 條對基本法解釋機制的安排。[35] 一方面，法律解釋與法律適用密不可分，法官進行解釋本就是為了對法律進行適用，如果不是要適用法律則根本無需進行解釋活動；另一方面，基本法所確立的解釋制度也構成對香港法院司法審查權力的限制。

梳理基本法的起草過程，起草委員們對基本法解釋權的配置，尤其是香港法院被授權解釋基本法的範圍，以及全國人大常委會和香港法院解釋權的銜接均進行了大量討論。[36] 儘管前期存在較大分歧，但立法者們仍考慮到香港保留普通法制度，其慣例即是由司法機構來解釋法律，最終達成一致，通過第 158 條在特區引入與內地不同的「一元雙重解釋制」，既符合憲法規定，又符合香港的實際情況。[37] 這也使得基本法作為一部由全國人大制訂的基本法律，「同時具有了大

34 *Marbury v. Madison*, 5 U.S. 137 (1803), 177-178.

35 參見楊曉楠：《香港基本法的類型化司法適用》，《法學家》2018 年第 4 期；焦洪昌：《香港基本法解釋衝突之原因分析 —— 以居港權系列案件的討論為例》，《廣東社會科學》2008 年第 3 期。

36 對於第 158 條起草中立法者對於基本法解釋權歸屬和設置的討論，參見強世功：《司法主權之爭 —— 從吳嘉玲案看「人大釋法」的憲法意涵》，《清華法學》2009 年第 5 期，第 8-9 頁；劉海林：《〈香港基本法〉第 158 條：起草過程、規範含義與解釋實踐》，《華東政法大學學報》2020 年第 5 期，第 46-50 頁。

37 見鄒平學：《香港基本法解釋機制基本特徵芻議》，《法學》2009 年第 5 期，該文將基本法解釋機制概括為「一元雙重解釋制」或「一元兩極主從解釋制」；也有學者將之形容為「雙軌制釋法」，參見如焦洪昌：《香港基本法解釋衝突之原因分析 —— 以居港權系列案件的討論為例》，《廣東社會科學》2008 年第 3 期，第 182 頁。

陸法和普通法的性質」。[38]

　　具體來說，全國人大常委會對基本法擁有原始的、普遍的、最終的解釋權；同時授權香港法院對自治範圍內的事項在具體案件審判中自行解釋權（為有限度的解釋權），而當案件涉及中央管理事務或中央與香港關係條款（分類條件）並且解釋影響到案件判決時（有需要條件），終審法院須在作出最終裁判前提請全國人大常委會解釋。[39] 該種解釋制度既可保證全國人大常委會的權力，又利於高度自治權在司法上的落實；既授權香港法院在個案中對基本法進行解釋，又要求香港法院在特定情況下提請解釋不致於由於錯誤解釋而作出不可上訴的終審判決。[40]

　　由於法院基於「一元雙重解釋制」可在個案中解釋基本法，加之法院在個案審判中法律解釋與法律適用之間的不可分性，再結合基本法第 8 條保留包括普通法在內的原有法律、第 11 條基本法具有凌駕性、第 19 條香港享有獨立司法權和終審權的規定，可以推導出基本法的制度安排下，如果要實現特區本地法律體系中以基本法為最高規範的「法規範位階」，應當在個案審判中由司法機構來完成憲法審查。在吳嘉玲案中，法院也是採取同樣的論證邏輯，認為在個案中解釋基本法並實現基本法在新憲法秩序中的至上性，正是司法權的權限範圍內的事務。

　　在隨後的司法實踐中，特區法院多次行使憲法性管轄權，通過個案對基本法相關條款進行解釋並審查香港立法機關制定的法律是

38　強世功：《司法主權之爭 —— 從吳嘉玲案看「人大釋法」的憲法意涵》，《清華法學》2009 年第 5 期，第 9 頁。

39　稍後在劉港榕案中，終審法院曾指對於吳嘉玲案中提到的「分類條件」、「有需要條件」和「主要條款驗證標準」，「本院可能有需要在一宗合適的案件中重新考慮」。但迄今為止，終審法院尚沒有在個案中重新考慮該提請釋法的機制。劉港榕及另外 16 人訴入境事務處處長，[1999] HKCFA 4, [1999] 3 HKLRD 78，第 64 段。

40　參見姬鵬飛：《香港基本法起草委員會關於〈中華人民共和國香港特別行政區基本法（草案）及其有關文件的說明〉》，載全國人大常委會辦公廳編：《中華人民共和國全國人大常委會公報（1990-1191 年卷）》，中國法制出版社版，第 83 頁。

否符合基本法。「香港特別行政區訴吳恭劭」一案中，終審法院需處理本地的國旗區旗條例對毀損和塗污國旗的行為處以刑事罪行是否與表達自由的保障相抵觸。[41] 高等法院上訴庭認為相關的本地法律違反了憲制性法律對個人基本權利的保障，從而撤銷了對當事人的控罪。[42] 而終審法院援引人權法上的比例原則來考察對個人基本權利的限制是否符合必要性原則及相稱性原則（即比例原則），最終推翻上訴庭的判決，認為本地的國旗區旗條例沒有對言論及表達自由構成不當限制，符合基本法。終審法院通過本案，認可了回歸前用以審查本地立法的《香港人權法案條例》和《公民權利和政治權利國際公約》在回歸後繼續有效，二者與基本法中的個人權利保障條款一同構成香港法院對本地立法進行合憲性審查的依據。[43]

回顧過往判例，終審法院通過吳嘉玲案確立了法院在審查本地立法中的角色。吳恭劭案則在此基礎之上，將回歸前香港法院用以審查本地立法的人權法體系延續至回歸後，並將《香港人權法案條例》和《公民權利和政治權利國際公約》對個人權利的保障「整合和引進基本法之中」[44]。

終審法院在之後的司法實踐中繼續通過個案完善司法審查的標準。在「梁國雄訴香港特別行政區」一案中，終審法院確立了香港法院在司法審查中運用比例原則的標準，包括合法性、必要性和相稱性三步。[45] 在 *Hysen Development Co Ltd v. Town Planning Board* 一案中再加入第四步均衡性原則，進一步完善了法院司法審查中的審查標

---

41 香港特別行政區訴吳恭劭及其他人，[1999] 3 HKCFA 10, [1999] 3 HKLRD 907（終審法院）。

42 香港特別行政區訴吳恭劭及其他人，[1999] HKCA 771, 1 HKLRD 783（上訴庭）。

43 稍後在岑國社案中，終審法院梅師賢法官指，《香港人權法案條例》就是《公民權利和政治權利國際公約》在香港的化身。見岑國社訴香港特別行政區，[2002] HKCFA 27, [2002] 2 HKLRD 793，第 53 段。

44 陳弘毅：《香港終審法院關於〈基本法〉的司法判例評析》，《中國法律評論》2015 年第 3 期，第 80 頁。

45 梁國雄訴香港特別行政區，[2005] HKCFA 40, [2005] 3 HKLRD 164。

準。^[46]在「律政司司長訴丘旭龍及另一人」一案中引入針對平等權保障的審查標準，即「合理性測試」（justification test）。^[47]

46　*Hysan Development Co Ltd v. Town Planning Board*, [2016] HKCFA 66, (2016) 19 HKCFAR 372.

47　律政司司長訴丘旭龍及另一人，[2007] HKCFA 50, [2007] 3 HKLRD 903。

香港基本法對審查本地立法的安排及爭議

◇◇◇

一、是否通過基本法解釋權無法推導出法院的司法審查權？

反對香港法院擁有司法審查權的意見中，有兩種具代表性的論證路徑。第一種觀點認為香港法院不能從基本法規定的司法獨立、審判權、解釋權等解讀出司法審查權的正當性，香港法院行使司法審查權缺乏基本法上的規定。換言之，基本法解釋權與管轄權應當與基本法適用權區分，前者由基本法明確授權予特區法院在個案審判中行使，但並不等於特區法院可將基本法適用於具體案件之中，進而擁有司法審查的權力。[48]

該觀點的核心在於如何理解基本法解釋機制，以及因法律解釋而產生的司法機構在法律適用上的權力。如前文所述，基本法第 158 條採取了一種不同於內地法律解釋制度的安排，即通過「一元雙重解釋制」同時賦予全國人大常委會與香港法院基本法解釋權，並要求香港法院在特定情況下提請解釋。[49] 終審法院在吳嘉玲案中認為是否應當提請人大解釋的裁量權完全在香港法院，故當時有意見認為該種解釋機制會賦予法官過大權力，其中就包括解釋權產生的司法審查的權

48　代表性的學者意見為董立坤、張淑鈿：《香港特別行政區法院的違反基本法審查權》，《法學研究》2010 年第 3 期。

49　而根據憲法和《立法法》的規定，內地法律解釋制度的安排是，法律的解釋權屬於全國人大常委會，最高人民法院和最高人民檢察院可就法律的具體適用作出司法解釋。

力。客觀來說，該種解釋安排在實踐中的行使有難度，香港法院的解釋機制與全國人大常委會的解釋機制應當如何協調和銜接，迄今為止也沒有完整的制度安排。而學者普遍擔心由於兩地在解釋方法和原則上存在差異，當案件涉及中央和特別行政區關係時，該種差異性可能會加深兩種解釋制度的隔閡和對立門檻。[50]

綜合理解基本法相關條款，包括基本法授權予特區法院司法權、審判權、解釋權，以及普通法案件審判中的法律解釋及法律適用原理，該種特別的解釋制度不僅必然導致法院擁有司法審查的權力，同時法院的法解釋權和法適用權也不會與全國人大常委會的權力衝突。一方面，在個案審判中，因為要判斷爭議法律是否符合憲制性法律，所以必須對法律加以解釋。由於基本法作為憲制性法律文本的特性，即主要作原則性和概括性規定，其幾乎在一產生時就天然帶來需要被闡釋的必要，客觀上也增強了法官在日常審判中對成文法律條文的裁量權。此外，法院對基本法進行解釋，從而進行司法審查活動，必然是與法院有管轄權處理個案直接相關。正因為基本法第 19 條、第 80 條授予香港法院司法權和審判權，法庭才可能在具體案件審判中通過法律解釋進行裁判。假定基本法第 158 條未將解釋權明確授權予香港法院，但只要沒有排除法院的管轄權和審判權，其仍可能會在司法實踐中解讀出其擁有解釋權，因為解釋權的行使就是「其行使司法權的核心要素」。[51]

另一方面，全國人大常委會的解釋權和監督權並不會因法院在日常案件審判中的解釋權和司法審查權而受到任何不當侵害或減損。基本法本身已經對全國人大常委會擁有的職權作出安排，確保全國人大常委會有監督特區立法（如回歸後對立法會制定法律的備案及發

50　劉海林：《〈香港基本法〉第 158 條：起草過程、規範含義與解釋實踐》，《華東政法大學學報》2020 年第 5 期，第 53-54 頁。

51　參見楊曉楠：《從「不干預原則」的變遷審視香港特區司法與立法關係》，《法學評論》2017 年第 4 期，總第 204 期，第 46 頁。

回權）、行政（如對行政長官產生辦法和立法會產生辦法修改的決定權）、司法（如對基本法進行概括性的、一般性的、不受限制的解釋權）行為是否符合基本法的終局性權力。因此，全國人大常委會對基本法的解釋權與香港法院的解釋權性質不同，前者是具有普遍約束力的規範性文件，而後者是在具體案件中適用法律時對法律進行解釋。[52] 基本法確保全國人大常委會對本地立法的審查權具有最終效力，這與香港法院在日常審判中對基本法進行解釋和審查並不矛盾。

　　總的來說，由於基本法並未區分解釋權和適用權，尤其是未對基本法適用進行單獨授權，香港特區法院在實踐中運用體系解釋和目的解釋，將司法權、審判權、管轄權和解釋權一併理解，認為其可通過運用基本法解釋權，在案件中解釋基本法而將基本法適用於個案。加上基本法第 2 條、第 8 條和第 11 條對「高度自治」以及任何其他本地法律均不可同基本法抵觸的凌駕性規定，法院認為其在審查並裁判其他機關行為是否符合基本法時「責無旁貸」。[53] 因此雖然基本法並沒有明文將合憲性審查的權力授予特區法院，特區法院享有司法審查權有其正當性。[54]

二、是否對原有法律進行審查的權力僅屬於全國人大常委會？

　　另一種反對香港法院享有司法審查權的觀點則是認為，結合基本法第 17 條備案審查、第 158 條解釋權、第 160 條判斷原有法律效力的相關條款，以及《全國人民代表大會常務委員會關於根據〈中華

52　有學者因此認為香港法院的解釋如果產生了自上而下的效果，並非是因為基本法第 158 條的授權，而是因為普通法制度下的「遵循先例」原則的結果。參見楊曉楠：《香港基本法的類型化司法適用》，《法學家》2018 年第 4 期，第 110 頁。

53　吳嘉玲吳丹丹訴入境事務處處長，第 61 段。

54　參見如胡錦光：《關於香港法院的司法審查權》，《法學家》2007 年第 3 期；楊曉楠：《香港基本法的類型化司法適用》，《法學家》2018 年第 4 期。

人民共和國香港特別行政區基本法〉第 160 條處理香港原有法律的決定》（以下簡稱《決定》）的性質、內容和效力，對原有法律進行審查且宣佈無效的權力僅屬於全國人大常委會。[55]

基本法第 160 條已經設想到香港原有法律可能在回歸後與基本法衝突。[56]1997 年 2 月 23 日全國人大常委會通過的《決定》列舉了香港原有法律中的部分法律或條款因與基本法抵觸而在回歸後不採用為特區法律。其中，《決定》第六款指「採用為香港特別行政區法律的香港原有法律，如以後發現與基本法相抵觸者，可依照基本法規定的程序修改或停止生效。」該條與基本法第 160 條一致，即回歸後仍可能出現與基本法抵觸的原有法律，第 160 條並非一次性授權。但何為「依照基本法規定的程序修改或停止生效」？ 其中較為清楚的是「修改」，即根據基本法第 8 條，由回歸後的香港特別行政區立法機關作出修改。[57]「停止生效」則存在一定疑問，由誰判斷是否與基本法抵觸，又根據何種路徑決定停止生效？基本法對此並無規定。

對於上述問題，有觀點認為由於《決定》中全國人大常委會已經對原有法律的合憲性作出判斷，因此香港法院無權再在具體案件的審判中對香港特區原有法律的合憲性作出裁定，如發現《決定》沒有列舉出的其他原有法律與基本法相抵觸，審查權和宣佈停止生效的權力

---

55 汪超：《表達自由的邊界與基本法的解釋：從香港三級法院〈禁蒙面法〉相關判決看香港基本法的本地適用》，《法律適用》2021 年第 4 期；底高揚：《論香港特別行政區行政長官的緊急立法權》，載朱國斌等編著：《行政長官制度、權力與特區管治》，香港城市大學出版社 2021 年版，第八章。

56 《基本法》第 160 條第 1 款規定：「香港特別行政區成立時，香港原有法律除由全國人民代表大會常務委員會宣佈同本法抵觸者外，採用為香港特別行政法律，如以後發現有的法律與本法抵觸，可依照本法規定的程序修改或停止生效」。

57 《基本法》第 8 條規定：「香港原有法律……除同本法相抵觸或經香港特別行政區的立法機構作出修改者外，予以保留」。

都屬於全國人大常委會。[58] 因為全國人大常委會回歸前就通過《決定》進行了審查，回歸後如發現原有法律抵觸基本法，應由全國人大常委會以決定的形式再次作出審查。

首先，該種理解從制度安排來說很難實現。許崇德教授曾撰文指，從實際角度來說，全國人大常委會不可能在回歸前將所有香港特區原有法律保留問題說得一清二楚；且雖然全國人大常委會有權解釋基本法，但並無解釋香港原有法律的機制，在全國人大常委會通過《決定》之後，實踐中是由法院在日常審判中來解釋原有法律（包括普通法）。[59] 許教授的結論是，回歸後「法官如發現制定法（無論是基本法還是以後的特別行政區立法）對普通法有所修改或廢止時，法官理當遵從制定法的規定」。[60] 換言之，《決定》第六款「依照基本法規定的程序修改或停止生效」，應當被理解為由法院通過「違憲審查」來判斷法律是否抵觸基本法，從而不再適用或產生停止生效的效果。

香港法院在個案中也是採用該種邏輯。在「一名律師訴香港律師會」中，終審法院需要判斷回歸前的《法律執業者條例》中關於律師紀律聆訊終局性條款的合法性。[61] 根據該條款，上訴庭對律師紀律審裁組所作決定的上訴判決是「終局」裁決，當事人不能再繼續上訴至終審法院。終審法院裁判該條款因與《殖民地法律效力法令》相抵觸，根本不屬於基本法第 8 條和第 18 條的「香港原有法律」，也因不符合相稱性驗證標準與基本法不符。該案中代表律政司司長的大律師認為「除非成文法被廢除以及被法庭明確宣佈為無效」，否則應當構成基本法所指的「香港原有法律」；但終審法院並未採納該種觀

58　汪超：《表達自由的邊界與基本法的解釋：從香港三級法院〈禁蒙面法〉相關判決看香港基本法的本地適用》，《法律適用》2021 年第 4 期；底高揚：《論香港特別行政區行政長官的緊急立法權》，載朱國斌等編著：《行政長官制度、權力與特區管治》，香港城市大學出版社 2021 年版，第八章。

59　許崇德、陳克：《試論香港原有法律的保留問題》，《法學評論》1992 年第 2 期。

60　同上註，第 40 頁。

61　一名律師訴香港律師會，[2003] HKCFA 14, (2003) 6 HKCFAR 570。

點，而是認為應當由其進行判斷。[62] 在「Kwok Wing Hang and Others v. Chief Executive in Council and Another」（也即禁蒙面法案）中三級法院均在判決中指出，對於《決定》中已經被採用為香港特區法律的原有法律，根據《決定》和基本法第 160 條，特區法院仍有司法管轄權及憲制責任來審查法律是否符合基本法，或據此制訂的附屬法例是否違反基本法。[63]

其次，有觀點認為對於回歸後由香港立法機關制定的法律，應由全國人大常委會通過根據基本法第 17 條第 3 款規定的備案審查來判斷其是否符合基本法。[64] 該種理解並不符合基本法第 17 條第 3 款的文本及立法目的，因該條規定的全國人大常委會通過備案審查制度實現的憲法審查權並非完整的審查權。第一，基本法第 17 條規定的全國人大常委會的備案和發回權只針對回歸後立法會通過的法律，且該法律必須是「不符合本法關於中央管理的事務及中央和香港特別行政區的關係的條款」。這種不完整的只對部分法律審查的制度並不是疏漏，更可能是出於對「一國兩制」中「高度自治」的尊重。第二，對回歸後立法會通過的特區法律同時存在兩種審查監督制度，備案審查制度是概括性的、一般的抽象法律審查，與香港法院在案件審判中行使的具體的、受限制的解釋和審查權力並不矛盾。第三，基本法並沒有規定其他本地機構或中央其他機構可以對特區法律進行實質性的內

---

62 一名律師訴香港律師會，第 19 段。代表律政司司長一方的大律師提出補充觀點，認為《法律執業者條例》中關於律師紀律聆訊終局性條款即便無效，也應當是回歸前當《1865 年殖民地法律效力法》（*Colonial Laws Validity Act 1865*）適用於香港時無效，因本案爭議的終局性條款剝奪了當事人上訴至英國樞密院的權利，因此違反了 1833 年和 1844 年的《司法委員會法》（*Judicial Committee Acts 1833 and Judicial Committee Acts 1844*），但該爭議條款在回歸後的《基本法》框架下是有效的，法庭也未有認同該觀點。見一名律師訴香港律師會，第 21 段。

63 *Kwok Wing Hang and Others v. Chief Executive in Council and Another*, [2019] HKCFI 2820, [2020] 1 HKLRD 1（高等法院原訟庭）；*Kwok Wing Hang and Others v. Chief Executive in Council and Another*, [2020] HKCA 192, [2020] 3 HKC 83（高等法院上訴庭）；*Kwok Wing Hang and 23 Others v. Chief Executive in Council and Another*, [2020] HKCFA 42, (2020) 23 HKCFAR 518（終審法院）。

64 汪超：《表達自由的邊界與基本法的解釋：從香港三級法院〈禁蒙面法〉相關判決看香港基本法的本地適用》，《法律適用》2021 年第 4 期。

容審查。行政長官雖然可將法案發回立法會重議，但這並非是由於法律原因而是政治決定，因行政長官根據基本法第 49 條發回的前提是「不符合香港特別行政區的整體利益」。因此，在基本法第 17 條規定的全國人大常委會的審查權並不完整的情況下，尤其是該審查權並非是在具體案件中進行的審查，決定了特區法院必然需要承擔相應的司法審查的功能。[65]

65　李樹忠、姚國建：《香港特區法院的違基審查權 —— 兼與董立坤、張淑鈿二位教授商榷》，《法學研究》2012 年第 2 期，第 42 頁。

第四節

結語

　　整體理解《全國人大常委會根據基本法第 160 條處理香港原有法律的決定》和基本法相關條款，包括香港法院保留原有的審判權和管轄權，享有獨立的司法權和終審權，保留原有法律尤其是普通法，在個案審判中享有對基本法的解釋權，且特區立法機關制定的任何法律均不得抵觸基本法，應當認為香港法院可在個案中行使第 158 條授權的基本法解釋權的時候一併行使對香港本地法律的審查權，也即是說香港法院在回歸後對原有法律和特區立法會通過的法律均有審查權。

　　這一結論並未有否認全國人大常委會根據基本法第 158 條所享有的全面的、不受限制的、隨時可行使的解釋權。在現有法律框架之下，全國人大常委會享有對香港所有現行法律的審查權力的同時，香港法院可在審判中根據第 158 條的授權進行解釋和審查，並且這與全國人大常委會對基本法所享有的最終解釋權及審查權並不抵觸。對原有法律的審查也並非一次性權力，在基本法沒有明確規定的情況下，全國人大常委會如認為香港法院在審判中對原有法律進行審查的決定有誤，可通過對第 8 條、第 18 條第 1 款、第 19 條第 2 款或第 160 條進行解釋或作出決定的方式，決定該法律因與基本法抵觸而停止生效。因此就本地法律的審查而言，既可以由香港法院在日常審判中解釋、審查並決定是否因抵觸基本法而失效，也可由全國人大常委會直接行使該權力，如通過決定或解釋的形式來對原有法律的效力作出判斷。

在香港語境下，法院行使「違憲審查」的權力已經成為憲法慣例。自吳嘉玲案香港法院通過「鬥爭」為自己爭取到基本法解釋權和審查權之後，香港法院一直積極實踐有香港特色的司法審查機制，也可見香港法院的立場是一致的、清晰的。一方面，法院在吳嘉玲案中肯定自己進行合憲性審查的正當性；在莊豐源案、吳嘉玲案、一名律師訴律師會等案件中涉及對於回歸前的原有法律和回歸後立法會通過的法律的合憲性判斷時，法院也並未做出區分，一概認為對於所有香港現行法律法院均有「違憲審查」權。另一方面，在任何一個過往案件中，包括政府（律政司）、雙方律師、專家顧問等在內的所有參與案件參與者，沒有任何一方就法院在回歸後享有違憲審查權提出過質疑，香港社會也鮮有人就特區法院是否享有違憲審查權提出異議。客觀上來說，1997 年回歸後中央政府自我約束，尊重「高度自治」，不輕易干涉特區的各項事務，也為香港法院上提供了足夠的空間在實踐中進行「違憲審查」。作為實施普通法的法域，香港法院在「違憲審查」上不間斷的實踐已經構成憲法先例。[66]

基本法的理論建構和實施機制要求香港法院不能突破「一國兩制」底線，影響中央和特區關係，例如不能一昧堅持普通法解釋方法和傳統，導致法院對基本法的解釋與憲法對主權的原則性規定出現直接衝突。但為了保障高度自治權，維持特區普通法制度的優勢，應當認可特區法院在基本法框架下所享有的司法審查權。事實上，回歸以來除了吳嘉玲案引發爭議，香港法院不斷調整立場，避免觸碰中央底線。香港法院通過不間斷的實踐，不僅讓司法審查成為慣例，也不斷優化、完善司法審查的標準，總體來說體現了非常成熟、穩健的司法

66　強世功：《和平革命中的司法管轄權之爭》，《中外法學》2007 年第 6 期，第 655 頁；類似觀點也可參見如祝捷：《香港特別行政區終審法院法規審查的技術實踐及其效果》，《政治與法律》2014 年第 4 期，第 13 頁，該文提出「終審法院的法規審查已是不爭的事實」。

取態。[67]

　　當然，這並非說全國人大常委會不能以制定法的形式推翻「先例」，但基本法「預設」了香港法院的司法審查權，全國人大常委會也從未有以解釋或決定的形式否認香港法院享有司法審查的權力。在吳嘉玲案終審判決頒佈後，特區政府曾要求終審法院作出澄清，但要求澄清的問題並非是法院是否享有「違憲審查」的權力，而是要求法院澄清判詞中所說的「全國人民代表大會或其常務委員會的行為是否抵觸基本法這問題由特區法院裁定」。

　　基本法作為一部在單一制國家中對特別行政區的制度進行特別安排的授權法，引入了與內地不同的法律解釋制度。也因為基本法保留香港原有法律，香港法院得以在回歸後延續普通法的法律解釋技術和方法，並以此為基礎進行適度擴張司法權的範圍，在個案中肯定自己的違憲審查權。該種差異性是「一國兩制」制度「初心」的重要體現，構成香港獨特的制度優勢。[68] 在「一國」的前提下允許「兩制」存在「異質法律」，可以體現我國法律制度的多元性和治理體系的包容。即便該種「異質」性可能導致實踐中出現衝突和矛盾，全國人大常委會也可以通過主動行使第 158 條規定的全面的、不受限制的、隨時可以行使的解釋權來釐清爭議。[69]

67　有學者分析終審法院 67 個司法審查個案，認為對於中央關切的問題，例如剛果（金）案、議員宣誓案、一地兩檢等，終審法院始終尊重「一國」權威。參見曹旭東：《香港特區終審法院基本法審查的司法哲學（1997-2017）》，《法學評論》2020 年第 3 期，第 27-41 頁。

68　參見鄭戈：《中國憲法秩序中的香港特別行政區基本法解釋》，《中國法律評論》2020 年第 2 期；強世功：《和平革命中的司法管轄權之爭：從馬維騉案和吳嘉玲案看香港憲政秩序的轉型》，《中外法學》2007 年第 6 期。

69　鄭戈：《中國憲法秩序中的香港特別行政區基本法解釋》，《中國法律評論》2020 年第 2 期，第 180-181 頁。

第八章

中央全面管治權與
香港特區高度自治權

謝宇

2014 年中央人民政府發佈了《「一國兩制」在香港特別行政區的實踐》白皮書，白皮書明確指出，「中央擁有對香港特別行政區的全面管治權」，「中央依法履行憲法和香港基本法賦予的全面管治權和憲制責任，有效管治香港特別行政區」，創造性地提出了「全面管治權」這一概念。中共十九大在闡述「一國兩制」基本方略時進一步指出，「必須把維護中央對香港、澳門特別行政區全面管治權和保障特別行政區高度自治權有機結合起來，確保『一國兩制』方針不會變、不動搖，確保『一國兩制』實踐不變形、不走樣。」[1] 中央擁有對香港特別行政區的全面管治權，既包括中央直接行使的權力，也包括授權香港特別行政區依法實行高度自治。對於香港特別行政區的高度自治權，中央具有監督權力。

---

1   習近平：《決勝全面建成小康社會 奪取新時代中國特色社會主義偉大勝利 —— 在中國共產黨第十九次全國代表大會上的報告》，2017 年 10 月 18 日。

第一節

中央全面管治權概述

◇◇◇

　　中央對香港、澳門特區的全面管治權，是中央依照憲法和基本法對香港、澳門兩個特別行政區享有的憲制權力。我國政府對香港、澳門恢復行使主權，就是恢復行使對香港、澳門的全面管治權。全面管治權與高度自治權在本質上是統一的：全面管治權是授權特別行政區高度自治的前提和基礎，高度自治權是中央行使全面管治權的體現。它們之間是源與流、本與末的關係。高度自治不是完全自治，也不是分權，而是中央授予的地方事務管理權。中央授予多少權力，特別行政區就享有多少權力，不存在所謂「剩餘權力」。中央有權對特別行政區高度自治權行使情況進行監督，有權依法對違反「一國兩制」和基本法的行為予以糾正。因此，在「一國兩制」實踐中，必須始終維護中央全面管治權，在任何時候，都不能將全面管治權和高度自治權對立起來；在任何情況下，特別行政區行使高度自治權都不得損害國家主權和全面管治權，更不能以高度自治權對抗全面管治權。具體來說，在理解全面管治權時，應當注意以下內容：

一、全面管治權的內容根本上是源自我國《憲法》規定，而非局限於《香港基本法》的規定

　　雖然我國憲法中部分關於社會主義制度和政策的條款不在特區

實施，但我國憲法作為主權的最高體現和法律表達，[2] 其整體上適用於中華人民共和國全部領土，[3] 且在我國法律體系中是具有最高法律效力的根本法，其同樣也是特區的最高憲制基礎。我國憲法中有關國家主權、國防、外交、最高國家權力機關和最高國家行政機關等規定均適用於特區，[4] 這些規定均是中央行使全面管治權的直接法律依據。由於香港基本法是全國人大制定的基本法律，其效力高於法規、規章，但低於我國憲法，其無法替代我國憲法作為特區最高憲制基礎的地位，香港基本法中關於全面管治權的規定實際上是將我國憲法中對相關權力的規定進行了具體化。因此，認為中央全面管治權僅限於基本法中的規定就過於狹隘了，在理解中央全面管治權的來源和範圍時必須結合我國憲法中的相關規定。

認識到中央全面管治權源於我國憲法而非局限於香港基本法，對於處理「一國兩制」中的實踐問題有著重要的指導意義。例如，在圍繞中央全面管治權的爭議中，爭議最大的一個問題是全國人大常委會對基本法的解釋權問題。[5] 由於香港基本法第 158 條規定了香港法院提請全國人大常委會釋法的路徑，但對於全國人大常委會能否主動釋法並未進行明確規定，以致在劉港榕案中，資深大律師張健利提出依據香港基本法第 158 條，全國人大常委會無權主動解釋香港基本法，因此全國人大常委會 1999 年釋法不具備法律效力。在該案中，張健利大律師將香港基本法第 158 條作為中央行使釋法權的唯一法律依據，故而推導出了錯誤的結論。但如果能夠認識到全國人大常委會釋法權的最終法律依據是我國憲法第 67 條，而該條不加任何限制

2　韓大元：《論〈憲法〉在〈香港特別行政區基本法〉制定過程中的作用》，《現代法學》2017 年第 9 期。

3　蕭蔚雲：《一國兩制與香港基本法律制度》，北京大學出版社 1990 年版，第 94 頁。

4　參見蕭蔚雲：《論中華人民共和國憲法與香港特別行政區基本法的關係》，《北京大學學報（哲學社會科學版）》1990 年第 3 期。

5　參見強世功：《文本、結構與立法原意 ——「人大釋法」的法律技藝》，《中國社會科學》2007 年第 5 期。

地、概括性地賦予了全國人大常委會解釋包括香港基本法在內所有法律的職權，就能夠充分理解主動解釋基本法的權力是中央全面管治權的應有之義。

二、中央全面管治權與特區高度自治權是「原生—派生」關係，而非分權關係

正如上文所述，雖然香港基本法也詳細規定了中央全面管治權，但中央全面管治權是源自我國憲法的規定，是一國主權的具體表現[6]。特區高度自治權不具備主權屬性，[7] 其本質上屬於中央全面管治權的一部分，只是基於「一國兩制」的基本方略，通過香港基本法派生出高度自治權，並將其授予特區行使。此外，作為高度自治權法律依據的香港基本法是全國人大制定的一部基本法律，不是憲法，通過香港基本法將全面管治權派生出高度自治權的行為，不是聯邦制下通過憲法劃分中央和地方權力的模式。

特區高度自治權與中央全面管治權的這種「原生—派生」關係蘊含著以下幾層含義：（1）高度自治權並非特區固有的權力，特區在行使高度自治權時不得違背授權的目的，特別是不得侵犯中央的全面管治權。既然高度自治權派生於全面管治權，是中央通過基本法授予特區行使的，那麼，特區在行使高度自治權時就應當服從授權的目的，即「維護國家的統一和領土完整，保持香港的繁榮和穩定」，因此，任何行使高度自治權的主體，包括行政長官、立法會議員、法官等都不得從事破壞國家統一和領土完整、破壞香港繁榮穩定的活動。

6　王禹：《「一國兩制」下中央對特別行政區的全面管治權》，《港澳研究》2016 年第 2 期；另見「一國兩制」白皮書起草者之一強世功教授的論述，即強世功：《香港白皮書——被誤讀的「全面管治權」》，BBC 中文網，http://www.bbc.com/zhongwen/simp/china/2014/06/140613_qiangshigong_hk_white_paper。

7　蔣朝陽：《國家管治權及其在特別行政區的實現》，《港澳研究》2017 年第 2 期。

（2）中央對特區高度自治權享有監督權。高度自治權派生於全面管治權，是中央通過香港基本法授予特區行使的權力，那麼，為了確保特區行使高度自治權符合授權目的，沒有偏離「一國兩制」的正確方向，中央有權對特區行使高度自治權的行為進行監督。

中央直接行使的權力

◇◇◇

　　根據憲法和香港基本法的規定，中央直接行使對香港特別行政區管治權的權力主體，包括全國人民代表大會及其常委會、國家主席、中央人民政府、中央軍事委員會等。具體而言，包括：（1）全國人大。全國人大決定香港特別行政區的設立，制定香港基本法以規定在香港特別行政區實行的制度，並擁有基本法的修改權。（2）全國人大常委會。全國人大常委會擁有香港基本法的解釋權，對香港特別行政區行政長官產生辦法和立法會產生辦法修改的決定權，對香港特別行政區立法機關制定的法律的監督權，對香港特別行政區進入緊急狀態的決定權，以及向香港特別行政區作出新授權的權力。（3）中央人民政府。香港特別行政區直轄於中央人民政府，行政長官向中央人民政府負責，中央人民政府擁有任命行政長官和主要官員、依法管理與香港特別行政區有關的外交事務、向行政長官發出指令的權力。（4）中央軍事委員會領導香港駐軍，履行防務職責，等等。

　　中央依法履行憲法和香港基本法賦予的全面管治權和憲制責任，有效管治香港特別行政區。除了組建香港特別行政區政權機關和支持指導香港特別行政區行政長官和政府依法施政以外，中央直接行使的權力包括以下幾類內容：

一、負責管理與香港特別行政區有關的外交事務

所謂主權，是指一國最高、絕對和不受控制的統治權，表現為一國在國內對其國家機關建制的最高管理權，在國際上的獨立權和自主管理國內事務不受外國支配的權力，諸如在國內制定法律並適用，徵納捐稅，同外國宣戰和媾和、締結同盟條約或進行商業交往等。[8]其中，外交權是一個國家主權的重要體現，無論是單一制國家還是聯邦制國家，即使中央（聯邦）與地方分權再徹底，中央（聯邦）政府也不會與地方分享外交權。[9]其原因在於，一方面，現代國際法主要調整的是國家與國家之間的關係，主權國家與政府間國際組織是國際法主體，若地方政府被允許享有外交權力，則很難被國際社會接受，即使接受也須由它的中央政府承擔國際法上的義務與責任，因而對於重要的地方對外事務，中央政府一般也需要親自處理；另一方面，如果本國法律授權或預設地方政府享有外交權，極易出現中央與地方對外政策的不一致，由此造成對外交往的混亂並讓第三方無所適從，無法維護國家整體利益，甚至還會導致地方分離主義的產生。[10]

香港基本法第 13 條第 1 款規定，中央人民政府負責管理與香港特別行政區有關的外交事務。上述規定以基本法的形式載明，香港特別行政區作為我國的一個地方區域，並不享有外交權，外交權仍由中央人民政府行使。在近年的實踐中，中央人民政府負責管理與香港特別行政區有關的外交事務主要體現在以下方面：（1）支持香港特別行政區積極開展對外交往與合作；（2）妥善處理國際條約在香港特別行政區的適用等條約法律問題；（3）審批外國在香港特別行政區設立領事機構或其他官方、半官方機構；（4）全力維護香港同胞在海外的安

8　參見《元照英美法詞典》，北京大學出版社 2017 年版，第 1274 頁。

9　參見姚魏：《特別行政區對外交往權研究》，法律出版社 2016 年版，第 31 頁。

10　參見姚魏：《特別行政區對外交往權研究》，法律出版社 2016 年版，第 31 頁。

全與合法權益，積極開展涉港領事保護工作；（5）防範和遏制外部勢力干預香港事務；等等。

香港基本法第 13 條第 2 款規定，中華人民共和國外交部在香港設立機構處理外交事務。實踐中，外交部駐香港特別行政區特派員公署（以下簡稱外交部駐港公署）是中華人民共和國外交部根據香港基本法的規定，在香港特別行政區設立的負責處理與香港特別行政區有關的外交事務的機構。外交部駐港公署的職責是：處理由中央人民政府負責管理的與香港特區有關的外交事務；協助香港特區政府依照基本法或經授權自行處理有關對外事務；處理中央人民政府和外交部交付的其他事務。具體包括：（1）協調處理香港特別行政區參加有關國際組織和國際會議事宜；協調處理國際組織和機構在香港特別行政區設立辦事機構的問題；協調處理在香港特別行政區舉辦政府間國際會議事宜。（2）處理有關國際公約在香港特別行政區的適用問題；協助辦理須由中央人民政府授權香港特別行政區與外國談判締結的雙邊協定的有關事宜。（3）協調處理外國在香港特別行政區設立領事機構或其他官方、半官方機構的有關事宜。（4）承辦外國國家航空器和外國軍艦訪問香港特別行政區等有關事宜。

二、負責管理香港特別行政區的防務

根據香港基本法第 14 條第 1 款規定，中央人民政府負責管理香港特別行政區的防務。防務與外交一樣，均屬於一個國家主權範圍內的重要事務，應當由中央人民政府負責管理。中央為了有效管理香港特別行政區的防務，有必要在香港特別行政區派駐一定的軍隊。對此，鄧小平同志曾強調，「除了在香港駐軍外，中國還有什麼能夠體現對香港行使主權呢？在香港駐軍還有一個作用，可以防止動亂。那些想搞動亂的人，知道香港有中國軍隊，他就要考慮。即使有了動

亂，也能及時解決。」[11]

為此，經中央決定並於 1996 年 1 月組建中國人民解放軍駐香港部隊。1996 年 12 月 30 日，第八屆全國人大常委會第二十三次會議通過《中華人民共和國香港特別行政區駐軍法》（以下簡稱《駐軍法》）。1997 年 7 月 1 日零時，香港駐軍進駐香港，中國人民解放軍駐香港部隊擔負香港特別行政區的防務，是中國政府對香港恢復行使主權的重要標誌，任務神聖，責任重大。

根據香港基本法和《駐軍法》規定，香港駐軍履行下列防務職責：防備和抵抗侵略，保衛香港特別行政區的安全；擔負防衛勤務；管理軍事設施；承辦有關的涉外軍事事宜。不僅如此，全國人民代表大會常務委員會決定宣佈戰爭狀態或者因香港特別行政區內發生香港特別行政區政府不能控制的危及國家統一或者安全的動亂而決定香港特別行政區進入緊急狀態時，香港駐軍根據中央人民政府決定在香港特別行政區實施的全國性法律的規定履行職責。

此外，香港基本法和《駐軍法》也對駐港部隊進行了約束。例如，香港基本法第 14 條第 3 款規定，中央人民政府派駐香港特別行政區負責防務的軍隊不干預香港特別行政區的地方事務。香港基本法第 14 條第 4 款規定，駐軍人員除須遵守全國性的法律外，還須遵守香港特別行政區的法律。《駐軍法》第 11 條規定，香港駐軍進行訓練、演習等軍事活動，涉及香港特別行政區公共利益的，應當事先通報香港特別行政區政府。對於駐軍的費用而言，香港基本法第 14 條第 5 款，駐軍費用由中央人民政府負擔。

11　鄧小平：《鄧小平文選（第三卷）》，人民出版社 1993 年版，第 75 頁。

三、人事任免權

香港基本法第 15 條規定，中央人民政府依照本法第四章的規定任命香港特別行政區行政長官和行政機關的主要官員。儘管香港基本法並未像《澳門基本法》一樣直接規定中央對於行政長官和主要官員的免職權，但從香港基本法的原意來看，中央人民政府對於行政長官和主要官員既享有任命權，也享有免職權。

1. 任免行政長官。香港特區行政長官具有雙重法律地位：一方面，行政長官具有香港特區首長的法律地位，是香港特區的最高地方長官；另一方面，行政長官具有香港特區政府首長的法律地位，領導香港特區政府。根據香港基本法第 45 條規定，香港特別行政區行政長官在當地通過選舉或協商產生，由中央人民政府任命。曾經有一種觀點認為，中央對行政長官的任免是一種形式性的權力，例如，對於當行政長官在當地通過選舉或協商產生後，中央只能任命而不能拒絕任命。這種觀點並不符合香港基本法的真正含義，中央對行政長官的任命權是一項實質性的權力，中央人民政府有權依法獨立決定是否對行政長官選舉的當選者予以任命。[12]

2. 任免主要官員。根據香港基本法第 48 條規定，由行政長官提名並上報中央人民政府任命的主要官員包括：各司司長及副司長、各局局長、廉政專員、審計署署長、警務處處長、入境事務處處長、海關關長等。與任免行政長官相同，中央對主要官員的任免也是一項實質性的權力。

12　參見韓大元、黃明濤：《論中央人民政府對香港特區行政長官的任命權》，《港澳研究》2014 年第 1 期。

四、備案監督權

　　根據香港基本法，有權對香港特區相關事項進行備案的主體主要為全國人大常委會和中央人民政府。這種備案權本質上是中央對香港特區高度自治權行使進行監督的具體體現，通過對這些重要的政治、經濟等事項進行備案，有利於中央對香港特區高度自治權行使的監督，有利於確保「一國兩制」實踐不走樣、不變形。

（一）全國人大常委會的備案權

　　1. 對特別行政區立法的備案。根據香港基本法第 17 條的規定，香港特別行政區享有立法權。香港特別行政區的立法機關制定的法律須報全國人民代表大會常務委員會備案。該規定意味著，一方面，香港特別行政區的立法機關應當及時將所制定的法律向全國人大常委會備案，另一方面，全國人大常委會有權對備案的法律進行審查。但需要說明的是，全國人大常委會的備案不影響該法律的生效。全國人大常委會對香港特區立法機關制定法律的備案不同於批准，備案屬於事後審查，並非香港特區法律生效的前提。

　　除此之外，還需要注意全國人大常委會備案審查的程序和效力。一是備案審查的程序。全國人民代表大會常務委員會在徵詢其所屬的香港特別行政區基本法委員會後，如認為香港特別行政區立法機關制定的任何法律不符合本法關於中央管理的事務及中央和香港特別行政區的關係的條款，可將有關法律發回，但不作修改。二是備案審查的效力。經全國人民代表大會常務委員會發回的法律立即失效。該法律的失效，除香港特別行政區的法律另有規定外，無溯及力。

　　2. 對終審法院法官和高等法院首席法官任免的備案。雖然對於香港特區法院法官的任免有一套相對獨立的體系，但其同樣需要接受中央的監督。根據香港基本法規定，香港特別行政區終審法院的法官

和高等法院首席法官的任命或免職，還須由行政長官徵得立法會同意，並報全國人民代表大會常務委員會備案。

3. 對基本法附件二修改的備案。對基本法附件二的修改是香港政治體制改革的重要內容之一。根據香港基本法附件二（2021 年前）規定，2007 年以後，香港特別行政區立法會的產生辦法和法案、議案的表決程序，如需對本附件的規定進行修改，須經立法會全體議員三分之二多數通過，行政長官同意，並報全國人民代表大會常務委員會備案。

（二）中央人民政府的備案權

1. 對特區財政預算、決算進行備案。香港特區行政長官對於立法會通過的財政預算案，除進行簽署外，還應將財政預算、決算報中央人民政府備案。

2. 對特區在外國設立官方或半官方的經濟和貿易機構進行備案。香港特別行政區可根據需要在外國設立官方或半官方的經濟和貿易機構，但必須將相關內容報中央人民政府備案。

五、重大事項決定權

1. 決定全國性法律在特別行政區實施。與內地法律體系不同，全國性法律除列於香港基本法附件三者外，不在香港特別行政區實施。對此，全國人民代表大會常務委員會在徵詢其所屬的香港特別行政區基本法委員會和香港特別行政區政府的意見後，可對列於本法附件三的法律作出增減，任何列入附件三的法律，限於有關國防、外交和其他按基本法規定不屬於香港特別行政區自治範圍的法律。

2. 決定特別行政區進入戰爭或緊急狀態。全國人民代表大會常務委員會決定宣佈戰爭狀態或因香港特別行政區內發生香港特別行政

區政府不能控制的危及國家統一或安全的動亂而決定香港特別行政區進入緊急狀態，中央人民政府可發佈命令將有關全國性法律在香港特別行政區實施。

3. 決定特別行政區全國人大代表選舉事宜。在香港特區全國人大代表選舉中，須根據全國人民代表大會確定的名額和代表產生辦法，由香港特別行政區居民中的中國公民在香港選出香港特別行政區的全國人民代表大會代表，參加最高國家權力機關的工作。

4. 決定內地公民進入香港特別行政區定居的人數。中國其他地區的人進入香港特別行政區須辦理批准手續，其中進入香港特別行政區定居的人數由中央人民政府主管部門徵求香港特別行政區政府的意見後確定。

5. 決定國際協議在特別行政區的適用。中華人民共和國締結的國際協定，中央人民政府可根據香港特別行政區的情況和需要，在徵詢香港特別行政區政府的意見後，決定是否適用於香港特別行政區。中華人民共和國尚未參加但已適用於香港的國際協定仍可繼續適用。中央人民政府根據需要授權或協助香港特別行政區政府作出適當安排，使其他有關國際協定適用於香港特別行政區。

6. 決定香港原有法律是否與香港基本法相抵觸。根據香港基本法第 160 條的規定，香港特別行政區成立時，香港原有法律除由全國人民代表大會常務委員會宣佈為同基本法抵觸者外，採用為香港特別行政區法律，如以後發現有的法律與基本法抵觸，可依照本法規定的程序修改或停止生效。香港基本法第 8 條規定，香港原有法律，即普通法、衡平法、條例、附屬立法和習慣法，除同基本法相抵觸或經香港特別行政區的立法機關作出修改者外，予以保留。對於哪些法律與香港基本法相抵觸，全國人大常委會享有決定權。對此，1997 年第八屆全國人大常委會第二十四次會議通過了《全國人民代表大會常務委員會關於根據〈中華人民共和國香港特別行政區基本法〉第

一百六十條處理香港原有法律的決定》，明確了香港原有法律中與香港基本法全部或部分抵觸的內容。

六、批准權

在「一國兩制」實踐中，有些重要的政治、經濟等事項涉及國家主權、安全和發展利益，涉及全面管治權和高度自治權，需要經中央人民政府批准或許可後方能實施。

1. 批准中央各部門、各省、自治區、直轄市在香港特區設立機構。為了充分保障香港特別行政區的高度自治，中央各部門、各省、自治區、直轄市如需在香港特別行政區設立機構，須徵得香港特別行政區政府同意並經中央人民政府批准。

2. 內地居民進入香港特區須辦理批准手續。中國其他地區的人進入香港特別行政區須辦理批准手續，其中進入香港特別行政區定居的人數由中央人民政府主管部門徵求香港特別行政區政府的意見後確定。

3. 批准外國軍用船隻和外國國家航空器進入香港特別行政區。除外國軍用船隻進入香港特別行政區須經中央人民政府特別許可外，其他船舶可根據香港特別行政區法律進出其港口。由於外國軍用船隻涉及到防務、外交等主權問題，因此，外國軍用船隻進入香港特區屬於中央人民政府管理的事項，由中央人民政府進行批准。除此之外，外國國家航空器進入香港特別行政區須經中央人民政府特別許可。其中，外國國家航空器一般是指外國政府用於軍事、海關、警員等部門的航空器。

4. 批准外國在香港特區設立領事機構或其他官方、半官方機構。外國在香港特別行政區設立領事機構或其他官方、半官方機構，須經中央人民政府批准。這主要是基於該事項涉及外交事務，屬於國

家主權事項，應當由中央人民政府批准。

5. 批准香港基本法附件一的修改。香港基本法附件一（2021 年前）《香港特別行政區行政長官的產生辦法》規定，2007 年以後各任行政長官的產生辦法如需修改，須經立法會全體議員三分之二多數通過，行政長官同意，並報全國人民代表大會常務委員會批准。

七、向行政長官發出指令的權力

在單一制之下，中央人民政府作為最高國家行政機關，對地方行政機關發佈指令是其行使職權的重要表現。根據憲法第 89 條的規定，國務院有權根據憲法和法律發佈決定和命令，有權統一領導全國地方各級國家行政機關的工作。對此，香港基本法也予以了具體規定。香港基本法第 48 條規定，行政長官的職權包括「執行中央人民政府就本法規定的有關事務發出的指令」，這也是特區政府向中央人民政府負責的重要途徑和方式。

八、對基本法的解釋權

根據憲法第 67 條規定，全國人大常委會享有解釋法律的職權，香港基本法作為全國性法律，其解釋權同樣由全國人大常委會行使。香港基本法第 158 條第 1 款也明確規定，「本法的解釋權屬於全國人民代表大會常務委員會」。

同時，為了照顧香港司法實踐的實際情況，香港基本法第 158 條第 2 款和第 3 款又規定，「全國人民代表大會常務委員會授權香港特別行政區法院在審理案件時對本法關於香港特別行政區自治範圍內的條款自行解釋。香港特別行政區法院在審理案件時對本法的其他條款也可解釋。但如香港特別行政區法院在審理案件時需要對本法關於

中央人民政府管理的事務或中央和香港特別行政區關係的條款進行解釋，而該條款的解釋又影響到案件的判決，在對該案件作出不可上訴的終局判決前，應由香港特別行政區終審法院請全國人民代表大會常務委員會對有關條款作出解釋。」按照上述規定，除了全國人大常委會享有基本法解釋權外，全國人大常委會還授權香港法院對基本法進行解釋。但需要明確的是，雖然香港法院經授權也可以行使解釋權，但全國人大常委會是授權者，香港法院是被授權者，這一授權與被授權的關係十分明確。香港法院作為被授權者，應當尊重授權者的權威，這是香港基本法第 158 條所蘊含的基本含義。

除此之外，香港基本法第 158 條第 4 款對基本法的解釋在程序上進行了限制，規定全國人民代表大會常務委員會在對本法進行解釋前，須徵詢其所屬的香港特別行政區基本法委員會的意見。自 1999 年以來，全國人大常委會已經五次對香港基本法 中的部分條款進行了解釋。在實踐中，全國人大常委會先後於 1999 年、2004 年、2005 年、2011 年、2016 年五次對基本法中爭議較大的問題進行解釋，有效解決了居港權、香港政制改革、補選行政長官任期、國家豁免、宣誓制度等重要問題的爭議，對於維護香港的繁榮穩定和香港基本法的權威發揮了重要作用。

九、對基本法的修改權

根據憲法第 62 條的規定，全國人大有權制定和修改刑事、民事、國家機構的和其他的基本法律，香港基本法 作為由全國人大制定的基本法律，應當由全國人大行使修改權。對此，香港基本法第 159 條也進行了規定，該條規定本法的修改權屬於全國人民代表大會。

香港基本法是中央授予香港特區高度自治權的核心法律依據，

香港基本法的穩定性決定了高度自治權的穩定性。從過往的實踐來看，中央一向十分慎重地對待香港基本法的修改。面對若干次圍繞香港基本法的爭議，中央並未修改過香港基本法，而是通過解釋香港基本法的方式解決相關爭議。

同時，與其他全國人大制定的基本法律相比，修改香港基本法有著更嚴格的限制：（1）《香港基本法》的修改主體有著特殊的限制。根據《立法法》第 7 條，全國人大制定和修改基本法律，但在全國人大閉會期間，全國人大常委會可以對全國人大制定的法律進行部分補充和修改；但香港基本法第 159 條明確規定「本法的修改權屬於全國人民代表大會」，而未授權全國人大常委會在全國人大閉會期間對基本法進行部分補充和修改的權力，在修改主體上更為嚴格。（2）香港基本法的修改程序有著特殊限制。香港基本法第 159 條規定，香港基本法修改的提案權屬於全國人大常委會、國務院和香港特區。特區的修改議案，須經特區的全國人大代表三分之二多數、特區立法會全體議員三分之二多數和行政長官同意後，交由特區出席全國人大的代表團向全國人民代表大會提出。除此之外，該條還規定香港基本法的修改議案在列入全國人大的議程前，先由基本法委員會研究並提出意見。（3）香港基本法的修改在內容上有著特殊限制。基本法第 159 條規定，本法的任何修改，均不得同中華人民共和國對香港既定的基本方針政策相抵觸。上述對基本法修改的限制使基本法處於不易被修改的地位，為高度自治權的穩定提供了可靠的保障。可以預期，特區高度自治權將貫穿整個「一國兩制」的偉大實踐歷程之中。

第三節

香港特區享有高度自治權

◇◇◇

香港基本法作為一部授權法，其中許多章節的內容均涉及到特別行政區的高度自治權。其中，香港基本法第 2 條明確規定，全國人民代表大會授權香港特別行政區依照本法的規定實行高度自治，享有行政管理權、立法權、獨立的司法權和終審權。一方面，該規定明確了香港特別行政區高度自治權是源自全國人大的授權，明晰了中央全面管治權與特區高度自治權之間「原生—派生」關係；另一方面，明確了高度自治權的主要內容，包括行政管理權、立法權、獨立的司法權和終審權等。

一、行政管理權

根據香港基本法第 16 條的規定，香港特別行政區享有行政管理權，依照基本法的有關規定自行處理香港特別行政區的行政事務。除此之外，香港基本法還具體規定了特別行政區在諸如財政經濟、工商貿易、交通運輸、土地和自然資源的開發和管理、教育科技、文化體育、社會治安、出入境管制等各個方面的自治權。如規定特別行政區保持財政獨立，財政收入不上繳中央，中央不在特別行政區徵稅；自行制定貨幣金融政策，港幣為特別行政區的法定貨幣，其發行權屬於特別行政區政府。又如，規定特別行政區政府的代表可作為中國政府代表團的成員，參加同香港有關的外交談判；特別行政區可在經濟、

貿易、金融、航運、通訊、旅遊、文化、體育等領域以「中國香港」的名義，單獨地同世界各國、各地區及有關國際組織保持和發展關係，簽定和履行有關協定。《香港特別行政區基本法（草案）徵求意見稿》曾經對財政、金融、經濟、工商業、貿易、稅務、郵政等 29 項行政事務進行了明確列舉，但在徵求意見過程中，香港基本法起草委員會認為這種列舉的方式可能不全，因此才改為現在香港基本法第 16 條的寫法。[13] 具體而言，香港特別行政區享有的行政管理權主要包括：

1. 維持社會治安的權力。根據香港基本法規定，香港特別行政區政府負責維持香港特別行政區的社會治安。同時，香港特別行政區政府在必要時，可向中央人民政府請求駐軍協助維持社會治安和救助災害。

2. 同意中央各部門、各省、自治區、直轄市在香港特區設立機構的權力。為了保障香港特區的高度自治權，中央各部門、各省、自治區、直轄市如需在香港特別行政區設立機構，須徵得香港特別行政區政府同意並經中央人民政府批准。

3. 執法權。根據香港基本法，執行香港基本法和依照香港基本法 適用於香港特區的法律是行政長官的職權之一。

4. 制定並執行決策和發佈行政命令的權力。行政長官領導香港特區政府，決定政府政策和發佈行政命令。香港特區政府有權制定並執行決策。

5. 人事任免權。在香港特區政府的架構中，行政長官提名並報請中央人民政府任命下列主要官員：各司司長、副司長，各局局長，廉政專員，審計署署長，警務處處長，入境事務處處長，海關關長；建議中央人民政府免除上述官員職務；依照法定程序任免各級法院法

13　參見蕭蔚雲：《香港基本法與一國兩制的偉大實踐》，海天出版社 1993 年版，第 111-112 頁。

官；依照法定程序任免公職人員。香港基本法還規定，香港特別行政區行政會議的成員由行政長官從行政機關的主要官員、立法會議員和社會人士中委任，其任免由行政長官決定。

6. 執行中央任命政府有關行政指令的權力。正如上文所述，中央人民政府有權就香港基本法規定的有關事務發出指令，行政長官有權執行該項指令。

7. 赦免權。根據香港基本法，行政長官有權赦免或減輕刑事罪犯的刑罰。

8. 提交法案、制定附屬法規的權力。香港特區立法會是香港特區的立法機關，行使立法權，但根據香港基本法，行政長官有權向立法會提交法案、制定附屬法規。

9. 簽署法案的權力。香港特別行政區立法會通過的法案，須經行政長官簽署、公佈，方能生效。且香港特別行政區行政長官如認為立法會通過的法案不符合香港特別行政區的整體利益，可在三個月內將法案發回立法會重議，立法會如以不少於全體議員三分之二多數再次通過原案，行政長官必須在一個月內簽署公佈或依照法定程序解散立法會。

10. 編制並提出財政預算、決算，和臨時撥款的權力。香港特區政府有權編制並提出財政預算、決算。且香港特別行政區立法會如拒絕批准政府提出的財政預算案，行政長官可向立法會申請臨時撥款。如果由於立法會已被解散而不能批准撥款，行政長官可在選出新的立法會前的一段時期內，按上一財政年度的開支標準，批准臨時短期撥款。

11. 管理對外事務的權力。根據香港基本法規定，中華人民共和國授權香港特別行政區依照基本法自行處理有關的對外事務。對此，香港特區政府有權辦理香港基本法規定的中央人民政府授權的對外事務。

12. 管理刑事檢察工作的權力。根據香港基本法規定，香港特區律政司刑事檢察工作，不受任何干涉。需要注意的是，與內地司法體制不同，香港特區律政司並非香港的司法機關，而是特區的行政機關。

13. 財政稅收權。與內地一般地方行政區域不同，香港特別行政區保持財政獨立。香港特別行政區的財政收入全部用於自身需要，不上繳中央人民政府。中央人民政府不在香港特別行政區徵稅。此外，香港特別行政區實行獨立的稅收制度。香港特別行政區參照原在香港實行的低稅政策，自行立法規定稅種、稅率、稅收寬免和其他稅務事項。

14. 貨幣金融權。香港特別行政區的貨幣金融制度由法律規定。香港特別行政區政府自行制定貨幣金融政策，保障金融企業和金融市場的經營自由，並依法進行管理和監督。港元為香港特別行政區法定貨幣，繼續流通。不僅如此，港幣的發行權也屬於香港特別行政區政府。港幣的發行制度和準備金制度，由法律規定。香港特別行政區政府，在確知港幣的發行基礎健全和發行安排符合保持港幣穩定的目的的條件下，可授權指定銀行根據法定許可權發行或繼續發行港幣。

15. 經濟貿易管理權。香港特別行政區實行自由貿易政策，保障貨物、無形財產和資本的流動自由。香港特別行政區為單獨的關稅地區。香港特別行政區可以「中國香港」的名義參加《關稅和貿易總協定》、關於國際紡織品貿易安排等有關國際組織和國際貿易協定，包括優惠貿易安排。香港特別行政區所取得的和以前取得仍繼續有效的出口配額、關稅優惠和達成的其他類似安排，全由香港特別行政區享有。香港特別行政區政府制定適當政策，促進和協調製造業、商業、旅遊業、房地產業、運輸業、公用事業、服務性行業、漁農業等各行業的發展，並注意環境保護。

16. 土地管理權。香港基本法規定，香港特別行政區成立以前已

批出、決定、或續期的超越 1997 年 6 月 30 日年期的所有土地契約和與土地契約有關的一切權利，均按香港特別行政區的法律繼續予以承認和保護。香港特別行政區成立以後滿期而沒有續期權利的土地契約，由香港特別行政區自行制定法律和政策處理。

17. 航運管理權。香港特別行政區保持原在香港實行的航運經營和管理體制，包括有關海員的管理制度。香港特別行政區政府自行規定在航運方面的具體職能和責任。此外，香港特別行政區經中央人民政府授權繼續進行船舶登記，並根據香港特別行政區的法律以「中國香港」的名義頒發有關證件。

18. 民用航空管理權。香港特別行政區自行負責民用航空的日常業務和技術管理，包括機場管理，在香港特別行政區飛行情報區內提供空中交通服務，和履行國際民用航空組織的區域性航行規劃程序所規定的其他職責。

19. 教育、科學、文化、體育、宗教、勞工和社會服務管理權。香港基本法第六章規定了香港特區政府在教育、科學、文化、體育、宗教、勞工和社會服務方面享有廣泛的行政管理權。例如，香港基本法第 136 條規定，在教育領域，香港特別行政區政府在原有教育制度的基礎上，自行制定有關教育的發展和改進的政策，包括教育體制和管理、教學語言、經費分配、考試制度、學位制度和承認學歷等政策。再如，香港基本法第 139 條規定，香港特別行政區政府自行制定科學技術政策，以法律保護科學技術的研究成果、專利和發明創造。香港特別行政區政府自行確定適用於香港的各類科學、技術標準和規格。

二、立法權

（一）香港特別行政區立法權的廣泛性

根據香港基本法規定，香港特別行政區享有立法權。香港特別行政區立法會有權根據香港基本法的規定並依照法定程序制定、修改和廢除法律。香港立法會所制定的並非內地的地方性法規或自治條例、單行條例，而是法律；且其立法權限十分廣泛，除了外交、國防與國家主權有關的事項，香港特區立法會可以依照基本法制定民事、刑事、商事和訴訟程序等各方面適用於特別行政區的法律。這一點與各省、自治區、直轄市有較大區別。根據憲法和《立法法》規定，省、自治區、直轄市的人大及其常委會有權制定地方性法規，民族自治地方的人大有權制定自治條例和單行條例，但均無權制定法律；同時，各省、自治區、直轄市不能制定犯罪和刑罰、稅收基本制度、民事基本制度等方面的地方性法規，這凸顯出特區高度自治權的廣泛性。

（二）對香港特別行政區立法的監督

就對特區立法的監督方面，根據香港基本法，香港特別行政區的立法機關制定的法律須報全國人民代表大會常務委員會備案，備案不影響該法律的生效。這一點與內地各省、自治區、直轄市制定地方性法規基本相同。但不同的是，根據《立法法》規定，省、自治區、直轄市的人民代表大會及其常務委員會制定的地方性法規，報全國人民代表大會常務委員會和國務院備案，且全國人大常委會有權撤銷同憲法、法律和行政法規相抵觸的地方性法規。而根據香港基本法，香港特別行政區的立法機關制定的法律須報全國人民代表大會常務委員會備案。全國人民代表大會常務委員會在徵詢其所屬的香港特別行政區基本法委員會後，如認為香港特別行政區立法機關制定的任何法律

不符合本法關於中央管理的事務及中央和香港特別行政區的關係的條款，不能直接撤銷，可將有關法律發回，但不作修改。經全國人民代表大會常務委員會發回的法律立即失效。該法律的失效，除香港特別行政區的法律另有規定外，無溯及力。

三、獨立的司法權和終審權

根據香港基本法規定，香港特區享有獨立的司法權和終審權。所謂「獨立的司法權」，是指香港特別行政區法院獨立進行審判，不受任何干涉，司法人員履行審判職責的行為不受法律追究。所謂「終審權」，是指香港特區有權設立終審法院，作為最高上訴審判機關對其受理的案件在法律上行使最終審判權。香港法院所享有獨立的司法權和終審權，不僅獨立於香港特區內的其他機關、團體和個人，還獨立於內地司法機關。獨立的司法權和終審權具體體現在：

（一）具有自身特色的司法制度

在香港回歸之前，香港已有相對完善的司法制度和法院體系。香港回歸後，香港並不實行與內地統一的司法制度，根據香港基本法的規定，香港特別行政區設立終審法院、高等法院、區域法院、裁判署法庭和其他專門法庭。高等法院設上訴法庭和原訟法庭。原在香港實行的司法體制，除因設立香港特別行政區終審法院而產生變化外，予以保留。原在香港實施的普通法及相關的司法原則和制度，包括獨立審判原則、遵循先例原則、陪審制度原則等延續實行。香港特區現行的司法制度有著十分鮮明的自身特色，例如，終審法院可根據需要邀請其他普通法適用地區的法官參加審判；香港特別行政區的法官和其他司法人員，應根據本人的司法和專業才能選用，並可從其他普通法適用地區聘用，由此也引發了備受關注的外籍法官問題；香

港特別行政區法院依照香港基本法所規定的適用於香港特別行政區的法律審判案件，其他普通法適用地區的司法判例可作參考；原在香港實行的、具有濃厚普通法色彩的陪審制度的原則予以保留。

（二）以《香港基本法》和本地實行的法律為依據審判案件

根據香港基本法規定，在香港特別行政區實行的法律為香港基本法、香港原有法律和香港特別行政區立法機關制定的法律，這些法律都是香港法院審判案件的法律依據。需要說明的是，上述提到的「香港原有法律」，是指未同香港基本法相抵觸且未經香港特別行政區的立法機關作出修改，被保留的普通法、衡平法、條例、附屬立法和習慣法。這就意味著香港法院在審理案件時與內地有著明顯不同的法律依據，保留了十分顯著的特色。

（三）司法獨立

香港特別行政區法院獨立進行審判，不受任何干涉，司法人員履行審判職責的行為不受法律追究。除此之外，香港基本法還在法官任免、薪酬等方面為司法獨立提供了有效的制度保障。（1）在任命方面，香港特別行政區法院的法官，根據當地法官和法律界及其他方面知名人士組成的獨立委員會推薦，由行政長官任命。（2）在免職方面，香港特別行政區法院的法官只有在無力履行職責或行為不檢的情況下，行政長官才可根據終審法院首席法官任命的不少於三名當地法官組成的審議庭的建議，予以免職。香港特別行政區終審法院的首席法官只有在無力履行職責或行為不檢的情況下，行政長官才可任命不少於五名當地法官組成的審議庭進行審議，並可根據其建議，依照香港基本法規定的程序，予以免職。（3）在薪資方面，香港特區為司法人員提供了較高的薪資保障。根據司法人員薪俸及服務條件常務委員會《2021 年司法人員薪酬檢討報告》，香港終審法院常任法官月薪為

376,600 港元，高等法院上訴法庭和原訴法庭法官月薪分別為 339,550 和 323,650 港元，區域法院法官月薪為 230,950 港元。

（四）享有廣泛的管轄權

根據香港基本法，香港特別行政區法院除繼續保持香港原有法律制度和原則對法院審判權所作的限制外，對香港特別行政區所有的案件均有審判權。但與此同時，香港基本法也對香港法院的管轄權進行了限制，明確香港特別行政區法院對國防、外交等國家行為無管轄權。香港特別行政區法院在審理案件中遇有涉及國防、外交等國家行為的事實問題，應取得行政長官就該等問題發出的證明文件，上述文件對法院有約束力。行政長官在發出證明文件前，須取得中央人民政府的證明書。

（五）與內地法院沒有審級關係

在香港回歸以前，英國長期沒有賦予香港法院終審權，香港的終審權長期以來是在英國樞密院司法委員會。香港回歸以來，香港基本法規定了香港法院的終審權，香港作為一個地方行政區域，案件的終審不需要到最高人民法院，而只需要上訴到終審法院解決，這一規定是保障「港人治港，高度自治」的重要體現。香港終審法院於 1997 年 7 月 1 日生效之日成立。1997 年 6 月 30 日後，終審法院取代了倫敦樞密院的司法委員會，成為香港最高的上訴法院。終審法院在聆訊案件時會由五位法官主理，通常包括終審法院首席法官、三位常任法官及一位來自其他普通法適用地區的非常任法官；如終審法院首席法官未能出庭，則三位常任法官的其中一位擔任庭長，並加入一位非常任香港法官參加審判。如任何一位常任法官未能出庭，則由一位非常任香港法官代替他參加審判。目前共有四位非常任香港法官和十位來自其他普通法適用地區的非常任法官。

四、自行處理對外事務的權力

正如前文所述，外交作為一個國家的主權事項，管理與香港特區有關的外交事務屬於中央直接行使的權力。但同時，根據香港基本法第 13 條第 3 款的規定，中華人民共和國授權香港特別行政區依照本法自行處理有關的對外事務。這意味著，香港特區可以根據中央人民政府的授權，處理對外交往過程中有關經濟與文化等方面的對外事務。需要注意的是，外交事務與對外事務有著明顯區別：一是主體不同，外交事務的主體是國家，而對外事務的主體是香港特區；二是權力來源不同，處理外交事務的權力是主權本身所固有的權力，是國家行為，而處理對外事務的權力則是來自中央的授權，未經授權不得行使；三是權力範圍不同，處理外交事務的權力是主權的重要組成部分，其權力本身是無限的，有權處理外交事務的範圍也是無限的，而處理對外授權的權力來自中央授權，該項權力是有限的，所處理的對外事務也是有限的。香港特區自行處理對外事務的權力主要體現為：

1. 參加有關外交談判。香港特別行政區政府的代表，可作為中華人民共和國政府代表團的成員，參加由中央人民政府進行的同香港特別行政區直接有關的外交談判。

2. 保持和發展對外經濟文化關係。香港特別行政區可在經濟、貿易、金融、航運、通訊、旅遊、文化、體育等領域以「中國香港」的名義，單獨地同世界各國、各地區及有關國際組織保持和發展關係，簽訂和履行有關協定。

3. 參加有關國際組織和國際會議。主要包括：（1）參加以國家為單位參加的國際組織和國際會議。對以國家為單位參加的、同香港特別行政區有關的、適當領域的國際組織和國際會議，香港特別行政區政府可派遣代表作為中華人民共和國代表團的成員或以中央人民政府和上述有關國際組織或國際會議允許的身份參加，並以「中國香港」

的名義發表意見。（2）參加不以國家為單位參加的國際組織和國際會議。香港特別行政區可以「中國香港」的名義參加不以國家為單位參加的國際組織和國際會議。

4. 有關國際協議的適用。中華人民共和國締結的國際協定，中央人民政府可根據香港特別行政區的情況和需要，在徵詢香港特別行政區政府的意見後，決定是否適用於香港特別行政區。中華人民共和國尚未參加但已適用於香港的國際協定仍可繼續適用。中央人民政府根據需要授權或協助香港特別行政區政府作出適當安排，使其他有關國際協定適用於香港特別行政區。

5. 簽發護照和其他旅行證件，進行出入境管制。中央人民政府授權香港特別行政區政府依照法律給持有香港特別行政區永久性居民身份證的中國公民簽發中華人民共和國香港特別行政區護照，給在香港特別行政區的其他合法居留者簽發中華人民共和國香港特別行政區的其他旅行證件。上述護照和證件，前往各國和各地區有效，並載明持有人有返回香港特別行政區的權利。對世界各國或各地區的人入境、逗留和離境，香港特別行政區政府可實行出入境管制。

五、其他授予的權力

根據香港基本法第 20 條規定，香港特別行政區可享有全國人民代表大會和全國人民代表大會常務委員會及中央人民政府授予的其他權力。香港特區除了享有上述高度自治權以外，還可根據全國人大、全國人大常委會或中央人民政府的授權行使其他權力。例如，2006年第十屆全國人大常委會第二十四次會議通過了《全國人民代表大會常務委員會關於授權香港特別行政區對深圳灣口岸港方口岸區實施管轄的決定》，決定授權香港特別行政區自深圳灣口岸啟用之日起，對該口岸所設港方口岸區依照香港特別行政區法律實施管轄，香港特別行政區對深圳灣口岸港方口岸區實行禁區式管理。

第九章

全面準確理解香港特區新選舉制度

底高揚

作為香港特區政治制度的重要組成部分，選舉制度是香港民主的集中體現和堅實保障，包括選舉委員會產生辦法、行政長官產生辦法與立法會產生辦法和表決程序[1]。回歸以來，中央政府一直堅定不移地支持香港特區根據實際情況依法循序漸進地改革香港選舉制度，香港民主得到了前所未有的發展。然而，香港反對派，尤其是反中亂港勢力，惡意利用香港選舉制度，以爭取民主之名行破壞民主之實，嚴重破壞特區政府依法施政，妄圖奪取香港管治權，給香港繁榮穩定以及國家主權、安全和發展利益造成嚴重衝擊，帶來巨大風險和挑戰。「修例風波」等亂象直接倒逼中央出手完善香港選舉制度，香港自此真正進入以「愛國者治港」為核心原則的新時代，這將深刻形塑香港特區未來的政制發展。

1　根據香港基本法和《區議會條例》的規定，香港區議會是非政權性的區域組織，接受香港特區政府就有關地區管理和其他事務的諮詢，或負責提供文化、康樂、環境衛生等服務。即香港區議會具有非政權性、非政治性，與一般意義上的議會具有本質的區別，所以香港區議會選舉制度不宜納入香港選舉制度範疇。

完善香港特區選舉制度的緣起與目的

◇◇◇

香港選舉制度的本質是由誰掌握香港的管治權，然而原選舉制度未嚴格落實「以愛國者為主體的港人來治理香港」的要求，存在著嚴重缺陷，以致反中亂港勢力通過選舉進入香港管治架構，並利用立法會等平台阻撓、癱瘓政府，甚至妄圖奪取香港管治權。「修例風波」使香港管治形勢極為嚴峻，尤其是出現非法「初選」活動，中央忍無可忍，為履行其根本憲制責任，從香港實際出發作出完善香港選舉制度的決定。

┃ 一、香港選舉制度的本質是管治權的配置

回歸後，中央對香港恢復行使主權意味著中央對香港擁有全面的、最高的、最終的治權，即中央對香港擁有全面管治權。根據憲法和香港基本法，香港是直轄於中央人民政府的一個享有高度自治權的地方行政區域。香港的高度自治權來源於中央的授權，即中央依法將其對香港擁有的全面管治權的一部分授予香港行使。而如何行使這部分管治權，這涉及到香港政治體制的問題。

香港政治體制至少包括兩個層次：第一層次是以何種權力結構形式組織中央授予香港的管治權；第二層次是具體由什麼人來行使香港管治權的具體職能。其中，第一層次關係到國家政權在香港的特殊組織形式；第二層次涉及到具體履職人員的任職條件、產生方式、法

定職責等。前者是後者的決定性基礎和前提，沒有前者，後者就失去了制度設計的具體方向；後者是前者的遞進式展開和實現，後者必須與前者相適應，否則不僅可能阻礙前者的實現，還可能損害甚至架空前者，出現香港管治危機。

綜上而言，香港的高度自治權是由中央所有而授予香港行使的管治權，其最終要由具體的人來執行和實現。從實踐來看，這些具體的人主要包括行使行政權的行政長官、主要政府官員等，以及行使立法權的立法會議員等。進一步的問題是，如何產生這些具體的人選？沿此邏輯，在「一國兩制」下，關於產生行政長官和立法會議員的選舉制度應運而生。從上述國家政權在香港落地的制度邏輯（如圖 3 所示）可以看出，香港特區選舉制度不止是在個體權利層面產生地方某個具體職位的人選，更承載著在國家憲制層面產生確保正確行使管治權並維護和實現香港管治這個憲制目標的人選的重大使命，其本質是香港管治權行使權的具體配置。

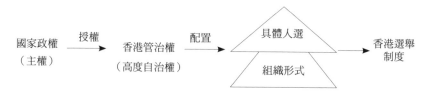

圖 9-1　國家政權在香港落地的制度邏輯

二、香港原選舉制度存在嚴重缺陷

在「一國兩制」下，「港人治港」有著明確的界線和標準，「就是必須由以愛國者為主體的港人來治理香港」[2]。「愛國者的標準是，

2　鄧小平在《一個國家，兩種制度》一文中明確了「港人治港」的界線和標準，就是必須由以愛國者為主體的港人來治理香港。未來香港特區政府的主要成分是愛國者，當然也要容納別的人，還可以聘請外國人當顧問。參見鄧小平：《鄧小平文選（第三卷）》，人民出版社 1993 年版，第61頁。

尊重自己民族，誠心誠意擁護祖國恢復行使對香港的主權，不損害香港的繁榮和穩定。」[3] 然而，香港原選舉制度並未嚴格落實該界線和標準，存在嚴重缺陷，主要表現為：

一是缺乏綜合的候選人提名機制。原制度的提名規則注重從形式上考察候選人的個體屬性[4]，對社會屬性（政治性、代表性、聯繫性等）缺乏必要的實質考察。儘管選舉管理委員會有權要求候選人進一步確認情況，但不具有強制性，一些反中亂港分子通過形式上的「偽裝」就能邁過提名門檻。二是缺乏適當的候選人審查機制。原制度沒有設置實質性的資格審查機制，無論什麼人，只要符合最低的選舉資格條件都可以作為候選人，導致一些反中亂港分子有機會進入政權內部。三是缺乏科學的議席分配機制。原制度採取的比例代表制是以大選區制為基礎，按照各政黨所獲選票數在總票數中所佔比例分配議員席位。這種制度客觀上會產生負面刺激效應：一些政黨為獲選票而表現激進，依靠少數選民的「基本盤」就能勝出。這導致香港政黨林立，本土激進勢力迅速崛起，社會嚴重分化、分裂。四是缺乏強制的行為約束與問責機制。原制度注重管理選舉入口，但缺乏有效的過程管理機制。一些反中亂港分子在履職過程中濫用議事規則、議員權力，肆意非為，妄圖「政治攬炒」，除了明顯的違法犯罪行為，原制度難以有效地、強制性地約束反中亂港議員的行為，亦難以對其進行問責。

反中亂港勢力利用上述缺陷實施了一系列阻撓、破壞、顛覆活動。比如，主張所謂「民族自決」的青年新政成員順利入閘並勝出，但在宣誓時公然宣揚港獨、製造「辱國風波」；名目繁多的「港獨」組織粉墨登場，以激進立場參加選舉，肆意從事分裂活動；反中亂港

3　鄧小平：《鄧小平文選（第三卷）》，人民出版社 1993 年版，第 61 頁。

4　《立法會條例》第 37 條和 39 條從正反兩個方面規定了獲提名為候選人的資格，包括年齡、居住年限、國籍等。

議員在立法會採用無休止點算參會人數、提出大量無關修正案等手法「拉布」，第六屆立法會內務委員會曾一度停擺逾八月之久；濫用調查權、質詢權，提出違法的不信任動議案，對政府官員肆意侮辱；反對派企圖通過所謂「初選」操縱第七屆立法會選舉，策劃實施「真攬炒十步曲」，妄圖控制立法會，癱瘓政府，顛覆國家政權。[5] 大量事實證明，香港原選舉制度存在嚴重缺陷，反中亂港勢力很容易通過選舉進入香港政權組織和治理架構，惡意利用議員身份、議事平台從事反中亂港活動，嚴重威脅、損害香港的施政安全、社會安全、政權安全。質言之，安全性嚴重不足已成為香港原選舉制度最突出的缺陷，[6] 香港管治權受到重大現實威脅成為中央下決心完善香港選舉制度的重要緣起。

三、完善香港選舉制度的目的

全國人大依據憲法、香港基本法等作出完善香港選舉制度的決定，授權全國人大常委會依法修改香港基本法附件一、附件二，主要目的在於：

第一，從根本上保障香港管治權的安全。香港管治權是否安全最終取決於行使具體管治權能的人是否安全可靠。通過建立健全資格審查、提名等具體機制，使反中亂港分子不能通過選舉進入香港管治架構，使立場搖擺者不敢利用選舉和議事平台從事危害香港管治的活動，使具體的香港管治者堅定愛國愛港信念不動搖，實現對內排除反中亂港勢力，對外切斷勾結干涉聯繫，從而在「不能危害、不敢危害、不想危害」三個層次上為香港管治權的安全提供根本保障。

---

5 以上參見中華人民共和國國務院新聞辦公室：《「一國兩制」下香港的民主發展》，人民出版社 2021 年版，第 26-35 頁。

6 同上，第 34-35 頁。

第二，引導香港居民選舉權利的理性行使。通過完善香港選舉制度，降低相關民主事務的政治對抗性，弱化香港居民選舉權利的意識形態性，引導選舉權利適當回歸理性 —— 即引導香港居民在愛國愛港的價值底線上公平公正地行使選舉權利，引導選舉權利在立場上由封閉狹隘的小圈子成見向開放包容的大格局視野轉變，在功能上由泛政治性的分化反對向經濟民生的共識凝聚轉變，從而促使香港居民選舉權利在選賢任能、破解深層次矛盾與問題、實現香港良政善治、融入國家發展大局中發揮建設性作用。

第三，切實提高香港特區政府的治理效能。通過完善香港選舉制度，一方面切斷反中亂港勢力通過立法會惡意阻擾、掣肘特區政府施政的管道，防止其通過控制香港特區立法會癱瘓政府；另一方面，推動立法與行政的關係真正回到以行政主導為核心，行政和立法相互制約、相互配合且重在配合的香港政治體制的預設軌道，使香港特區立法會在依法監督特區政府施政的同時，支持特區政府依法施政，從而切實提高特區政府的管治效能。

第四，促進「一國兩制」制度體系的完善。通過完善香港選舉制度，將「愛國者治港」這一「一國兩制」的應有之義和前提條件真正全面貫徹落實到具體制度機制上，奠定和夯實「愛國愛港者治港，反中亂港者出局」的制度基礎，結合《香港國安法》織密「一國兩制」的制度底線，確保中央牢牢掌握對香港政治制度發展的主導權，使憲法和香港基本法確定的香港憲制秩序始終與香港實際相適應，促進「一國兩制」制度體系更加健全和成熟，確保維護國家主權、安全和發展利益與保持香港長期繁榮穩定這兩個憲制目標在「一國兩制」實踐中更好地實現。

新選舉制度的主要內容及其實踐

◇◇◇

香港新選舉制度重新構建和賦權選舉委員會，並以此為基礎對選舉委員會產生辦法、行政長官產生辦法與立法會產生辦法和表決程序的相關選舉要素進行了適當調整。之後三場選舉的順利舉行及良好管治效果初步證明，香港新選舉制度是符合「一國兩制」原則、符合香港實際情況、具有香港特色的新型民主選舉制度。

一、香港新選舉制度的主要內容

香港新選舉制度的主要內容包括選舉委員會的產生、行政長官的產生與立法會的產生與表決程序。下面將對上述內容作統合式概覽。

（一）新設候選人資格審查委員會

為了全面準確貫徹落實「愛國者治港」原則，新選舉制度結合香港維護國家安全制度，創設了候選人資格審查委員會，其主要內容包括：一是審查主體為香港特區維護國家安全委員會。二是審查範圍覆蓋選舉委員會委員候選人、行政長官候選人和立法會議員候選人。三是審查程序為香港特區維護國家安全委員會根據特區政府警務處國安處的審查情況，就上述候選人是否符合擁護香港基本法、效忠香港特區的法定要求和條件作出判斷，並就不符合上述法定要求和條件者出

具審查意見書。候選人資格審查委員會根據該審查意見書，作出上述候選人資格確認的決定。四是候選人資格審查委員會的審查決定不具有可訴性。

（二）重新構建與賦權選舉委員會

新選舉委員會是香港新選舉制度的核心和基石。對此，我們可以從具有廣泛代表性、符合香港實際情況、體現社會整體利益三個特徵整體把握相關內容。

一是具有廣泛代表性。第一，規模的擴充。新選舉委員會在原來每個界別 300 人不變的基礎上，新增第五界別，總人數由 1200 人增至 1500 人，從而增加國家層面的代表元素。第二，界別的拓展。原選舉制度對資訊科技界的範圍界定狹窄，新制度進行了拓展，將其改組為科技創新界。第三，委員產生方式多元化。新選舉委員會不同界別的委員通過當然當選、提名當選和選舉當選三種方式產生，奠定均衡參與的「基本盤」。

二是符合香港實際情況。第一，界別的調整。目前香港房屋、土地、就業等深層次矛盾凸顯，為更好代表基層民眾利益，反映相關群體的訴求，新選舉制度將原來第三界別的社會服務界調整為基層界；新選舉制度刪除了原來第四界別中的區議會議員代表，從而使區議會回歸香港基本法規定的法律地位；增加內地港人團體代表等地區組織代表界別。第二，重申委員身份的要求。新選舉委員會委員必須是香港永久性居民，以最低限度地保障愛港力量基礎。第三，恢復和增加選舉委員會的功能。選舉委員會不是新事物，再次恢復該機構不是歷史的倒退，而是因應香港政治發展的新形勢，對傳統資源進行有效挖掘和創新利用。

三是體現社會整體利益。第一，增設選舉委員會召集人制度。其負責必要時召集選舉委員會會議，要求總召集人須擔任國家領導職

務並在每個界別指定若干名召集人，有利於保證每個界別有足夠委員參會，表達利益訴求。第二，增加選舉委員會在提名和選舉中的職權。新選舉制度具有適度集權的特點，由選舉委員會提名行政長官候選人和立法會議員候選人，並選舉產生行政長官候任人和較大比例的立法會議員，使得行政長官和立法會擁有共同的選民基礎，有利於突破界別、黨派或選區的局限性，兼顧各界別的利益和訴求，保障香港最廣大居民的整體利益。第三，團體票與個人票相結合。除當然當選、提名當選的委員外，其他委員原則上由相應界別分組的法定合資格團體選民選出，其中第四界別和第五界別的有關全國性團體香港成員代表界別分組的委員可由個人選民選出，這有助於減少個人票的不理性，更加均衡各界別的利益。

（三）提名候選人與產生方法

一是選舉委員會部分委員、行政長官和立法會議員的候選人均需要滿足提名條件。其中，（1）經由選舉產生的選舉委員會委員須獲得所在界別分組 5 個選民的提名。（2）行政長官候選人須獲得不少於 188 名選舉委員會委員的提名，且上述五個界別中每個界別參與提名的委員須不少於 15 名；每名選舉委員會委員只可提出一名候選人。（3）選舉委員會選舉的議員候選人須獲得不少於 10 名、不多於 20 名選舉委員會委員的提名，且每個界別參與提名的委員不少於 2 名、不多於 4 名；功能團體選舉的議員候選人須獲得所在界別不少於 10 個、不多於 20 個選民和選舉委員會每個界別不少於 2 名、不多於 4 名委員的提名；分區直選的候選人須獲得所在選區不少於 100 個、不多於 200 個選民和選舉委員會每個界別不少於 2 名、不多於 4 名委員的提名。每名選舉委員會委員只可提出一名候選人。

二是香港選舉委員會部分委員、行政長官和立法會議員的產生。通過提名後，選民根據提名名單，以無記名投票依法選舉產生上

述人員。其中，（1）在選舉委員會委員的選舉中，新選舉制度對合資格團體選民提出了具體要求，即除香港選舉法列明外，有關團體和企業須獲得其所在界別相應資格後持續運作三年以上。（2）在行政長官候任人選舉中，選舉委員會根據提名的名單，經一人一票無記名投票選出行政長官候任人，行政長官候任人須獲得超過 750 票。（3）在立法會議員選舉中，新選舉制度將立法會議員總數增加至 90 人，並增加了間接選舉的議員數量 —— 選舉委員會選舉的議員為 40 人，功能團體選舉的議員為 30 人，分區直接選舉的議員是 20 人。選舉委員會根據提名的名單進行無記名投票，每一選票所選的人數等於應選議員名額的有效，得票多的 40 名候選人當選；功能團體選舉除了勞工界選出 3 人外，其他界別各選出 1 人，得票最高的勝出；分區直接選舉設立十個選區，每個選區選舉產生兩名議員，選民根據提名的名單以無記名投票選擇一名候選人，得票多的兩名候選人當選。

（四）參選行為的規制與選舉制度的修改

在參選行為的規制方面，鑒於 2020 年發生的「35+ 初選案」，新選舉制度明確規定香港特區採取措施，依法規管操縱、破壞選舉的行為，維護選舉委員會選舉、行政長官選舉和立法會議員選舉的公平公正，保證香港民主制度健康發展。

在選舉制度的修改方面，鑒於以往香港政改所引發的諸多亂象，新選舉制度專門規定了全國人大常委會依法行使香港基本法附件一和附件二的修改權，修改前以適當形式聽取香港社會各界的意見。加之，新選舉制度廢止了香港基本法原附件一、附件二及有關修正案，這意味著原制度的修法「五部曲」被廢除了。中央集中行使行政長官產生辦法和立法會產生辦法的修改權，顯著地體現出中央對香港選舉制度的主導權，這有助於擺脫香港本地在這兩個主要政改問題上激進的政治對立與阻擾，有助於在充分聽取香港各界意見的基礎上，

根據香港實際情況和循序漸進的原則完善選舉制度，不斷推動實現香港基本法規定的普選目標。

二、香港新選舉制度的實踐考察

香港新選舉制度確立後，2021 年 9 月香港特區選舉委員會選舉、2021 年 12 月第七屆立法會選舉、2022 年 5 月第六任行政長官選舉相繼成功舉行，「愛國者治港原則」得到初步貫徹落實，形成了以愛國者為主體的新管治架構和治港隊伍。通過考察三場選舉的過程和結果，我們可以發現香港新選舉制度實踐呈現以下特徵：

第一，廣泛代表性。[7] 廣泛代表性主要體現在選委會委員或立法會議員的來源上。在選舉委員會選舉中，更多的界別、階層獲得法定地位並參與選舉，比如新增了中小企業界、科技創新界、基層社團、同鄉社團、港九和新界地區組織、有關全國性團體香港成員代表等；在立法會選舉中，香港各地區、各專業、各界別團體以及國家方面都有自己的議員代表。可以說，新選舉制度進一步擴大了香港層面和國家層面的利益代表和話語權，具有相較於以往更廣泛的代表性。

第二，政治包容性。政治包容性主要體現在順利「入閘」的候選人之政治光譜上。儘管新選舉制度形成於香港政治形勢極嚴峻的時期，但中央並沒有完全將非建制派人士排除於香港選舉框架，相反，對於那些政治不激進、作風溫和理性的非建制派，仍留足了空間，顯示了新選舉制度較大的政治包容性。比如，在選舉委員會選舉中，仍

7　有批評認為，今年選委會登記選民只有 7,900 多個團體及個人，僅相當於上屆（2016 年為 24 萬）的 3%，是「更小圈子選舉」。我們認為，登記選民的數量銳減是多方面的，比如新選舉制度將以往的大量個人票改為團體票、香港兩極化的政治環境、反中亂港勢力的組織煽惑等。選民數量固然是代表性的重要指標，但選品質更是代表性的關鍵內涵，有各界別各層次各方面代表參與的建設性的協商政治比有個別界別參與的破壞性的民粹政治更重要。隨著香港政治譜系的拉長、中央政治信任的增加，前者也會逐步發展，屆時將有更多選民參與選舉。

然有多名非建制派代表通過了候選人資格審查並參加所在界別的選舉，而且有人在社會福利界成功當選選委會委員；在立法會選舉中，有數十位非建制派和獨立人士作為候選人參加分區直選，最終也有人勝出。可見只要符合「愛國者」標準，不管持什麼政治立場，都有機會「入閘」和當選。

第三，均衡參與性。均衡參與性主要體現在議席和候選人的數量分佈上。從議席分佈來看，選委會由原來的四大界別增加至五大界別，且每個界別的數量相同，同時調整了部分界別分組的議席數量，比如第一界別的每個界別分組整體上各減一個議席，增加了全國性委員的數量，使選委會所代表的利益結構更加均衡；立法會議員數量從70席增加至90席，議員構成由原來的兩部分增加至三部分。在候選人分佈方面，即使在反對派故意杯葛產生巨大政治壓力的情況下，選委會選舉中仍有數名非建制派候選人參選，立法會選舉中仍有10餘名非建制派候選人參選。新選舉制度確保了各利益群體都有機會派代表參與選舉。

第四，公平競爭性。公平競爭性主要體現在選舉環境上。候選人在三次選舉中，以往愛國愛港團體選舉擺街站受到圍攻、不同意黑暴者則被攻擊等破壞選舉公平公正的行為不復存在，新選舉制度為各候選人充分展示自己提供了良好的選舉環境。在立法會選舉中，全部席位均存在競爭，沒有人自動當選；所有候選人在同一個平台上競爭，通過政綱、理念、專長、貢獻、擔當等方面的競爭，積極爭取選民的支持。在選委會選舉中，非建制派的狄志遠與另外兩名候選人同票，最終通過公平的抽籤方式而當選；屬於獨立民主派的周賢明認為其敗選原因是與社福機構的聯繫較弱，跟政治立場關係不大。

新選舉制度堅持「愛國者治港」原則

◇◇◇

　　「愛國者治港」是香港新選舉制度的核心原則，具有充分的正當理據。我們應全面準確把握其深刻內涵，並採取配套措施確保其得到有效落實。

一、「愛國者治港」原則的正當理據

　　第一，「愛國者治港」是「一國兩制」構想的應有之義。眾所周知，鄧小平在「一國兩制」構想形成初期，就直接明確地提出「港人治港」的界限和標準問題，即必須由以愛國者為主體的港人來治理香港。此外，在其他多個場合鄧小平也不同程度地表達了愛祖國、愛香港是「一國兩制」的前提、基礎，這可以推出「愛國者治港」原本就是「一國兩制」構想的有機組成部分。比如，在 1984 年鄧小平會見港澳同胞國慶觀禮團時指出：「這說明大家都贊成中國恢復對香港行使主權，贊成中英兩國政府所達成的協議的內容。這就是說，我們有了一個共同的大前提，一個共同的目標，就是愛祖國，愛香港。」[8]在 1987 年鄧小平會見香港基本法起草委員會委員時指出：「我們對香港、澳門、台灣的政策……沒有一點膽略是不行的。這個膽略是要有基礎的，這就是社會主義制度，是共產黨領導下的社會主義中國」。[9]

8　鄧小平：《鄧小平文選（第三卷）》，人民出版社 1993 年版，第 72 頁。

9　鄧小平：《鄧小平文選（第三卷）》，人民出版社 1993 年版，第 217 頁。

鄧小平用不同表述強調了「一國」是「兩制」的前提、基礎，實行「一國兩制」必須以愛祖國愛香港為前提、以社會主義中國為基礎。

第二，「愛國者治港」是實現「一國兩制」的必然要求。「一國兩制」構想、「一國兩制」實施與「一國兩制」實現是「一國兩制」方針不同層次的問題，對此，我們應有全面而深刻的認識。從「一國兩制」構想的發展歷史來看，「愛國者治港」是其應有之義已得到證成。從「一國兩制」實施的情況來看，香港已回歸祖國，並保持原有的資本主義制度和生活方式不變，這是有目共睹的。然而，這是否意味著「一國兩制」實現了？「一國兩制」有兩個目的：維護國家的統一和領土完整、保持香港的繁榮和穩定。然而，香港回歸以來的實踐，尤其是近幾年出現的極嚴峻形勢顯示，香港的繁榮穩定未能真正實現，仍然受到不同程度的嚴重威脅、衝擊和損害，其罪魁禍首就是反中亂港勢力。因此，要實現「一國兩制」，必須防範、制止和懲治反中亂港勢力，從具體制度和機制上有效貫徹落實「愛國愛港者治港，反中亂港者出局」。

第三，「愛國者治港」符合通行的基本政治倫理。政權必須掌握在愛國者手中，這是世界通行的政治法則。世界上沒有一個國家、一個地區的人民會允許不愛國甚至賣國、叛國的勢力和人物掌握政權。[10] 香港是我國的地方行政區域，對香港的全面管治權是我國主權的有機組成部分，全面管治權的安全直接關係到國家政權的安全，若讓反中亂港勢力掌握並行使，必然危害國家主權、安全和發展利益與香港的繁榮穩定。試想，連自己國家、家園都不熱愛的人，何以信賴其會善待、造福民眾？ 因此，愛國愛港是任何治港者最起碼的政治品質和倫理道德，天經地義，不容置疑。

10　習近平：《在慶祝香港回歸祖國 25 週年大會暨香港特別行政區第六屆政府就職典禮上的講話》，2022 年 7 月 1 日。

▍二、全面準確理解「愛國者治港」原則

　　貫徹落實「愛國者治港」原則是對「一國兩制」實踐偏差的根本性調整，但要注意不能矯枉過正。應根據憲法、香港基本法等，結合香港的實際情況和需要，全面準確理解「愛國者治港」原則。

　　第一，「愛國者治港」不完全排斥守法的外國人。「愛國者治港」從狹義上而言是「中國人治港」。鄧小平曾強調：「要相信香港的中國人能治理好香港。不相信中國人有能力管好香港，這是老殖民主義遺留下來的思想狀態……香港過去的繁榮，主要是以中國人為主體的香港人幹出來的。」[11] 但是，「愛國者治港」並不完全排斥外國人。鄧小平也專門指出：「未來香港特區政府的主要成分是愛國者，當然也要容納別的人，還可以聘請外國人當顧問。」外國人只要尊重中華民族，擁護中國恢復行使對香港的主權，不損害香港的繁榮和穩定，並不排斥其進入管治團隊。此外，香港基本法也在多個條款 [12] 明確規定了外國人可以在行政、立法和司法等領域參與香港管治，除非根據香港實際情況修改之，否則香港新選舉制度不可違反這些條款，這也是完善香港選舉制度時立法者明確強調的一項基本原則 [13]。因此，只要外國人遵守憲法、香港基本法、《香港國安法》等，能夠為香港管治作出貢獻，那麼他就符合「愛國者治港」的要求。

　　第二，「愛國者治港」允許存在溫和理性的反對派。一方面，

11　鄧小平在會見香港工商界訪京團和香港知名人士鍾士元等時的談話，參見鄧小平：《鄧小平文選（第三卷）》，人民出版社 1993 年版，第 60 頁。

12　比如，在立法領域，第 67 條規定非中國籍的香港永久性居民也可以當選為香港立法會議員；在行政領域，第 99 條、第 100 條、第 101 條、第 103 條規定了外籍人士可擔任政府部門的公務人員；在司法領域，第 82 條規定終審法院可以邀請其他普通法適用地區的法官參加審判，第 92 條規定香港法官和其他司法人員可從其他普通法適用地區聘用等。

13　「完善香港選舉制度必須遵循和把握好以下重要原則：……三是依法治港。在憲法和香港基本法軌道上完善有關選舉制度和相關機制，嚴格依照香港基本法……。」見王晨：《關於〈全國人民代表大會關於完善香港特別行政區選舉制度的決定（草案）〉的說明 —— 2021 年 3 月 5 日在第十三屆全國人民代表大會第四次會議上》。

「愛國者治港」要求絕對禁止反中亂港分子進入香港管治架構，只要主張、從事過「香港獨立」、「攬炒」等危害國家安全、破壞香港繁榮穩定、衝擊香港憲制秩序的行為，堅決不允許他們染指香港特區政權，「現在不允許，將來也不允許」。另一方面，「愛國者治港」絕不是搞「清一色」，而是「五光十色」，並不是要求香港管治只有一種聲音、一種身份、一種價值理念，而是喜見生動活潑、安定團結的政治生態。香港管治的政治譜系是寬廣的，只要維護「一國兩制」，尊重中國特色社會主義制度，效忠香港特別行政區，遵守憲法香港基本法和《香港國安法》等建構的憲制秩序，溫和理性、發揮建設性作用的反對派也是有參政議政空間的，香港過去的三場選舉就證明了這一點。

第三，「愛國者治港」需要的是賢能的堅定愛國者。愛國者首先必須是堅定忠誠的愛國者，不能在涉及國家利益和香港根本利益的大是大非問題上算得失、做取捨，應始終做到符合「必然真心維護國家主權、安全、發展利益，必然尊重和維護國家的根本制度和特別行政區的憲制秩序，必然全力維護香港的繁榮穩定」[14] 的要求。同時，新時期的愛國者不只停留在忠誠層面上，還要滿足更高的要求，包括善於在治港實踐中全面準確貫徹「一國兩制」方針，善於破解香港發展面臨的各種矛盾和問題，善於為民眾辦實事，善於團結方方面面的力量，善於履職盡責等。[15] 概言之，「愛國者治港」必須是由有管治才能、有道德品質、有進取之心、有責任擔當的堅定「愛國者」治理香港，這樣才能讓反對派服氣，讓香港民眾順氣，讓中央有底氣，讓「一國兩制」實踐有朝氣。

14　夏寶龍：《在「完善『一國兩制』制度體系，落實『愛國者治港』根本原則」專題研討會開幕式上的講話》，2021 年 2 月 22 日。

15　夏寶龍：《全面深入實施香港國安法　推進「一國兩制」實踐行穩致遠 ── 在「香港國安法實施一週年　回顧與展望」專題研討會上的講話》，2021 年 7 月 16 日。

三、「愛國者治港」原則的實踐要求

「愛國者治港」原則是一個體系，必須貫徹落實到「一國兩制」實踐的各領域、各方面、各環節。具體實踐要求包括：

第一，必須嚴格依法辦事。「愛國者治港」實踐必須在憲法和香港基本法等確立的憲制框架內進行，不能為了「徹底」的撥亂反正、正本清源，脫離現行法治的軌道。在香港現行法律體系中，憲法和香港基本法是憲制基礎，《香港國安法》是憲制性法律。在貫徹落實「愛國者治港」原則時，可通過立法解釋的方式對相關規定的涵義進行闡明，同時兼顧或適當考慮普通法規則，從而保障「愛國者治港」原則在香港法律體系上的一致性。

第二，必須符合香港實際情況。首先，香港實行的是不同於內地的資本主義制度，這是香港最大的實際，「愛國者治港」實踐必須由此出發，最大限度地包容香港社會長期形成的成見甚至偏見。其次，反中亂港勢力在香港管治架構內外依然戰略性地存在，只是對存在形式、行動方式、時機選擇、戰線平台等做了戰術性的調整，應提高警惕，全面系統評估相關情況。再次，循序漸進地對香港重點領域進行系統整頓，既要有懲治追責的雷霆行動，也要防止不當擴大整治範圍，完全脫離香港的社會制度和生活方式。

第三，擴大香港社會政治基礎。「愛國者治港」的貫徹落實不僅要靠行政長官、主要政府官員、立法會議員等公務人員，還要靠廣大香港居民的大力支持和共同參與。「愛國者治港」必須為了香港居民、依靠香港居民，若脫離了香港社會，不能在基層扎根，終將治標不治本。因此，為有效貫徹落實「愛國者治港」原則，一方面應加強完善管治人才和青年人才的培養、選拔、任用機制，積聚愛國愛港人才力量，為「愛國者治港」提供人才保障；另一方面應不斷提升香港居民的國家意識，從歷史、文化等視角，加強香港居民（尤其是青少

年、大學生）對國家的歸屬感、認同感和責任感，為「愛國者治港」落地生根提供肥沃的土壤。

第四，切實提高香港管治效能。「愛國者治港」的貫徹落實必須要讓香港居民看到、體會到好的變化，這首先直觀地反映在特區政府的管治效能上。在某種程度上來說，良好的管治效能是香港特區政府施政乃至中央管治香港的正當性基礎。在極大排除反中亂港勢力的阻撓、破壞的背景下，若特區政府在發展經濟、改善民生等破解深層次矛盾和問題上仍沒有大的進展，「愛國者治港」將難以服人。因此，在「愛國者治港」的新常態下，特區政府施政不是更輕鬆了，而是責任壓力更大了。應積極通過改進政府運行機制、改革公務員制度、完善公共服務體系、加強紀律監察等措施，採取科技賦能等手段，推進數字政府、服務政府、高效政府、廉潔政府建設，以特區政府的優良管治效能為「愛國者治港」的貫徹落實凝心聚力。

新選舉制度深刻型塑香港政制發展

◇◇◇

香港新選舉制度的目的很明確，就是把反中亂港勢力排除在香港管治架構之外。由此產生的政治利益結構調整將帶來香港政治體制的深刻變化：一是中央全面掌握香港政制發展的主導權；二是香港行政與立法可形成相互制約、相互配合且重在配合的憲制關係。

一、中央全面掌握香港政制發展的主導權

香港政制發展的根本問題是如何在「一國兩制」下合理安排中央與香港的關係。在原選舉制度下，中央在香港政改問題上處於相對被動地位，難以真正履行其憲制責任。而新選舉制度確保中央全面掌握香港政制發展的主導權。

（一）中央在以往香港政改問題上處於相對被動地位

香港基本法原附件一第 7 條和附件二第 3 條分別規定了 2007 年以後行政長官產生辦法與立法會產生辦法和表決程序的修改程序，即政改「三步曲」：第一步，經立法會全體議員三分之二多數通過；第二步，行政長官同意；第三步，報全國人大常委會批准／備案。這種政改方案並未明確具體的時程表和方案，對此，2004 年 4 月，全國人大常委會對香港基本法附件一第 7 條和附件二第 3 條作出解釋，在「三步曲」的基礎上增加了「（1）行政長官就是否需要進行修改向全

國人大常委會提出報告；（2）由全國人大常委會依照基本法第 45 條和第 68 條規定並根據香港的實際情況和循序漸進的原則予以確定」，從而政改「三步曲」變為「五步曲」。之後，全國人大常委會作出關於 2007 年行政長官和 2008 年立法會產生辦法有關問題的政改決定。

2005 年，特區政府根據全國人大常委會有關解釋和決定向立法會提出「政改方案」，然而，由於立法會反對派議員集體「捆綁」反對，該方案未獲全體議員三分之二多數，導致香港政制發展原地踏步，第一次政改失敗。2010 年，特區政府提出 2012 年行政長官和立法會產生辦法政改方案。在行政長官選舉方面，選委會由 800 人增至 1200 人，每個界別增加 100 人；在立法會選舉方面，議員總數由原來的 60 席增至 70 席，分區直選和功能組別選舉各增加 5 席。在中央接受民主黨提出的「一人兩票」[16] 條件下，本次政改獲得通過。2014 年，全國人大常委會作出《關於香港特區行政長官普選問題及 2016 年立法會產生辦法的決定》（即「8·31 決定」），在行政長官方面，從 2017 年開始，行政長官選舉可以實行由普選產生的辦法，由提名委員會依法提名行政長官候選人；在立法會方面，2016 年立法會繼續適用第五屆的產生辦法和表決程序。為抵制該政改決定，反對派發起「非法佔中」運動。2015 年，特區政府向立法會提交關於行政長官產生辦法的政改方案，最終未獲通過，本次政改失敗。自此以後，香港政改一直停滯不前。

從歷次政改實踐來看，無論香港政改「三步曲」還是「五步曲」，香港立法會中的反對派一直掌握「關鍵少數票」[17]。若中央同意反對

16　2012 年香港政改方案增加了五個區議會功能組別議席，由所有以前沒有功能組別選舉權的選民從區議員候選人中投票選出，即所有以前沒有界別選舉權的選民，都成為區議會界別選民。這樣，在立法會選舉中，每個選民有兩票，一票選直選議員，一票選功能組別議員。

17　以往，反對派議員在香港立法會的比例不少於 1/3，在反對派捆綁反對的情況下，特區政府提出的政改方案一般很難獲得香港基本法規定的立法會 2/3 多數通過，在這個意義上而言，反對派整體實質上掌握了香港政改的「關鍵少數票」。

派提出的條件,則政改可能獲得成功,比如 2010 年政改;若中央提出的方案不符合反對派提出的所謂「國際標準」[18] 的要求,則政改遭到否決,比如 2005 年、2015 年政改。可以看出,在原選舉制度下,中央在香港政改問題上處於相對被動地位,嚴重受制於香港反對派,這與中央對香港政治制度享有主導權的法理地位 [19] 不相符。

(二)新選舉制度確保中央全面掌握香港政改的主導權

在原選舉制度下,尤其是在香港政治生態被反中亂港勢力嚴重破壞、香港政改模式陷入死結的情況下,中央根據香港實際情況和循序漸進原則依法推動香港政改幾無可能。

新選舉制度規定全國人大常委會依法行使香港特區行政長官產生辦法與立法會產生辦法和表決程序的修改權,同時,廢止了原香港基本法附件一及有關修正案、附件二及有關修正案。這意味著,新選舉制度廢除了原香港政改「五步曲」,香港立法會、行政長官在香港政改程序上不再享有任何法定權力,中央全面掌握了香港政制發展的主導權。[20] 具體而言,一是香港政制發展問題完全回歸至中央事權範疇,是否啟動政改、何時啟動政改、如何決定政改等完全由中央主導,香港可通過中央提供的適當渠道表達意見,但不能實質性地影響香港政制發展進程。二是中央依法對香港政制發展作出決定後,直接產生法律效力,行政長官或立法會議員的選舉產生必須以此為依據,無需再通過香港本地立法予以落實。三是中央對香港政制發展的決定屬於中央管理的事項,涉及國家政權在香港的運行,不屬於香港高度自治的範疇,香港法院無權處理與政制發展有關的爭議,不能對其進

---

18 比如,所謂「公民提名」、「政黨提名」等。

19 根據憲法和香港基本法的相關規定,香港特區是我國的地方行政區域,不是政治實體,而且,根據前述香港管治權的運行邏輯,香港只依法享有其管治權的行使權,無權決定自身的政治制度(包括選舉制度等),香港實行的制度必須由全國人大常委會依法規定和修改。

20 當然,中央在推動香港政改時,應以適當形式聽取香港社會各界意見,以便凝聚香港政改共識。

行司法覆核。

▍二、促進以行政長官為首的香港行政分支的發展

　　新選舉制度使「愛國者治港」原則從理念走向制度，又以制度實踐不斷塑造、強化愛國愛港價值理念，在這樣一個互動循環的過程中，香港行政分支在無形之中將獲得發展。

　　第一，行政長官將獲得「愛國者」力量的加持。新選舉制度使行政長官的支持力量在政治上更加穩固，具體表現為：一是立法會的政治基本盤得以擴大。以往行政長官在處理一些政治敏感問題時無法獲得立法會穩定的政治力量支持，可能遭遇臨時倒戈的風險，當初第 23 條立法就是例證。而新選舉制度使行政長官與立法會具有了共同的選民基礎，立法會議員不用再為擔心選票而刻意保持與行政長官的距離，這樣不僅原有的支持力量得以鞏固，而且可吸納新的政治力量。二是行政會議的聯繫功能將得以加強。在以往的制度架構和政治環境中，因立法會提供主要的政治博弈空間，故行政會議的形式意義大於實質意義。然而，新選舉制度下，行政會議因其保密性將成為政府、社會和立法會角力的新舞台，將給行政長官施政提供諮詢和統戰支持。三是吸引香港政團的更大支持。以往香港政團為了爭取選票而策略性地選擇與行政長官的聯繫，反對派的策略就是「為反對而反對」，建制派黨團則為擔憂政府施政失誤連累自己而往往有「二心」。在新選舉制度下，愛國愛港、支持政府、服務市民將成為各黨團爭取選票的新指揮棒，行政長官出台、實施政策將獲得香港黨團更大程度的支持。四是社會民眾基礎將得以壯大。在過去，支持行政長官的香港居民往往基於安全等考慮選擇沉默，造成反對聲音佔據社會主流。隨著「愛國者治港」理念的不斷深入，結合《香港國安法》的守護，愛國愛港的香港居民將更積極地發聲，行政長官施政將獲得更多社會

力量的支持。

　　第二，特區政府的政治性力量將得到加強。新選舉制度為特區政府注入愛國愛港的政治精神和價值理念，加強了問責官員和公務員的政治性。一方面，問責制官員更忠誠地支持行政長官。以往問責制官員與行政長官因缺乏維繫的價值理念，不免出現貌合神離的現象，尤其在政治對立的情況下，問責制官員為避政治紛爭而不與行政長官共進退。「愛國者治港」使問責制官員卸下政治包袱，消除與行政長官的政治界線，與行政長官具有了共同的政治基礎，從而能更好地為行政長官履職盡責。另一方面，公務員的愛國愛港底色更加濃厚。「愛國者治港」原則過濾了一大批政治上明顯不可靠的公務員，同時，愛國愛港不再是公務員「政治中立」的迴避對象，而是任職、履職的法定要求。行政長官對特區政府的領導力、凝聚力將得到一定程度的提升。

三、促進香港行政與立法相互制約、相互配合且重在配合

　　香港政制發展的核心問題是行政與立法的關係。在新選舉制度下，以「愛國者治港」原則為紐帶的行政與立法間可形成相互制約、相互配合且重在配合的憲制關係。對此，我們可以從以下兩方面來理解：

　　第一，在配合方面，將鞏固和實現香港特區的行政主導體制。[21] 一方面，對抗性結構將消解。以往存在的「拉布」、提出不信任動議案等結構性對抗機制將不復存在，香港立法會通過惡意阻擾、破壞特區政府施政的行為將得到明顯遏制，甚至在短期內，「愛國者治港」使立法會的制約行為帶有較高敏感性，這客觀上有助於塑造行

21　關於香港政治體制是行政主導制的論證可具體參見第五章「香港的行政主導體制」。

政與立法和諧的政治生態。另一方面，協商性結構將崛起。特區政府與立法會獲得了共同的政治基礎，特區政府通過事前溝通、互動協商（比如通過行政會議途徑）來獲得立法會的支持，「推動＋支持」的議事協調結構逐步形成。在過去一段時間，我們看到立法會的效率有了明顯地改觀。[22] 未來在重要事項上，比如香港基本法第23條立法、增進國家認同教育、推動香港融入國家發展大局、經濟發展和改善民生等，特區政府與香港立法會的協商性結構將更加複雜多元，其將成為鞏固和實現香港行政主導體制的重要抓手。

第二，在制約方面，香港立法會對特區政府實施法律監督。「愛國者治港」一定程度地收緊了香港的政治空間，但並未限縮香港立法會的法律空間。根據香港基本法的相關規定，香港特區立法會仍須依法對香港特區政府的提案、財政預算、稅收和公共開支進行審議和批准，對政府工作提出質詢，就任何有關公共利益的問題進行辯論等，並向社會公開，接受香港居民的監督。有人可能質疑香港政治與法律無法嚴格區分，立法會對特區政府的制約監督可能流於形式。我們認為，過去香港的泛政治化將香港政制發展引向了一個極端，立法會逐漸淪為反中亂港勢力進行政治對抗、攬炒的平台；然而，如果將「愛國者治港」理解為政治「高壓」或「打壓」，將香港立法會型塑成「橡皮圖章」或「提線木偶」，則將香港政制發展引向了另一個極端。這兩種情況都是有害的，對「一國兩制」實踐行穩致遠都是不利的，也絕不是完善香港選舉制度的初衷。因此，在「愛國者治港」原則下，香港立法會應敢於、善於依法履行其法律監督責任，建立糾錯式、補充式的監督模式，以建設性的監督工作確保特區政府依法施政。

22　比如2022年2月，立法會財務委員會僅經過四個多小時討論，迅速通過特區政府提出的第六輪「防疫抗疫基金」共270億港元撥款申請。

結語

　　完善香港選舉制度具有充分的正當性、合法性、合理性,是完善「一國兩制」制度體系的重要舉措,是維護香港管治權安全的根本之策,是香港政制發展的歷史轉捩點。新選舉制度將深刻型塑香港政制發展,中央全面掌握了香港政制發展的主導權,也將促進行政長官為首的香港行政分支的發展,香港行政與立法亦可形成相互制約、相互配合且重在配合的憲制關係。在具體實踐中,我們應全面準確把握「愛國者治港」的內涵,在實現撥亂反正、正本清源的同時,也應警惕和防範「愛國者治港」原則的泛政治化。在新形勢下,行政長官應加強自身政治能力建設,尤其是著力提升統籌協調各方的聯繫能力;特區政府建設應積極地從外部驅動型向自我改革型轉變,注重提高管治質素、能力與效能,大力發展經濟和改善民生,顯著解決香港深層次矛盾和問題,切實推動「愛國者治港」理念深入人心、深得民心。

第十章

香港基本法實施的監督機制

孫 成

香港基本法實施的監督機制之價值維度

一、抽象意義上的法律實施監督之重要性

在法理學中，「法律實施是指使國家制定出來的法律規範具體化、將法律要求現實化的過程」，「法的實現是指法律實施的結果、效果」。[1] 由此可見，法的實施不僅要求實行法律規定，也要求實現立法的目的和宗旨。「世不患無法，而患無必行之法」（《鹽鐵論·申韓》），習近平總書記強調指出：「如果有了法律而不實施，束之高閣，或者實施不力、做表面文章，那制定再多法律也無濟於事」。[2]

法律的實施需要對其進行監督才能有所保障，才能實現法治。監督有兩個釋義，一是作為動詞，意為察看並督促；二是作為名詞，意為做監督工作的人。本文中，「監督」採其動詞之意，可理解為監察、制約、管理。[3] 法的監督則是「法的實施不可或缺的構成性機制」。

法律實施是任何法律進入實踐的必要步驟，對其實施的監督則是確保法律得以有效實施並最終達到立法目的的一個必然環節。要讓法律得以實施，除各個實施主體需要各盡其責之外，從外部進行監督

1　張文顯：《法理學》，高等教育出版社 2018 年版，第 243 頁。

2　劉礦兵：《加快完善五大體系全面推進依法治國》，人民網，http://theory.people.com.cn/n1/2020/0211/c40531-31580709.html（最後訪問時間：2022 年 10 月 2 日）。

3　《現代漢語詞典（第七版）》，商務印書館 2016 年版，第 633 頁。

也不可或缺。實踐中，我們已探索了許多行之有效的路徑，學術界關於監督與監督之方法也有大量探討，其中的研究成果包括：一為總體上對法律實施進行監督 [4]，二為在各個領域中對法律實施監督。而後者的具體方面又體現在：人大對法律實施的監督 [5]、司法機關對法律實施的監督 [6]、公民等對法律實施的監督。關於法律實施監督的功能，有學者認為，監督法律實施主要包括三個方面的功能，一是確保法律實現，二是維護法制統一，三是防止權力濫用。[7] 還有學者認為，法制監督最基本的性質和功能是其控制性，其中包括：一是對法運行過程進行控制，防止、控制和糾正偏差或失誤，據此實現法制監督的法律功能；二是對權力運行過程進行控制，防範、控制和矯治權力，從而形成法制監督的政治功能。[8] 另有學者從法律監督需要受到何種限制出發，將其分為監督主體、監督內容、監督方式三個方面進行剖析。[9]

4　例如，全國人大常委會辦公廳研究室編：《我國當前法律實施的問題和對策》（中國民主法制出版社 1997 年版）；謝士文等：《我國法律實施問題研究》（中國法制出版社 1999 年版）；朱景文主編：《中國法律發展報告 2011：走向多元化的法律實施》（中國人民大學出版社 2011 年版）；劉作翔主編：《法律實施的理論與實踐研究》（社會科學文獻出版社 2012 版）；江必新主編：《中國法治實施報告》等。

5　代表性成果有：卓越：《地方人大監督機制研究》（人民出版社 2002 年版）；林伯海：《人民代表大會監督制度的分析與建構》（中國社會科學出版社 2004 年版）；程湘清：《論人大監督權》（中國民主法制出版社 2007 年版）；李雲霖：《人大監督權優效運行機制研究》（山東人民出版社 2012 年版）；姜起民：《實然與應然：人大對法院的監督關係研究》（吉林大學出版社 2012 年版）；秦前紅等：《地方人大監督權》（法律出版社 2013 年版）；謝小劍：《人大監督司法實施制度研究》（中國政法大學出版社 2014 年版）；劉一純：《人大監督的實效考察與優效機制研究》（中國社會科學出版社 2014 年版）等。

6　代表性成果有：王利明：《司法改革研究》（法律出版社 2001 年版）；程春明：《司法權及其配置》（中國法制出版社 2009 年版）；陳衛東：《司法機關依法獨立行使職權研究》（《中國法學》2014 年第 2 期）；施新洲：《司法權的屬性及其社會治理功能》（《法學論壇》2014 年第 1 期）。就檢察機關的監督而言，代表性成果有：韓大元：《中國檢察制度憲法基礎研究》（中國檢察出版社 2007 年版）；李征：《中國檢察權研究》（中國檢察出版社 2008 年版）；傅國雲：《行政檢察監督研究：從歷史變遷到制度架構》（法律出版社 2014 年版）；韓成軍：《依法治國視野下行政權的檢察監督》（中國檢察出版社 2015 年版）；謝鵬程：《行政執法檢察監督論》（中國檢察出版社 2016 年版）。

7　葛洪義、舒國瀅、丁以升等：《法理學》，中國政法大學出版社 1999 年版，第 454-456 頁。

8　張文顯：《法理學》，高等教育出版社、北京大學出版社 2001 年版，第 316 頁。

9　張智輝：《「法律監督」辨析》，《人民檢察》2000 年第 5 期。

二、具體意義上的基本法實施監督之重要性

　　國務院新聞辦公室於 2014 年發佈《「一國兩制」在香港特別行政區的實踐》白皮書，其中提出「中央全面管治權」，同時明確「中央依法履行憲法和香港基本法賦予的全面管治權和憲制責任」，以及「中央擁有對香港特別行政區的全面管治權，既包括中央直接行使的權力，也包括授權香港特別行政區依法實行高度自治，對於香港特別行政區的高度自治權，中央具有監督權力」，[10] 據此闡明中央的監督權，也回應了在實踐中貫徹「一國兩制」方針出現的問題。2021，國務院新聞辦公室又發佈《「一國兩制」下香港的民主發展》白皮書，再次明確憲法和基本法共同構成香港特別行政區的憲制基礎，並且賦予中央對香港特別行政區的全面管治權，既包括中央直接行使的權力，也包括授權香港特別行政區依法實行高度自治以及對特別行政區高度自治的監督權。

　　如果回溯歷史就會發現，其實在基本法實施以前，已有學者敏銳認識到加強對基本法實施監督的重要性。1997 年 4 月，在北京召開的紀念香港基本法頒佈七週年座談會上，香港基本法起草委員會委員知名法學家吳建璠教授就如何使基本法實施監督經常化和制度化提出了他的學術觀點。他認為：「對基本法的執行情況要有監督，沒有監督，法律的執行就會日益鬆弛，直到變成一紙空文。」在當時，他設想了五個方面的監督機制：（1）行政監督，即由政府主管部門對下屬機關執行基本法的情況進行監督；（2）法律監督，即立法機關對行政機關執行基本法的情況進行監督；（3）司法監督，即各級法院在基本法執行情況中出現權利義務爭議時依法進行監督；（4）輿論監督，即媒體對基本法執行情況進行客觀真實的報導，肯定和提倡正確的做

10　中華人民共和國國務院新聞辦公室：《「一國兩制」在香港特別行政區的實踐》，《人民日報》2014 年 6 月 11 日。

法，揭露和批評錯誤的做法；（5）群眾監督，即人人關心基本法的貫徹執行情況，通過群眾力量進行監督。

香港基本法至今順利實施了 26 年，這表明基本法是一部經得起實踐檢驗的法律，「一國兩制」被證明是可行的。在香港基本法 26 年來的成功實踐中，香港基本法實施的監督機制為保障基本法的順利實施發揮了極大的積極作用，同時也為中國傳統的國家法制監督實踐增加了新的課題和內容。同時，不容忽視的是，基本法在實施過程中並非一帆風順，其中也存在著許多亟待研究和解決的問題，有些問題甚至十分嚴峻、極具挑戰性。針對這些問題與挑戰，有學者強調應當健全、完善基本法實施的監督機制。正如習近平主席指出，「實踐告訴我們，只有深刻理解和準確把握『一國兩制』的實踐規律，才能確保『一國兩制』事業始終朝著正確的方向行穩致遠」。[11]

回顧香港基本法的實踐過程，雖然取得了顯著成就，但面臨著艱巨困難，這些問題主要體現在：按照基本法循序漸進和積極穩妥地發展民主面臨著激進民主訴求的挑戰；維持行政主導政治體制面臨著行政與立法關係不順以及司法積極主義的挑戰；堅持「一國兩制」面臨著國外敵對勢力干預香港事務，並試圖把香港變成顛覆中國社會主義制度陣地的挑戰；鞏固香港政治法律上回歸祖國與人心回歸尚未理想之間的挑戰；正確理解基本法的科學內涵與精神實質與對基本法的刻意曲解與扭曲之間的挑戰；[12] 授予香港高度自治權與中央對地方保有監督權之間出現背反關係的挑戰；[13] 保持香港長期繁榮穩定與經濟結構性問題、頻繁激烈的抗爭運動、新冠疫情爆發之間發生矛盾的挑戰；保持愛國愛港者為主體的治港主導力量及維護國家主權、安全、發展利益與反中亂港勢力猖獗不息的挑戰；增進香港居民民生福祉與

11　習近平：《在慶祝香港回歸祖國二十五週年大會暨香港特別行政區第六屆政府就職典禮上的講話》，《人民日報》2022 年 7 月 2 日。

12　鄒平學：《香港基本法實踐問題研究》，社會科學文獻出版社 2014 年版，第 870 頁。

13　陳端洪：《理解香港政治》，《中外法學》2016 年第 5 期。

日益突出的住房等民生問題之間的挑戰等等。[14] 應對這些嚴峻挑戰，亟需健全完善一個科學的監督香港基本法實施的機制。[15]

　　儘管在研究香港基本法的論著中也有探討關於基本法實施的監督機制的相關問題，但專門研究這一問題的論著卻不多，具有深度的專論就更加少見。人們對建立健全監督機制來規範香港基本法的實施都有共識，卻鮮有人從理論上來討論香港基本法實施的監督機制在整個國家的憲法和法律監督體制中處於何等地位、具有何種作用和價值，「一國兩制」特色方針下基本法實施的監督機制有何特點等問題，也未系統闡述香港基本法實施的監督機制之構成內容，至於在實踐中存在哪些不足、又需要如何完善，相關的論述就更為闕如。本文重點針對香港基本法實施監督機制的制度構成以及其實踐中存在的主要問題展開論述。

14　齊鵬飛、陳傑：《香港回歸 25 年來「一國兩制」實踐的重大成就和歷史經驗》，《理論探討》2022 年第 4 期。

15　轉引自黃慶華：《應對香港面臨的挑戰》，《戰略與管理》2004 年第 3 期。

香港基本法實施的監督機制之構成要素

◇◇◇

香港基本法實施的監督機制，是指適格的監督主體為保障基本法正確實施，依法審查包括香港基本法的香港特別行政區之法律以及審查政府的行政行為、立法機關的立法行為、特區法院解釋基本法的行為是否符合基本法，並進行相應處理；同時也包括依法執行基本法的各主體之間進行制約、督促、管理的各種機構和制度所構成的體系，以及這些機構和制度發揮作用的過程、方式；還包括監察督促香港基本法適用和遵守、主體是否貫徹實施基本法之制度規範的監督保障體系。香港基本法實施的監督機制是中國特色憲法法律監督體系的重要組成部分。若無法建立完善的基本法實施之監督機制，將使「一國兩制」的實現阻力重重。

全面分析香港基本法實施的監督機制，應將其置於國家憲法與法律監督制度的整體框架之內，置於國家憲政體制的整體運作軌道上，方能避免有所偏頗。香港基本法實施的監督機制之規範淵源，主要依據香港基本法的規定，但並不限於此，國家憲法、國家其他相關的法律、甚至本地有關立法都可以成為其監督機制的規範來源。應當注意到，憲法與基本法是處理中央和特區之間權力關係的法律基礎，也是中央對香港特區行使主權的依據，因此在香港基本法實施的監督機制中的規範來源和執行依據上都佔據首要地位。綜上，本文將以中央國家機關和香港政權機關為兩大類別，圍繞這一監督機制的適格主體，闡述各主體之監督權責，具體包括：中央國家機關中的全國人大

及其常委會、國家主席、國務院；香港特區政權機關中的香港特區行政長官、香港特區政府、香港特區立法會、香港特區司法機關。[16]

一、中央政府監督權責之構成

中央與特區之間的關係包括從屬關係、領導與被領導關係、監督與被監督關係。[17] 而中央的監督權力是中央作為主權代表的固有權力，是中央對於香港所負有的憲制責任之重要體現，是準確貫徹實施「一國兩制」等各項方針政策的前提與基礎，也是維護國家主權、安全、發展利益以及香港長期繁榮穩定的重要保障。因此，切實行使好中央監督權力具有重要意義。如上文所述，「一國兩制」下中央對香港特區高度自治權的運行享有全面監督權，這種全面監督權以中央與香港特區之間的授權與被授權關係為政治基礎，以憲法與香港基本法規定的授權架構為法制基礎。[18] 據此，中央對香港的全面監督權當然包括對香港基本法實施的監督權。香港應當在維護國家主權的基礎上實施基本法，並自覺接受中央監督。中央與香港的關係有兩個特點：「一是單一制下的中央與地方之間的關係，二是『一國兩制』下特殊的中央與地方之關係。」[19] 因此，中央國家機關在監督香港基本法實施中享有憲制責任和憲制權力。下面將對其分別進行闡述。

（一）全國人大及其常委會

全國人大及其常委會的職權劃分為：立法權、決定權、任免

16　以下內容主要參考鄒平學：《香港基本法實踐問題研究》，社會科學文獻出版社 2014 年版，第872-882 頁。

17　梁愛詩：《飛鴻踏雪──香港基本法實踐 20 年》，香港城市大學出版社 2017 年版。

18　張小帥：《「一國兩制」下中央對香港特別行政區高度自治權的全面監督權：概念、內涵與行使方式》，《中國浦東幹部學院學報》2022 年第 1 期。

19　喬曉陽：《如何正確理解和處理好「一國兩制」下中央和香港特別行政區的關係》，載《中央有關部門發言人及負責人關於基本法問題的談話和演講》，中國民主法制出版社 2011 年，第 140 頁。

權、監督權。[20] 王振民教授認為：「處理中央與特別行政區關係、決定特別行政區前途命運的首要機關，是最高國家權力機關即全國人大及其常委會。」[21] 因此全國人大及其常委會在基本法實施的監督機制中承擔最高的憲制責任，也擁有最高、最終性的權力，同時由於全國人大及其常委會監督權的行使範圍也及於基本法在香港的實施，故在基本法實施的監督機制中也充分表現了其最高地位。

根據憲法第 2 條第 1 款、第 2 款，第 57 條，第 62 條，第 67 條，全國人大及其常委會的性質、地位和職權決定其有權監督憲法和法律的實施，當然也包括監督基本法的實施。此外，再考慮香港基本法第 2 條，第 17 條第 2 款、第 3 款，第 20 條，第 158 條，可以得出全國人大及其常委會監督基本法的實施這一結論。[22] 其具體的監督權及模式主要包括：

（1）授權香港特區實施高度自治，並在總體上對香港特區行使高度自治權進行監督。[23]

（2）對香港特區本地立法的備案審查權，[24] 對原有法律的審查處理權。[25] 有學者稱之為對特區立法和原有法律的違憲審查權。[26] 也有學者稱之為基本法審查權。[27]

（3）決定列入基本法附件三的全國性法律的權力。[28]

20　朱國斌：《中國憲法與政治制度》，法律出版社 1997 年版，第 117-123 頁。

21　王振民：《中央與特別行政區關係：一種法治結構的解析》，清華大學出版社 2002 年版。

22　朱國斌、朱世海：《中央與特別行政區關係專論》，香港城市大學出版社 2019 年版。

23　中華人民共和國國務院新聞辦公室：《「一國兩制」下香港的民主發展》，《人民日報》2021 年 12 月 21 日。

24　參見香港基本法第 17 條。

25　參見香港基本法第 160 條。

26　王振民：《中國違憲審查制度》，中國政法大學出版社 2004 年版。

27　胡錦光：《論香港基本法審查權及其界限》，《武漢大學學報（哲學社會科學版）》2017 年第 6 期。該文認為，基本法並非一國之憲法，而是在一個統一國家內的特定區域具有最高效力的基本法律，因此「違基審查權」或「基本法審查權」相較於「違憲審查權」更為恰當。

28　參見香港基本法第 18 條第 2、3 款。

（4）決定特區進入緊急狀態的權力。[29]

（5）對香港基本法的解釋權。[30]

（6）作出有關特區重大事務的法律問題的決定權。

（7）對全國人大常委會香港特區基本法委員會委員的任命權。

（8）對終審法院的法官和高等法院首席法官的任命或免職的備案權。[31]

（9）授予香港特區其他權力的權力。[32]

（10）全國人大常委會享有全國人大授予的其他在香港特別行政區行使的權力。

對最高國家權力機關行使監督基本法實施的權力實踐進行檢討，可以發現存在一些亟待完善的地方。比如在行使一些明文規定的權力時顧慮重重，過於克制，過於擔心政治風險、擔心招致干預的反感或指責，以至於一些權力閒置或者成為備而不用的權力。事實上，中央依據基本法第 17、18、158、159 條享有非常重大的權力，但在實踐中似乎又形成一種慣例或者不成文規則：中央最大限度地克制謹慎、自我規制。這表現在：第一，迄今對特區立法的備案發回權無明確的操作機制，也無發回的例證；第二，對於香港普通法的事後審查機制一直未能啟動；第三，如香港終審法院在審理時事先未提請全國人大常委會解釋的，或在其作出解釋時，特區法院與全國人大常委會的解釋不一致，將產生何種影響，承擔何種責任，都沒有相應的規定。[33]

2014 年與 2020 年國務院新聞辦公室發佈的涉港白皮書反覆強調

29　參見香港基本法第 18 條第 4 款。

30　參見香港基本法第 158 條。

31　參見香港基本法第 80 條第 2 款。

32　參見香港基本法第 20 條。

33　夏正林、王勝坤：《中央對香港特別行政區監督權若干問題研究》，《國家行政學院學報》2017 年第 3 期。

中央對港的監督權。基本法作為全國性法律，代表主權的中央當然對基本法的實施承擔著最終和最高的職責，「港澳特區作為中國的一部分，無論中央對其自治的範圍做多麼高程度的承諾，特區本身都無法承擔最後的責任，『兜底責任』最終在國家和中央政府」。監督基本法的實施情況，首先要強化的是全國人大及其常委會的監督權責。

（二）國家主席

國家主席是國家政權機構的最高代表、國家主權的象徵，對內、對外代表國家，根據憲法規定行使元首權，享有崇高和特殊的尊榮及禮儀待遇。我國國家主席即國家元首，根據我國憲法規定，國家主席代表中華人民共和國進行國事活動，並根據全國人大及其常委會的決定行使職權。我國國家主席在對香港恢復行使主權、貫徹實施「一國兩制」和頒佈香港基本法方面，發揮著重大作用。在對基本法實施的監督方面，國家主席的權力表現在：

（1）根據全國人大的決定，公佈基本法。

（2）接受香港特區行政長官的述職。[34]

（3）根據全國人大和全國人大常委會的決定，對香港特區行使國家元首的一般職權。

（三）最高國家行政機關

國務院，即中央人民政府，是最高國家權力機關的執行機關，是最高國家行政機關。國務院必須嚴格執行全國人大及其常委會制定

34　基本法本身沒有規定行政長官的述職制度。1998 年董建華首次赴北京述職，從而開創了一年一度赴北京向中央述職這一政治慣例。有學者對特區行政長官述職的對象、內容和範圍作了深入研究，從職權分工和避免重複彙報工作上看，主張述職的對象應當是總理，國家主席對進京述職的行政長官可作禮節性接見。至於國家副主席、國務院副總理不宜作為述職對象，但可以作為「接見」主體。參見馬嶺：《特別行政區長官述職之探討》，載周葉中、鄒平學主編：《兩岸及港澳法制研究論叢（第一輯）》，廈門大學出版社 2011 年版，第 272-284 頁。

的法律、通過的決議和決定，向最高國家權力機關報告工作，接受其監督。在香港基本法的實施以及監督實施中，國務院承擔重要責任，享有重大權力。國務院要貫徹執行「一國兩制」和香港基本法，貫徹執行全國人大及其常委會通過的有關香港事務的決定，與此同時，國務院也有監督基本法實施的權責，其監督權和監督模式表現在：

（1）執行最高權力機關的有關香港特區事務的決定。

（2）統轄香港特區政府並根據基本法向特區行政長官發出指令。[35]

（3）擁有對香港特區行政長官及政府主要官員、檢察長的任免權。[36]

（4）負責管理香港特區的防務和外交事務。[37]

（5）接受香港特區行政長官的述職。

（6）就香港特區法院審理案件中遇到涉及國家行為的事實問題時依法發出證明書。[38]

（7）在香港特區進入緊急狀態下發佈命令將有關全國性法律在特區實施。[39]

（8）中央各部門、各省、自治區、直轄市如需在香港特區設立機構，在徵得香港特區政府同意的同時還須經中央人民政府批准。[40]

（9）對特區財政預算、決算，特區在外國設立官方、半官方的經濟和貿易機構的備案權。

（10）有權授予香港特區的其他權力。[41]

在國務院行使有關監督職權時，其下屬的國務院港澳辦、中央

35　參見香港基本法第 48 條第（八）項。

36　參見香港基本法第 15 條、第 45 條、第 48 條第（五）項和第（七）項。

37　參見香港基本法第 13 條第 1 款、第 14 條第 1 款。

38　參見香港基本法第 19 條第 3 款。

39　參見香港基本法第 18 條第 4 款。

40　參見香港基本法第 22 條第 2 款。

41　參見香港基本法第 20 條。

政府駐香港聯絡辦、外交部駐香港特別行政區特派員公署均發揮著相應的職能作用。[42]

　　值得注意的是，在中央政府的監督權責中，中央人民政府享有對行政長官的任免權具有重要意義。基本法規定特區行政長官在當地通過選舉或協商產生。這意味著在行政長官的人事問題上，中央政府並非直接作出決定，而是全國人大透過基本法授權特區享有選出行政長官人選的高度自治權。在這個領域範圍內，特區具有處理自身事務的能力。但這同時也意味著，特區選舉或協商所產生的人選可能出現偏差，突破憲制性規範，不利於地區或者國家的安全與利益，所以中央政府必須要對不符合憲制標準的自治行為作出具有強制力的矯正行為。故中央政府對特區行政長官的任命權是中央監督權，其與特區高度自治緊密相連。[43] 蕭蔚雲教授曾表示，任免權是中央與香港特區關係的重要方面，否認中央在這方面的實質權力，就等於取消了中央的這一權力。[44] 行政長官是整個特區政治體制的核心，為了平衡其權力，必須確保中央政府對行政長官的監督權行使，使中央政府通過任免香港特區行政長官來監督特區的高度自治權這一路徑更加完備，達成中央管治權與高度自治權的有機結合。

二、香港特區監督權責之構成

　　香港特區根據基本法享有高度自治權，這種自治權的承擔者和行使者主要是特區的政權機關。香港基本法第 11 條規定：「根據中華人民共和國憲法第三十一條，香港特別行政區的制度和政策，包括社會、經濟制度，有關保障居民的基本權利和自由的制度，行政管理、

42　關於這三個機構的職能作用，可參閱王振民：《中央與特別行政區關係：一種法治結構的解析》，清華大學出版社 2002 年版，第 213-215、233-237 頁。

43　張強：《論中央政府任免特別行政區行政長官的法理邏輯》，《嶺南學刊》2018 年第 5 期。

44　王禹：《蕭蔚雲論港澳政治體制》，三聯書店（澳門）有限公司 2015 年版。

立法和司法方面的制度，以及有關政策，均以本法的規定為依據。」「香港特別行政區的任何法律、法令、行政法規和其他規範性文件均不得同本法相抵觸。」可以說，香港特區政權機關是基本法的貫徹實施者，享有廣泛的權力。在貫徹實施基本法過程中，香港特區政權機關既要接受來自中央和香港市民的監督，它本身也負有監督基本法實施的權責。也即，特區政權機關具有基本法的實施者、被監督者和監督者的三重角色。就監督者的角色來說，香港基本法賦予了其重要的監督權責。

（一）香港特區行政長官

根據香港基本法第 43、48、49、50、51、52、57、58 條以及《緊急情況規例條例》的規定，行政長官被賦予了作為政府首長與特區首長的兩類權責，主要包括：

（1）依法對中央政府和特區負責。

（2）執行中央政府就香港基本法規定的事務發出的指令。

（3）行政長官就任時應向香港特別行政區終審法院首席法官申報財產，記錄在案。

（4）負責執行基本法以及依照基本法適用於香港特區的其他法律，根據基本法行使職權；領導香港特區政府；簽署立法會通過的法案，公佈法律；簽署立法會通過的財政預算案，將財政預算、決算報中央人民政府備案；決定政府政策和發佈行政命令。

（5）提名並報請中央政府任命主要官員及建議免除上述官員職務。

（6）批准向立法會提出有關財政收入或支出的動議；根據國家和香港特區的安全或重大公共利益的需要，決定政府官員或其他負責政府公務的人員是否向立法會或其所屬的委員會作證和提供證據；處理請願、申訴事項。

（7）任免行政會成員，主持行政會議；依照法定程序任免各級法院法官；依照法定程序任免公職人員。

（8）代表香港特別行政區政府處理中央授權的對外事務和其他事務。

（9）如認為立法會通過的法案不符合香港特別行政區的整體利益，可在三個月內將法案發回立法會重議。

（10）香港立法會如拒絕批准政府提出的財政預算案，行政長官可向立法會申請臨時撥款。如果由於立法會已被解散而不能批准撥款，行政長官可在選出新的立法會前的一段時期內，按上一財政年度的開支標準，批准臨時短期撥款。

（11）拒絕簽署立法會再次通過的法案或立法會拒絕通過政府提出的財政預算案或其他重要法案，經協商仍不能取得一致意見，行政長官可解散立法會。

（12）在緊急情況發生時的緊急立法權。

基於基本法第 43 條與第 60 條的規定，行政長官承擔了既對中央人民政府負責，也對香港特區政府負責的特區首長與特區政府首長的「雙首長」角色。基本法中「雙首長制」的制度設計突出了行政長官在監督機制中所具備的實質性地位，使行政長官成為中央全面管治權和香港特區高度自治權進行連接互動的重要樞紐，也是落實中央全面管治權的重要抓手，以及落實「一國兩制」、「港人治港」、高度自治的關鍵。

根據基本法第 48 條，行政長官「執行本法」的職責也是發揮監督作用的重要一環，體現在：第一，行政長官執行基本法的內容的範圍包括整部法律。行政長官「執行本法」的內容是廣泛的，包括基本法賦予行政長官的各項職權和責任，其範圍不僅包括基本法第 48 條的相關內容，也包括其他條文，還包括基本法的附件一、附件二及附件三。第二，行政長官執行基本法的對象是多重的，而非單一的。其

一，行政長官自己必須遵守基本法，嚴格按照基本法的規定行使職權。其二，行政長官負有保證基本法在香港特別行政區實施的責任，在依法行使權力的基礎上，負有監督基本法中其他主體按照基本法行使職權的職責。同時，行政長官對特別行政區其他政權機關的監督也不應當減損被監督者依據基本法所享有職權的完整性與獨立性。[45] 第三，行政長官執行基本法所側重的身份不是行政機關的首長，而是特別行政區的首長。這也表明行政長官是中央授權履行基本法監督職能的憲制機關。在香港基本法起草時，陳弘毅教授就指出中央監督特區政府，使其立法、行政及司法活動不超越其自治範圍的目的本身是合理的，但這些條文如果過於廣泛，那麼將導致中央干預特區內部自治事務。[46] 因此當行政長官作為基本法的監督機關，確保特別行政區的立法、行政及司法活動不超越自治範圍時，就極大地緩解了中央與特別行政區之間可能的張力，在確保國家主權、安全與發展利益的基礎上實現了特別行政區的高度自治。

對此，2019 年，行政長官根據《緊急情況規例條例》制定《禁止蒙面規例》（以下簡稱《禁蒙面法》）就是一個監督基本法實施的例證。基本法規定中，香港特區本地機關之間的權力分工沒有對緊急性與日常性、特殊性與一般性作出區分。因此，賦予行政長官緊急立法權能夠一定程度上填補相應規定上的空白，為保障香港安全穩定起到兜底作用，而且可以增強香港本地靈活處置緊急情況的能力，及時提出多元化、精準化、前瞻性的應對策略，避免香港社會陷入混亂的風險。

（二）香港特區立法會

根據基本法第 73 條的規定，立法會的監督權責主要包括：

45　黃明濤：《「最高國家權力機關」的權力邊界》，《中國法學》2019 年第 1 期。

46　陳弘毅：《香港法律與香港政治》，香港廣角鏡出版社有限公司 1990 年版，第 40-41 頁。

（1）根據基本法規定並依照法定程序制定、修改和廢除法律。

（2）根據政府的提案，審核、通過財政預算。

（3）批准稅收和公共開支。

（4）聽取行政長官的施政報告並進行辯論。

（5）對政府的工作提出質詢。

（6）就任何有關公共利益問題進行辯論。

（7）同意終審法院法官和高等法院首席法官的任免。

（8）接受香港居民申訴並作出處理。

（9）如立法會全體議員的 1/4 聯合動議，指控行政長官有嚴重違法或瀆職行為而不辭職，經立法會通過進行調查，立法會可委託終審法院首席法官負責組成獨立的調查委員會，並擔任主席。調查委員會負責進行調查，並向立法會提出報告。如該調查委員會認為有足夠證據構成上述指控，立法會以全體議員 2/3 多數通過，可提出彈劾案，報請中央人民政府決定。

（10）在行使上述各項職權時，如有需要，可傳召有關人士出席作證和提供證據。

（三）香港特區司法機關

根據香港基本法的規定，香港法院的監督權責主要在於享有獨立的司法權和終審權，以及在實踐中能動地運用司法權。基本法給予了相應的保障，第 85 條規定：「香港特別行政區法院獨立進行審判，不受任何干涉，司法人員履行審判職責的行為不受法律追究。」根據第 158 條，香港法院經全國人大常委會授權可以解釋基本法。上述規定對於發揮司法機關在監督基本法實施中的職能作用奠定了法制基礎。

當然，實踐中，最值得重視的是特區法院的基本法審查權，相關問題也引起了各方的關注與爭議。香港終審法院曾在 1999 年的

「吳嘉玲案」中提出，特區法院具有管轄權去審查全國人大或其常委會的行為是否符合基本法，以及在發現與基本法相抵觸時，可以宣佈其無效。[47] 自此之後，便引發學界對司法審查權的激烈討論。有學者指出香港法院的司法審查權沒有法律依據，是香港法院自我設定，這樣的做法混淆了中央與地方權力關係，偏離了基本法所確立的行政主導政治體制，扭曲了基本法與普通法的關係。[48] 還有學者對於香港法院擁有司法審查權的正當性提出質疑，認為在「主權—授權—高度自治」的理論框架下，只有全國人大常委會才享有基本法審查權。[49] 當然，也有學者認為，基本法雖然沒有明確賦予香港法院司法審查權，但依據基本法第 19 條，保留了香港法院原有的審判權和管轄權，也基於基本法第 8 條與第 18 條，賦予了特區法院對基本法的解釋權，並規定特區立法機關制定的任何法律不得與基本法相抵觸，據此，香港特區法院有權行使司法審查權。[50] 由於香港保留了不同於內地的普通法制度，因此判例法制度當然繼續存在，同時，在香港回歸前法院已經具有一定的司法審查權，所以從判例法的角度看，香港法院當然能夠行使司法審查權。[51] 還有學者考慮到香港法院行使司法審查權的客觀事實，認為普通法傳統、特區回歸後的新法治秩序及全國人大常委會審查權的不完整性共同促成了香港法院司法審查的實踐。[52]

應該承認，回顧香港回歸以來司法審查權的運用，該項權力已經嵌入到香港憲制實踐之中，成為其憲制體制的組織部分。與其一味

47　*Ng Ka Ling v. Director of Immigration*, [1999] HKCFA 72.

48　董立坤、張淑鈿：《香港特別行政區法院違反基本法審查權》，《法學研究》2010 年第 3 期，第 22-24 頁。

49　參見新華社：《內地法律專家對終審法院判決的意見》，載佳日思等主編：《居港權引發的憲法爭論》，香港大學出版社 2000 年版，第 57-58 頁。

50　陳弘毅：《論香港特別行政區法院的違憲審查權》，《中外法學》1998 年第 5 期，第 12-13 頁。

51　王書成：《司法謙抑主義與香港違憲審查權》，《政治與法律》2011 年第 5 期，第 26 頁。

52　李樹忠、姚國建：《香港特區法院的違基審查權 —— 兼與董立坤、張淑鈿二位教授商榷》，《法學研究》2012 年第 2 期。

否定該項權力的存在，不如詳細討論該項權力的界限，以及中央政府對香港本地司法審查權的監督方式。

綜上可見，香港基本法實施的監督機制的制度構成具有如下特點：一是主體多元；二是監督職權廣泛；三是監督方式和模式多樣，有中央監督和特區監督，有立法監督與司法監督，有事前監督與事後監督模式，還有抽象監督與具體監督，軟性監督和硬性監督[53] 等。

53　冷鐵勳：《論特別行政區法律的備案審查制度》，《政治與法律》2014 年第 1 期。

香港基本法實施的監督機制之實踐爭議

◇◇◇

在香港基本法過去的成功實踐中可以看到，基本法規定的制度體制的功效得以充分發揮，其中基本法實施的監督機制具有不可或缺的重要意義。同時，從實踐角度看，香港基本法實施的監督機制仍然面臨很多亟待完善的問題。以下將對國家權力機關在監督基本法實施過程中比較突出的實踐問題展開討論。

一、通過「人大決定」方式監督香港基本法實施的實踐

1982 年 1 月，鄧小平同志首次提出「一個國家，兩種制度」的概念。[54] 四十年來，為了保證全面準確貫徹「一國兩制」方針，全國人大及其常委會根據「依法治港」原則，先後針對香港問題制定了 3 部立法、40 份規範性文件、進行了 5 次「人大釋法」，[55] 雖然這些規範性文件的名稱被分為「決定」、「決議」與「辦法」三類，但本章

54　中共中央文獻研究室編：《鄧小平年譜：一九七五——一九九七（下）》，中央文獻出版社 2004 年版，第 797 頁。

55　檢索工具為「北大法寶資料庫」與「國家法律法規資料庫」，最後檢索時間為 2022 年 1 月 1 日。

將其統稱為「人大涉港決定」。[56]

從研究的角度看，雖然「人大涉港決定」數量最多，但與「人大涉港釋法」相比，學界對其研究卻十分有限。[57] 這並非是因為「人大涉港決定」無關緊要，實際上，很多決定在香港曾引發爭議。比如《全國人大常務委員會關於〈香港基本法〉英文本的決定》指出，「（基本法）英文本中的用語的含義如果有與中文本有出入的，以中文本為準。」但在「馬維騉」案件中，香港法院卻認為，「如果基本法的英文本已經很清楚，根本沒有必要參考中文本。」[58] 事實上，一項條款在英文中可能是清楚的，但這並不代表它與中文本完全沒有差異，顯然「基本法中文本優先」的決定，並未得到貫徹。[59]

過往由於「人大涉港決定」領域一直未出現類似吳嘉玲案量級的標誌性案例，因此，學界對其深入討論缺乏契機。這一情況在香港法院 2021 年 6 月對西九龍「一地兩檢」司法審查案判決出台後發生了改變，法院在該案中詳細討論了「人大涉港決定」在香港法體系中的

56　除去上述學理原因外，將「決定」、「決議」與「辦法」統稱為「人大涉港決定」加以分析也有現實層面的考慮。首先，根據現有內地學界的研究，長期以來，最高國家權力機關的法律行為究竟被命名為何種名稱並無統一標準，沒有實現「一種規範性文件名稱」對應「一種權力行使方式」的效果，反而實踐中存在規範性文件的名稱雖然分別表現為「決定」、「決議」與「辦法」，但實則為國家權力機關行使同一權力的現象。參見劉松山：《全國人大及其常委會決議與決定的應然界分》，《法學》2021 年第 2 期。以「港澳人大代表選舉」為例，5 次表述為「辦法」，2 次表述為「決定」，基於此，合併討論符合現實情況。此外，目前香港法律界是也在「NPCSC Decision」的名義下對相關問題合併討論的，而本章也有意對香港學界既有研究進行商榷和對話。

57　目前學界涉及這一主題的成果大致有三類：第一，以「人大決定」在內地的實踐為樣本展開學理分析，相關結論基本不涉及港澳。代表性文獻為：金夢：《立法性決定的界定與效力》，《中國法學》2018 年第 3 期。第二，單獨討論某一個具體的「人大涉港決定」，比如涉及「西九龍高鐵站『一地兩檢』的決定」，但對「人大涉港決定」缺乏整體性的把握。代表性文獻為：朱國斌主編：《「一地兩檢」與全國人大常委會的權力》，香港城市大學出版社 2020 年版。第三，以「人大涉港釋法」為重點，在討論最高國家權力機關在香港的權力時順帶提及「人大涉港決定」，但不系統。代表性文獻為：Johannes Chan, H. L. Fu and Yash Ghai (eds.), *Hong Kong's Constitutional Debate Conflict over Interpretation*, Hong Kong University Press, 2009。

58　*HKSAR v. Ma Wai Kwan David And Others*, CAQL 1/1997, para. 26.

59　Yash Ghai, "Litigating the Basic Law: Jurisdiction, Interpretation and Procedure", in Johannes Chan, H. L. Fu and Yash Ghai (eds.), *Hong Kong's Constitutional Debate Conflict over Interpretation*, Hong Kong University Press, 2009, pp. 41-42.

性質。[60] 如果說，香港法院當年在吳嘉玲案中是以激進的司法哲學引爆了學界關於「人大涉港釋法」的爭論。那麼，目前秉持謙抑主義司法哲學的香港法院，則以一種非常低調的方式，在「一地兩檢」案中開啟了「人大涉港決定」討論的大門。[61]

明確「人大涉港決定」在香港的法律地位，關鍵在於澄清「人大涉港決定」在香港法源結構中的效力層級。目前對這一問題的討論並未充分展開，主要面對理論與實踐兩個方面的困難：從理論層面看，「人大涉港決定」作為內地法律概念引入香港法體系的產物，涉及兩個法律體系的交叉，如何將其在香港法律淵源的結構中定位，缺乏明確的標準，也無先例可循，這造成「人大涉港決定」的效力層級晦澀不明，因此需要對該問題的法理基礎，即香港法源結構的內涵作出澄清。從實踐層面看，「人大涉港決定」內容豐富多樣，涉及多種權力的運用，這也進一步決定了任何「一攬子」方案都缺乏解釋力，必須對其加以類型化，才能展開針對性地討論。

在法理學研究中，法律淵源是一個爭議較大的概念，過往內地主流理論將其界定為「法的表現形式或存在形式」，這一理論主要是從立法者的視角出發，以制定主體權力層級高低為標準，將法律淵源分為正式淵源與非正式淵源。[62] 但是，上述傳統理論卻無法有效定位「人大涉港決定」的效力層級，從制定主體的角度看，「人大涉港決定」，特別是其中由全國人大作出的決定，理論上應該與香港基本法具有同等效力，但從制定程序看，大部分「人大涉港決定」未有經過

60　香港法院曾經在「梁麗幗訴政務司司長案」判決書中籠統地指出，「法院無權決定全國人大常委會決定在香港法律中是否有效」，但具體論述並未展開，見 HCAL 31/2015 (para. 30)。真正對「人大涉港決定」在香港的效力問題展開系統討論的是「西九龍高鐵站『一地兩檢』案」，詳見其一審判決書 HCAL 1165/2018，二審判決書 CACV 87/2019。

61　Po Jen Yap, "Twenty Years of the Basic Law: Continuity and Changes in the Geoffrey Ma Court", (2019) *Hong Kong Law Journal* 49, pp. 209-238.

62　Peter Wesley-Smith, *An Introduction to the Hong Kong Legal System (Third Edition)*, Oxford University Press, 1998, pp. 37-53; Michael J. Fisher, *The Legal System of Hong Kong*, Blue Dragon Asia Ltd, 2010, pp. 37-64.

三讀程序，並且未由國家主席公佈。因此，如果不加區分，籠統地將其效力等同於基本法會遭遇質疑。[63] 但如若將其降格，等同於香港本地的附屬立法，又與「人大涉港決定」的地位不符。

　　退一步說，就算不考慮上述原因，「人大涉港決定」本身的多元性，也會給有效定位造成困擾，因為無論是憲法或其他法律僅對全國人大及其常委會的「組織和職權」作出了規定，但對各項職權行使的結果究竟要體現為何種法定形式，卻沒有加以明確。[64] 這就造成兩份規範性文件在外在公文形式上均表現為「人大決定」，但其內容卻是國家權力機關依照不同制定程序、行使不同權力的產物。[65] 與之相較，還平行存在另一種情況，即規範性文件的名稱雖然分別表現為「決定」、「決議」與「辦法」，但實則是國家權力機關行使同一權力的結果。[66] 由此可見，「人大決定」只是國家權力機關行使權力的載體，作為規範文本的「人大決定」本身並不必然與某一項「人大決定權」一一對應，從實踐看，它也可能涉及立法權、監督權與任免權的運用，甚至是幾項權力的綜合運用，這是導致其定位困難的癥結所

63　內地學界對於「人大決定」與狹義法律的關係仍未形成共識，參見秦前紅、劉怡達：《有關法律問題的決定：功能、性質與制度化》，《廣東社會科學》2017 年第 6 期；黃金榮：《「規範性文件」的法律界定及其效力》，《法學》2014 年第 7 期。

64　根據《黨政機關公文處理工作條例》、全國人大常委會辦公廳 2013 年 1 月修訂頒佈的《全國人大機關公文處理辦法》，人大機關公文種類形式共有 13 種，除了決定外，還包括：公告；決議；議案；建議、批評和意見；請示；批覆；報告；通知；通報；函；意見與會議紀要。這些公文形式與人大職權只有模糊的對應關係，特別是決定與決議之間存在交叉。

65　比如《全國人民代表大會常務委員會關於懲治騙購外匯、逃匯和非法買賣外匯犯罪的決定》屬於狹義法律，是立法權的產物；而《全國人民代表大會常務委員會關於授權香港特別行政區對深圳灣口岸港方口岸區實施管轄的決定》則是重大事項決定權的產物。

66　比如《全國人民代表大會常務委員會關於批准〈廣東省經濟特區條例〉的決議》、《中國人民解放軍選舉全國人民代表大會和縣級以上地方各級人民代表大會代表的辦法》與《全國人民代表大會常務委員會關於在沿海港口城市設立海事法院的決定》三份規範性文件均被認定為狹義法律，但規範名稱卻都不相同。參見中國人大網對《現行有效法律目錄》（截至 2021 年 12 月 24 日）的最新統計結果，http://www.npc.gov.cn/npc/c30834/202112/5eb8eba6c01947319d2db93a611fc79f.shtml（最後訪問時間：2022 年 1 月 1 日）。

在。[67]

鑒於傳統法律淵源的理論無法妥當解釋「人大涉港決定」的效力層級問題。因此，本章傾向借鑒近年來法理學的發展，選擇以法律適用者的視角對法律淵源概念加以重新界定。在法的適用視角中，「法的淵源可以被劃分為『效力淵源』與『認知淵源』兩類。效力淵源是作為裁判依據的規範命題，是法律適用者裁判活動具有法律效力的必要條件。典型的效力淵源是成文法，當然在英美法地區還包括司法機關對法的創制，因此判例法在英美法地區也屬於效力淵源。與之相比，認知淵源指的是在法律適用活動中只能為裁判依據提供內容來源，但卻無法提供效力來源的規範材料。」[68]

參考上述理論，目前 40 份「人大涉港決定」可以被劃分為三個類型。

（一）立法規則式決定

適用對象在初始時不特定、內容具有原創性、設定了可反覆適用的行為規範，這類決定在內容上與國家權力機構的立法高度相似，屬於香港法源結構中的「效力淵源」。此外，立法權並非是單一的權力結構，而是一種綜合性的權力體系，其中不僅包括了法的制定權能，而且包含修法與廢法，因為它們相當於以新的立法判斷替換了原先的立法判斷。因此，立法性決定、修法性決定與廢法性決定均可以被納入這一類型。據統計，目前這類「人大涉港決定」共有 15 份，佔比 37.5%，具體包括三種情況：

其一，全國人大對香港地區人大代表選舉所作的決定。

67　在全國人大及其常委會的四項職權中，立法權、監督權和任免權均以「行為涉及的內容」為標準進行的分類，互相之間的界限相對比較清晰，但決定權則游離於上述標準之外，可能橫跨幾項內容，因而帶來理論爭議。參見孫瑩：《論人大重大事項決定權的雙重屬性》，《政治與法律》2019 年第 2 期。

68　雷磊：《憲法淵源意味著什麼？——基於法理論的思考》，《法學評論》2021 年第 4 期。

其二，全國人大關於香港維護國家安全所作的決定。

其三，全國人大常委會作出決定對基本法附件三「在香港實施的全國性法律」進行修改，這些修法性決定與列入基本法附件三的法律具有同等的效力。

「立法規則式決定」具有塑造香港憲制結構的制度功能，最典型的例證就是涉及港區人大代表選舉的八份辦法。在「一國兩制」條件下，香港不實行內地的社會主義政策和制度，也不設立本地方的人民代表大會，這就導致部分人士出現誤解，認為人民代表大會制度不在香港實施，從而進一步認為香港與內地不屬於「同一憲制架構」，香港基本法是「香港憲法」，中國憲法是「內地憲法」，兩者「二元並立」。為了正本清源，全國人大及其常委會依據憲法第 59 條，對香港地區人大代表的選舉方式作出決定，這有助於澄清香港憲制秩序的政治正當性基礎並非僅僅來自香港本地的代議機關，從根本上說，它來自包括香港代表在內的所有全國人大代表的授權確認。

近年來，隨著香港「一國兩制」實踐的深入，全國人大在《關於建立健全香港維護國家安全的法律制度和執行機制的決定》中對上述路徑又有進一步發展。這份決定基於香港國安環境不斷惡化，而基本法第 23 條本地立法又遙遙無期的特殊情況，由最高國家權力機關直接出手彌補香港法體系的漏洞，在原有路徑的基礎上，結合基本法第 18 條，創造了一種「人大決定＋人大常委會立法」的模式，凸顯了立法規則式決定塑造香港憲制結構的制度功能。

（二）法律裁決式決定

適用對象在初始即可確定，內容往往依附於先前的某項法律行為存在，雖然也設立了行為規範，但主要目的在於對特定問題進行單次的法律判斷或審查。據統計，可被納入這類的「人大涉港決定」共有 11 份，佔比 27.5%，決定的數量雖然不多，但規範屬性很強。

比如《關於香港基本法的決定》緣於基本法起草過程中香港社會對憲法與基本法關係的疑慮。這種疑慮雖然因為基本法第 11 條的納入得到了一定程度的消解，但香港本地的基本法諮詢委員會，特別是法律專家對於第 11 條能否完全化解上述問題仍然憂心忡忡。為此，在起草委員會的建議下，全國人大在通過基本法後立即頒佈了該決定，明確「香港基本法是根據憲法按照香港的具體情況制定的，是符合憲法的」。這類「法律裁決式決定」在後續全國人大常委會關於深圳灣口岸「一地兩檢」與西九龍高鐵站「一地兩檢」的合法性審查中也有體現。與第一類「立法規則式決定」調整對象初始不確定、可反覆適用的特點不同，這類決定是對某個具體且特定的法律問題進行的單次判斷，效力也僅限於特定問題。從這個角度看，這類決定就類似於西方國家憲法法院的合憲性、合法性審查的裁決書。「法律裁決式決定」在香港法源結構中應被視為效力淵源，相關決定在特定問題上構成最高層級的先例，香港法院在後續判決中如若涉及相關問題，均要予以遵從。

「法律裁決式決定」具有監督香港司法權的功能。典型的例證就是全國人大常委會關於《內地與香港特別行政區關於在廣深港高鐵西九龍站設立口岸實施「一地兩檢」的合作安排》的決定（以下簡稱《合作安排》）。在已經預判相關本地立法必將面對司法審查挑戰的情況下，上述決定在司法訴訟展開前，先行確認《合作安排》符合憲法和香港基本法。從這個角度看，這份決定雖然名為「決定」，但其實就是一份「事前合法性審查」的法律裁決。從實際效果看，這樣的裁決也的確對後續香港法院相關案件的審理，起到了預防性監督的功能。

（三）政治決斷式決定

這類決定不對適用對象設立直接的行為規範，主要內容是在表明國家權力機關應對某項政治問題的基本原則，或基於客觀需要，

設立、延續或取消某個政治機構。與前兩類法律性決定相比，「政治決斷式決定」之所以獨立，並非是因為它不具有任何的法律性（從根本意義上講，國家權力機關作出的任何決定都具有法律性），也不是以相關決定內容的多寡作為判斷標準，核心區別在於這類決定無法直接在法律適用中作為裁判依據，它必須與制度性權威（如憲法、基本法）相結合才能扮演權威理由的角色。

以 2021 年《全國人民代表大會關於完善香港特別行政區選舉制度的決定》為例，這份決定的核心在於明確香港選舉制度改革應當符合「一國兩制」方針，符合香港特別行政區實際情況，確保愛國愛港者治港，有利於維護國家主權、安全、發展利益。在這個前提下，該份決定對改革的基本原則進行了設定，比如改變選舉委員會的構成，在立法會中重新引入選舉委員會的選舉方式等。單看內容它甚至比某些「立法規則式決定」都更加豐富，但需注意，關於香港選舉制度的具體行為規範（選舉規則）還是要查詢修改後的基本法附件一與附件二才能確定。這意味著，假設日後香港選舉出現爭議，法律適用者需要以修改後的基本法附件一與附件二作為裁判依據，上述決定只能作為裁判理由搭配使用。這個邏輯也體現於《全國人民代表大會常務委員會關於香港特別行政區行政長官普選問題和 2016 年立法會產生辦法的決定》等幾份關於政改問題的決定上。

此外，《全國人民代表大會常務委員會關於設立全國人大常委會香港特別行政區籌備委員會預備工作委員會的決定》、《全國人民代表大會常務委員會關於批准全國人民代表大會香港特別行政區籌備委員會結束工作的建議的決定》、《全國人民代表大會常務委員會關於香港特別行政區第六屆立法會繼續履行職責的決定》等幾份決定的內容涉及設立、延續或取消某個政治機構，也沒有設定具體的行為規範。據統計，可被納入這類的「人大涉港決定」共有 14 份，佔比 35%。

「政治決斷式決定」具有處理香港核心政治問題的功能，具體的內容既包括對香港選舉制度進行調整的決定（如《全國人大關於完善香港特別行政區選舉制度的決定》），也包括具體涉及香港立法會議員履職資格的決定（如《全國人大常務委員會關於香港特別行政區立法會議員資格問題的決定》）。

之所以「政治決斷式決定」具有上述制度功能，與人民代表大會制度在我國憲法秩序中的性質與定位密不可分。需要指出，我國基於民主集中制原理構建的人民代表大會並非僅僅是一個立法機關，也是作為一個體現人民意志的政治機關，讓人民藉由這一渠道行使國家權力。人民的意志透過逐級選舉最終匯聚到全國人民代表大會，由它行使最高國家權力，其他機關由其產生、對其負責、受其監督，通過上述過程，人民主權原理得以貫徹。正是從這個層面看，人民代表大會是憲法框架中的最高權力機關，這與基於權力分立原理構建的西方議會並不相同。香港特別行政區雖然實行特殊政策，但人民代表大會制度在香港也要適用，只不過在運行方式上與內地有所差異。[69] 因此，由全國人大及其常委會決定香港的政治問題，符合中國憲制秩序運行的基本邏輯。

通過以上分析可知，雖然從規範名稱上均稱為「人大涉港決定」，但「決定」之間也有差異，存在「立法規則」、「法律裁決」與「政治決斷」三種形態。在法律淵源的視域中，前兩者屬於效力淵源，最後一個則屬於認知淵源。這種類型化的分析，能夠有效避免過往籠統性討論的弊端，能夠具體且明確地討論某份「人大涉港決定」在香港法源結構中處於何種效力層級，從而為如何適用該份決定提供理論指引。此外，本章通過功能主義的方式，分別對三類決定所欲實

---

69 對此，曾任全國人大常委會港澳基本法委員會主任的李飛同志曾進行過專題論述。參見李飛：《人大制度於全國範圍內適用，港澳不應例外》，大公網，http://news.takungpao.com/mainland/focus/2018-01/3533582_print.html（最後訪問時間：2022 年 1 月 1 日）。

現的制度功能進行討論。由此,以上對三種功能的歸納並不是對實踐的「簡單白描」,而是以提煉「理想類型」的方式,對相關決定「應當發揮」何種功能進行的學理探索,試圖以此構建一個「權力機關行使特定權力 —— 表現為特定的決定類型 —— 發揮特定的制度功能」的模型,強化對「人大涉港決定」在香港法律地位與效力的理論證成。

二、通過「備案審查」方式監督香港基本法實施的實踐

全國人大常委會對香港本地立法的備案審查權,規範依據主要來自香港基本法第 17 條:

香港特別行政區享有立法權。香港特別行政區的立法機關制定的法律須報全國人民代表大會常務委員會備案。備案不影響該法律的生效。

全國人民代表大會常務委員會在徵詢其所屬的香港特別行政區基本法委員會後,如認為香港特別行政區立法機關制定的任何法律不符合本法關於中央管理的事務及中央和香港特別行政區的關係的條款,可將有關法律發回,但不作修改。經全國人民代表大會常務委員會發回的法律立即失效。該法律的失效,除香港特別行政區的法律另有規定外,無溯及力。

梳理上述條款的立法史可知,基本法起草者對備案審查制度在香港預設的功能是,由全國人大常委會依據基本法中特定範圍內的條款(中央事權或央地關係),對特定類型的法律(本地立法會的成文法),以特定的方式(整體發回)加以監督。不難看出,這是一種「有限監督」與「底線監督」,體現了中央政府對香港本地立法權與原有法律監督理念的高度尊重。但是制度進入實踐後,並不是在「真空環

境」中完全按照制度設計者的原初意圖自主運行，而是會「生活」在一個「制度群落」內，與前後左右的相關制度進行磨合。具體而言，在基本法的多重限定下，備案審查只是香港立法監督制度體系的組成部分。這一特點決定了它在運行中必須處理與「行政長官立法監督權」、「香港法院司法審查權」以及「對回歸前香港原有法律監督權」三方面關係。

（一）「事前審查」與「事後審查」的銜接

如果將全國人大常委會對香港本地立法的監督歸類為一種事後審查，那麼行政長官對特區立法的控制就可被理解為一種事前審查。[70] 根據香港基本法第 76 條，香港特別行政區立法會通過的法案，須經行政長官簽署、公佈，方能生效，這裏的簽署與公佈絕非「程序性權力」。因為香港基本法第 49 條規定，「特別行政區行政長官如認為立法會通過的法案不符合香港特別行政區的整體利益，可在三個月內將法案發回立法會重議。」單看制度啟動的時間點，行政長官對立法的監督發生在立法生效前，而全國人大常委會的備案審查發生在立法生效後，二者貌似並無交集，按道理也就不應產生衝突，但若將其置於香港立法監督的大背景中觀察，則會發現其中存在亟待協調之處。

香港基本法第 17 條規定「備案不影響該法律的生效」。在《香港基本法（草案）徵求意見稿》的討論中，就有內地學者提出應將其修改為「在公佈生效之日報中央備案」，[71] 這並非只是在調整語序，其背後的法理考量在於，如果香港立法會完成立法程序後立即將有關

70　甚至有香港學者據此指出，由於存在行政長官對立法的事前審查，備案審查權沒有行使的必要，如果中央政府對立法有意見，可通過行政長官予以否決。See Danny Gittings, *Introduction to the Hong Kong Basic Law*, Hong Kong University Press, 2013, pp. 74-75.

71　中華人民共和國香港特別行政區基本法起草委員會秘書處編：《內地各界人士對〈香港特別行政區基本法（草案）徵求意見稿〉的意見彙編》，1988 年 9 月，第 8 頁。

法律報送全國人大常委會備案，在理論上就存在一種可能：全國人大常委會接受了備案，甚至完成了審查，但同一時間香港特區行政長官在批准程序中卻認為法律存在問題不予簽署，要求立法會重議，此時全國人大常委會如何處理？ 重新啟動審查，亦或等待香港本地爭議定案？ 無論如何，均會存在如何銜接的疑問。實踐中，為了理順上述關係，與內地備案程序不同，目前負責香港本地立法備案的並非立法會，而是由行政長官在完成批准程序之後，向全國人大常委會報送備案，具體由全國人大常委會辦公廳登記，並請香港基本法委員會提供初步審查意見，再由辦公廳將上一年度特區報備法律的目錄，呈委員長會議審閱。[72]

此外，由於行政長官事前監督制度的存在，全國人大常委會對香港立法的審查，客觀上會產生「對行政長官監督權予以再監督」的制度效果。從制度運行的內部有效性看，[73] 在憲法與香港基本法所規定的央地關係框架內，中央監督行政長官無可厚非；但若引入制度運行的外部有效性視角，則會發現香港回歸後，由於受到立法與司法雙重擴權的影響，香港基本法所確立的「行政主導」體制在實踐中面臨巨大挑戰。[74] 為此，中央政府將「強化行政主導，支持行政長官施政」作為香港政制發展的重要目標。在這個制度背景下，備案審查在香港的實踐就會面對一種兩難抉擇：如果全國人大常委會強化制度的運行，頻繁質疑本地立法違反基本法，間接上也就意味著對行政長官事

72　馬耀添、王禹：《論港澳基本法中的備案制度》，載北京大學憲法與行政法研究中心編著：《憲法與港澳基本法理論與實踐研究 —— 紀念蕭蔚雲教授八十華誕誌慶集》，北京大學出版社 2004 年版，第 238 頁。

73　內部有效性是指因果效應的推斷對於解釋特定研究對象是有效的，如果該推斷能夠進一步擴展到更廣闊的環境中，則這項研究就具有外部有效性。上述概念最早運用於經濟學與醫學，之後在組織行為學與公共政策學中都有廣泛應用，受此影響，在法學論證中也有區分「內部正當化」與「外部正當化」。參見張嘉尹：《憲法學的新視野（一）：憲法理論與法學方法》，五南圖書有限公司 2012 年版，第 54 頁，注釋 39。本文使用上述概念是為了說明，在功能主義的視角中，分析備案審查在香港存在的問題，不能只關注個別規範的實施，也應關注制度運行所依託的大環境，二者的邏輯有時會存在張力。

74　程潔：《香港憲制發展與行政主導體制》，《法學》2009 年第 1 期，第 45-56 頁。

前審查結論的否定，進而會讓香港社會產生一種觀感，即中央政府對行政長官的這項工作不滿意，乃至要動用備案審查權直接介入本地立法。這顯然與中央政府強化行政主導的政策目標存在衝突，更不利於行政長官作為特別行政區首長確立在本地管治體系內的威信。另一方面，若全國人大常委會一直秉持謙抑立場，盡量迴避審查權的實質運用，雖然尊重了行政長官的判斷，但實際上致使基本法設立的中央立法監督權缺位，客觀上為香港法院擴展司法審查權製造機會。因此，作為一項系統工程，如何優化事前審查與事後審查的溝通機制，將是全國人大常委會在香港加強備案審查制度不可迴避的重要議題。

（二）「司法審查」與「備案審查」的交叉

在香港基本法起草過程中，兩地法律專家都承認由「全國人大常委會」或「香港法院」獨自負責香港本地立法的監督存在困難，因此中央與香港分享立法監督權就成為各方共識。至於具體如何分享，則形成了「機構協同審查模式」與「分工負責審查模式」兩種路徑。在「一國兩制」原則下，全國人大常委會與香港法院不僅在機構屬性上存在政治性與司法性的差異，而且在法律監督的理念上也存在抽象審查與具體審查的區別。因此，起草委員會最終選擇以「分工負責審查模式」來解決「異質機構如何分享立法監督權」的難題，即全國人大常委會負責審查本地立法是否違反基本法內「涉中央事權或央地關係的條款」，至於本地立法是否違反基本法內「其他類型的條款」則由香港法院負責。應該說，分工負責的制度設計能夠最大限度地兼顧各方對此問題的關切，也暗合了「一國兩制」政策的精神。當然，與所有權力分配必然存在許可權交叉爭議一樣，「分工負責審查模式」也潛藏著備案審查與司法審查衝突的可能。

問題源自基本法第 17 條所劃定的審查依據，其中心意涵是清晰的，因此大部分基本法條款屬於何種類型可以形成共識。也正是因為

這樣共識的存在，香港法院回歸後大多數對於本地法律的司法審查案件並未引起全國人大常委會的關切，兩個審查主體「分工負責」的預設功能得以實現。但與此同時，基本法第 17 條的規範文本同時還存在「開放結構」，這會衍生出兩方面的問題：首先，以何種標準判斷本地法涉及的到底是基本法內哪類屬性的條款，這需要由權威機構對基本法內「涉中央事權或央地關係條款」與「其他條款」的界分標準加以明確。[75] 而更為棘手的難題在於，假設香港本地立法同時涉及上述兩類基本法條款，此時司法審查與備案審查就會產生許可權交叉，如果雙方都認為有關問題應屬於自己的審查範圍，並且不願就審查程序進行協調，就會出現因對基本法第 17 條內「開放結構內容」理解不一而引發的爭議。對於備案審查權與司法審查權在運行中出現的衝突問題，[76] 雙方秉持一種「謙抑主義態度」固然必要，但從根本上看，還是需要一套處理許可權交叉情形的機制。在全國人大常委會意圖在香港強化備案審查制度的背景下，完善這種法律機制的必要性更是與日俱增。

（三）「原有法律審查」與「特區立法審查」的聯動

在香港基本法所構建的法律監督體制中，全國人大常委會不僅可以根據第 17 條對回歸後的特區立法加以審查，而且可以依據第 160 條對「回歸前的原有法律」進行審查。[77] 值得注意的是，與香港

---

75 其實在涉及香港基本法第 158 條解釋權的劃分問題中，上述條文性質的界定難題已經顯現。對此，香港終審法院在吳嘉玲案中曾提出「主要條件標準」，但上述標準並沒有得到「1999 年人大釋法」的認可。此後，香港終審法院在劉港榕案、莊豐源案與剛果（金）案中三次承認上述標準存在檢討的必要，但又以所涉案件並非適合案件為由拒絕提出新的標準，導致如何區分基本法內「涉中央事權或央地關係事項條款」與「其他類型條款」至今未形成定論。鑒於窮盡香港本地法律程序也無法處理這一難題，全國人大常委會有必要考慮啟動「人大釋法」制度予以澄清。

76 在香港回歸初期，就已經有學者指出兩種權力衝突的必然性。參見陳新欣：《香港與中央的「違憲審查」協調》，《法學研究》2000 年第 4 期，第 147 頁。

77 《香港基本法》第 160 條規定：「香港特別行政區成立時，香港原有法律除由全國人民代表大會常務委員會宣佈為同本法抵觸者外，採用為香港特別行政區法律，如以後發現有的法律與本法抵觸，可依照本法規定的程序修改或停止生效。」

基本法第 17 條長期以「鴨子鳧水」的低調運作不同，全國人大常委會曾在 1997 年對原有法律進行過實質性審查，而且還在發佈的《關於根據〈中華人民共和國香港特別行政區基本法〉第一百六十條處理香港原有法律的決定》（以下簡稱《全國人大常委會關於處理原有法律的決定》）中對如何解決違反基本法的問題進行了精細區分。既然審查主體同為全國人大常委會，審查對象又同屬香港法律，那麼應如何理解兩種審查機制之間的關係？

對此，目前學界存在分歧，形成了「獨立存在說」與「內在關聯說」兩種觀點。前者認為兩種審查機制各自獨立，不存在關聯，因為從審查對象上看，第 17 條規制的是「回歸後特區立法機關所制定的成文法」，而第 160 條規制的則是「回歸前的香港原有法律」。此外，從審查機制運行看，全國人大常委會對原有法律的審查是「一次性的權力」，僅能在回歸時加以運用，[78] 與之相比，備案審查權則是可以常態運行的制度。既然在審查對象與運行方式均有差異，因而兩種審查制度之間也就不存在互動的可能。

「內在關聯說」則認為，香港基本法第 160 條規定，「如以後發現有的法律與本法抵觸，可依照本法規定的程序修改或停止生效。」上述「本法規定的程序」即指「基本法第 17 條的備案審查程序」，這意味著，如果回歸後發現香港原有法律存在與基本法抵觸的問題，全國人大常委會可啟動備案審查予以處理。[79] 上述觀點試圖在全國人大常委會對香港的同類型權力之間建立一種邏輯聯繫，實現監督體系內部的融慣性。此外，學者根據香港基本法起草時的文件認為，「內

78　內地與香港均有學者秉持這一觀點，參見李昌道、徐靜琳、董茂雲、宋錫祥著：《創造性的傑作：解讀香港特別行政區基本法》，上海人民出版社 1998 年版，第 185 頁；Yash Ghai, "The Continuity of Laws and Legal Rights and Obligations in the SAR", (1997) *Hong Kong Law Journal* 136(27), p. 139; P. Y. Lo, *The Hong Kong Basic Law*, LexisNexis 2011, p. 860.

79　蕭蔚雲：《論香港基本法》，北京大學出版社 2003 年版，第 582-583 頁。

在關聯說」更加符合基本法的立法原意。[80] 應看到，在中國法律解釋方法論中，立法原意解釋方法確實佔有重要地位，但也要兼顧文義解釋的結論。從規範文本角度看，基本法第 17 條與第 160 條的規制對象的確存在「回歸後立法會制定法」與「回歸前原有法律」的差異，目前「內在關聯說」對於兩種審查機制應如何對接尚缺詳細論證。[81]

本章認為，上述兩種審查制度存在潛在關聯，有必要闡明二者聯動效應的發生機制。一般而言，「回歸前的原有法律」與「回歸後的立法會制定法」不會發生交集，但這不是絕對的，因為在香港「原有法律」過渡到回歸後成為特別行政區法律體系的組成部分後，內容並非一成不變，立法會需要根據時代變遷對原有法律予以增改。《全國人大常委會關於處理原有法律的決定》僅涉及「審查決定作出時（1997 年）原有法律的形態」，如果立法會在回歸後對其內容加以增改，就會產生「修改後的原有法律」是否還能繼續符合基本法的問題。據統計，回歸時香港原有法律中的條例共有 640 多件，全部廢除的僅 14 件，部分條款廢除的僅 9 件，目前香港條例共有 1182 件。[82] 因此在今日香港法體系中，原有法律仍然處於重要地位，立法會對「原有法律的修改」不能成為監督盲點。因此，當「原有法律被立法會修改」這個特定條件被激發時，「原有法律的審查」與「回歸後立法的審查」兩種監督機制就會產生功能聯動。

80　內地起草委員針對基本法第 160 條（徵求意見稿的 172 條）的疑問曾作出解釋：「至於九七年七月一日後，如發現法律再與本法有抵觸者，則再按徵求意見稿第 16 條（即基本法第 17 條）的程序加以修改或撤銷，而不是說九七年七月一日宣佈某法律與基本法抵觸無效，以後便不能再宣佈另一法律也無效」。參見《內地草委訪港小組就基本法（草案）徵求意見稿有些問題的回應輯錄（1988 年）》，載李浩然編：《香港基本法起草過程概覽》，三聯書店（香港）有限公司 2012 年版，第 125 頁。

81　焦洪昌主編：《港澳基本法》，北京大學出版社 2007 年版，第 52 頁。

82　回歸時香港原有法律中條例的數量，參考時任全國人大常委會法制工作委員會副主任喬曉陽對《全國人民代表大會常務委員會關於根據〈中華人民共和國香港特別行政區基本法〉第一百六十條處理香港原有法律的決定（草案）》的說明。香港目前條例的數量引用自「香港法例電子版」，https://www.elegislation.gov.hk/index/chapternumber?TYPE=1&TYPE=2&TYPE=3&LANGUAGE=C&p0=5（最後訪問時間：2022 年 11 月 1 日）。

綜上，備案審查制度只是整個香港法律監督體系中的組成部分，「行政長官立法監督權」、「香港法院司法審查權」以及「回歸前香港原有法律監督權」均會與備案審查的運行產生交集、甚至形成博弈，可謂牽一髮而動全身。正是在上述因素的作用下，回歸後全國人大常委會對香港立法備案審查權的運用始終高度謙抑。在這一背景下，全國人大常委會如何「加強被備案審查制度在香港的實施」[83] 需要通盤考慮。

香港基本法實施以來，香港基本法實施的監督機制始終貫穿於其中，為保障香港基本法在正確的軌道上實施發揮著功不可沒的作用。加強制度建設，使基本法實施的監督機制更為科學完善，有必要廓清監督機制之重要性、制度構成與實踐問題，為此本章選擇從價值維度、規範維度、實踐維度三方面展開探析。應指出，中央具有對香港的全面管治權，中央國家機關在監督機制中享有憲制權力，也承擔憲制責任。與此同時，由於香港特區享有高度自治權，因此香港本地的監督權責也需要得到重視。對此，一方面要認知中央與特區在基本法實施監督中存在的制度張力，同時也要考慮二者互動合作的空間。基本法實施監督機制的最終目標在於支持香港長期保持「一國兩制」下的獨特地位和優勢，並以此實現長期的繁榮穩定。

---

83 2021 年發佈的《全國人大常委會法工委備案審查工作報告》在「未來工作安排」中指出：「全國人大常委會將進一步加強對香港本地法律的備案審查，維護憲法和基本法確定的特別行政區憲制秩序和法治秩序，確保憲法、基本法得到正確實施。」2022 年 5 月，「加強對特別行政區法律的備案審查」更被直接寫入《全國人大常委會 2022 年度工作要點》。

作者簡介

（按所著章節順序排列）

謝　宇　北京大學法學博士。廣東外語外貿大學講師、碩士生導師；兼任中國人民大學「一國兩制」法律研究所副秘書長、研究員，廣東省憲法學研究會副秘書長、理事，廣東省地方立法研究會副秘書長、理事，香港一國兩制青年論壇理事。主要研究領域包括憲法與港澳基本法、國家安全法治、涉外法治等。先後主持教育部、中國法學會、廣東省人大常委會等多項課題。在《中外法學》、《法學評論》等核心期刊發表論文 10 餘篇，其中多篇文章被《人大複印資料》、《中國社會科學文摘》轉載。科研成果多次榮獲省部級獎勵。

鄒平學　深圳大學法學院教授，深圳大學港澳基本法研究中心主任，深圳大學港澳及國際問題研究中心主任，武漢大學、中國社會科學院兼職博士生導師，國家社科基金項目重大項目首席專家，廣東省十大優秀中青年法學家，深圳市國家級領軍人才、鵬城學者特聘教授。兼任全國人大常委會港澳基本法委員會基本法理論研究領導小組成員，國務院發展研究中心港澳研究所學術委員會委員兼高級研究員，中國法學會香港基本法澳門基本法研究會副會長，中國法學會憲法學研究會常務理事兼兩岸及港澳法制研究專業委員會主任等職務。出版《憲政的經濟分析》、《中國代表制度改革的實證研究》、《香港基本法實踐問題研究》等專著。主編《憲法》、「港澳基本法實施評論系列」、「港澳制度研究叢書」、《香港基本法面面觀》等 17 部著作，參編 17 部。發表論文 180 多篇，被轉載 30 餘篇。主持國家和省部級等各類課題 60 多項。

何建宗　北京大學法學博士，香港大學法律學院訪問學者。一國兩制青年論壇創辦人兼主席，特首政策組專家組成員，北京市政協委員，香港教育大學校董，全國港澳研究會理事，香港專業及資深行政人員副會長。曾任特區政府發展局局長政治助理，中央政策組非全職顧問和全職研究員，特區政府基本法推廣督導委員會委員，香港政策研究所助理研究總監。主要研究範圍包括「一國兩制」與基本法、粵港澳大灣區、香港公務員制度和青年問題。2022 年獲《亞洲週刊》頒發的「第七屆全球傑出青年領袖」獎項。

馮澤華　廣東工業大學粵港澳大灣區協同治理與法治保障研究中心副主任，廣東工業大學數字經濟與數據治理重點實驗室分室「數據法治與大數據治理實驗室」執行主任，廣東工業大學法學院研究生培養中心副主任，深圳大學港澳基本法研究中心兼職研究員，廣州數據法治研究中心特約研究員，中國法學會香港基本法澳門基本法研究會理事，全國港澳研究會會員，廣東省法學會港澳基本法研究會副秘書長，廣東省法學會醫藥食品法學研究會副秘書長。

底高揚　法學博士。深圳大學港澳基本法研究中心副教授、碩士生導師。主要研究方向為憲法基本理論與制度、香港法律與政策。曾在《法商研究》、《法學》、《政治與法律》、《港澳研究》等著名期刊發表多篇論文，部分成果被人大複印報刊資料《憲法學、行政法學》、《台、港、澳研究》等全文轉載。多篇研究報告獲中央領導、正部長級領導、中央有關部門等批示或採納。曾主持並完成教育部、廣東省哲社辦等多項課題。

葉海波　法學博士。現為深圳大學法學院教授。兼任國務院發展研究中心港澳研究所高級研究員，中國法學會憲法學研究會常務理事，廣

東省法學會香港基本法澳門基本法研究會秘書長，深圳大學港澳基本法研究中心、深圳大學港澳與國際問題研究中心副主任。發表《特別行政區基本法的合憲性推定》等論文多篇，主持國家社科基金、教育部專案等多項。

盧雯雯 香港大學法學博士。深圳大學港澳基本法研究中心助理教授，港澳青少年憲法基本法深圳研修基地中國法治宣講專家，深圳大學國際化專家庫成員。兼任中國法學會港澳基本法研究會成員，深圳市法學會港澳基本法研究會理事。主要研究領域為港澳基本法、普通法、憲法。

孫　成 清華大學法學博士。深圳大學港澳基本法研究中心長聘副教授，深圳大學法學院憲法學與行政法學教研室副主任。主要研究方向為憲法學與港澳基本法學。兼任全國港澳研究會會員，全國港澳基本法研究會理事，深圳市港澳法律研究會秘書長。在《政治與法律》、《北京社會科學》、《交大法學》、《港澳研究》、《中國社會科學院大學學報》、《蘇州大學學報》、《行政法論叢》等雜誌發表論文十餘篇。主持國家社科基金專案一項，省部級課題三項，獨立獲得全國港澳基本法研究會優秀論文獎兩次，蔡定劍憲法學教育基金優秀論文獎兩次。作為參與者，獲得教育部「第八屆高等學校科學研究優秀成果獎」著作類二等獎與論文類三等獎各一項，第九屆廣東省哲學社會科學優秀成果二等獎一次。

策劃編輯	蘇健偉
責任編輯	蘇健偉
書籍設計	道　轍
書籍排版	楊　錄

港澳制度研究叢書

主　　編　　鄒平學

書　　名	香港基本法實施以來的十大議題：回顧與前瞻
主　　編	何建宗
出　　版	三聯書店（香港）有限公司
	香港北角英皇道 499 號北角工業大廈 20 樓
	Joint Publishing (H.K.) Co., Ltd.
	20/F., North Point Industrial Building,
	499 King's Road, North Point, Hong Kong
香港發行	香港聯合書刊物流有限公司
	香港新界荃灣德士古道 220-248 號 16 樓
印　　刷	美雅印刷製本有限公司
	香港九龍觀塘榮業街 6 號 4 樓 A 室
版　　次	2024 年 5 月香港第 1 版第 1 次印刷
規　　格	16 開（170 mm × 240 mm）320 面
國際書號	ISBN 978-962-04-5433-2

© 2024 Joint Publishing (H.K.) Co., Ltd.

Published & Printed in Hong Kong, China